Stefanie Ernst

Prozessorientierte Methoden in der
Arbeits- und Organisationsforschung

Stefanie Ernst

Prozessorientierte Methoden in der Arbeits- und Organisationsforschung

Eine Einführung

Bibliografische Information der Deutschen Nationalbibliothek
Die Deutsche Nationalbibliothek verzeichnet diese Publikation in der
Deutschen Nationalbibliografie; detaillierte bibliografische Daten sind im Internet über
<http://dnb.d-nb.de> abrufbar.

1. Auflage 2010

Alle Rechte vorbehalten
© VS Verlag für Sozialwissenschaften | Springer Fachmedien Wiesbaden GmbH 2010

Lektorat: Frank Engelhardt

Der VS Verlag für Sozialwissenschaften ist st eine Marke von Springer Fachmedien.
Springer Fachmedien ist Teil der Fachverlagsgruppe Springer Science+Business Media.
www.vs-verlag.de

Das Werk einschließlich aller seiner Teile ist urheberrechtlich geschützt. Jede Verwertung außerhalb der engen Grenzen des Urheberrechtsgesetzes ist ohne Zustimmung des Verlags unzulässig und strafbar. Das gilt insbesondere für Vervielfältigungen, Übersetzungen, Mikroverfilmungen und die Einspeicherung und Verarbeitung in elektronischen Systemen.

Die Wiedergabe von Gebrauchsnamen, Handelsnamen, Warenbezeichnungen usw. in diesem Werk berechtigt auch ohne besondere Kennzeichnung nicht zu der Annahme, dass solche Namen im Sinne der Warenzeichen- und Markenschutz-Gesetzgebung als frei zu betrachten wären und daher von jedermann benutzt werden dürften.

Umschlaggestaltung: KünkelLopka Medienentwicklung, Heidelberg
Druck und buchbinderische Verarbeitung: Ten Brink, Meppel
Gedruckt auf säurefreiem und chlorfrei gebleichtem Papier
Printed in the Netherlands

ISBN 978-3-531-15979-9

Inhalt

Einleitung 7

1. **Empirische Arbeits- und Organisationsforschung seit den Klassikern** 11
   1.1 Sozialforschung im Frühkapitalismus 11
   1.2 Taylors Experimentalstudien und das Problem der Entfremdung 14
   1.3 Die Forschungen der Human Relations Bewegung 17
   1.4 Soziographie und die Erforschung von Arbeitslosigkeit 22

2. **Industrie- und Arbeitssoziologie zwischen Engagement und Distanzierung** 25
   2.1 Neue Produktionskonzepte und Praxisberatung 27
   2.2 Arbeit, Organisation und Geschlecht 31
   2.3 Diversity-Forschung und vielfältige Arbeitswelten 34

3. **Arbeits- und/oder Organisationssoziologie?** 36
   3.1 Organisation und Intervention 38
   3.2 Von der Organisationsforschung zur Organisationssoziologie 40
   3.3 Ausgewählte Ansätze 44
   3.4 Prozesse, Innovationen und Macht 46
   3.5 Definitionen zur Organisation 55

4. **Empirische Arbeits- und Organisationssoziologie** 57
   4.1 Grundannahmen qualitativer Ansätze der Sozialforschung 61
   4.2 Funktion und Anwendungsbereiche empirischer Forschungsmethoden 63
   4.3 Probleme und Potenziale qualitativer Sozialforschungsmethoden 64

5. **Prozessorientierte Forschungs- und Methodenzugänge** 70
   5.1 Methodische und erkenntnistheoretische Grundlagen 70
   5.2 Die empirische Erforschung langfristiger Prozesse 75
   5.3 Figurationsanalysen 77

6. Zugänge und ausgewählte Studien ... 79
- 6.1 Methodenbestimmung und Datengewinnung ... 79
- 6.2 Einnahme der Innenperspektive ... 84
- 6.3 Formen der Beobachtung in der Sozial- und Organisationsforschung ... 86
- 6.4 Anwendungsbeispiel: Methodenmix in der Forschung zur Arbeitslosigkeit ... 92
- 6.5 Qualitative Inhaltsanalyse ... 100
- 6.6 Anwendungsbeispiel: Inhaltsanalyse in der Professions- und Geschlechterforschung ... 103
- 6.7 Interviews und Befragungen ... 109
  - 6.7.1 Zuhören und Fragen im Interview ... 111
  - 6.7.2 Fragetechniken ... 113
  - 6.7.3 Anwendungsbeispiel: Methodenmix in der Schul- und Organisationsentwicklung ... 117
  - 6.7.4 Anwendungsbeispiel: Vergleichende Interpretation zu Subjektivierung und Entgrenzung von Arbeit ... 134
- 6.8 Gruppenbefragungen ... 140
  - 6.8.1 Reflexive Prinzipien der Gruppendiskussion ... 142
  - 6.8.2 Formulierende Interpretation ... 143
  - 6.8.3 Anwendungsbeispiel: Methodenmix in der Hochschulevaluation ... 144

7. Auswertung der Daten ... 154
- 7.1 Repräsentativität und Güte ... 154
- 7.2 Transkription ... 162
- 7.3 Auswertung von Texten ... 164
- 7.4 Erstellung eines Forschungsberichts ... 165

8. Anhang ... 167

9. Literatur ... 173

Einleitung

Die Arbeits- und Organisationsforschung war, obgleich unterschiedlich weit gediehen, von Anbeginn empirisch und gesellschaftspolitisch ausgerichtet, denkt man etwa schon an Untersuchungen zur politischen Ökonomie und zum Kapitalismus von Karl Marx (1818–1883) und Friedrich Engels (1820–1895), insbesondere aber an die *Lage der arbeitenden Klassen* (Engels 1845) im sich industrialisierenden England oder an Émile Durkheims (1858–1917) *Soziologie der Arbeitsteilung* (1893). Auch mit Max Webers (1864–1920) *Psychophysik der Arbeit* (1908) oder seinen Studien zu den nordelbischen Landarbeitern sind neben Frederick Winslow Taylors (1856–1915) betriebswirtschaftlichen Untersuchungen zur Begründung der Wissenschaftlichen Betriebsführung (1913), Fritz J. Roethlisbergers (1898–1974) und Elton Mayos (1880–1949) Beobachtungsstudien zur Verbesserung der Arbeitsleistung in den Relaisstationen der Chicagoer *Western Electric Company* von 1927–1932 oder Alvin Gouldners (1920–1980) *Studies in Leadership* (1950) wichtige Klassiker der Arbeits- und Organisationsforschung enstanden.

Der *Verwendungszusammenhang* der Forschungen und ihre ideologische Stoßrichtung sorgten neben disziplinären und interdisziplinären Herausforderungen und Standortbestimmungen zwischen früher Soziologie und Betriebswirtschaftslehre dabei jedoch fortwährend für heftige Kritik und waren eng mit der Geburtsstunde der Industrie- und Arbeitssoziologie verknüpft. Diese trat zunächst als Betriebssoziologie auf, als 1928 das *Institut für Betriebssoziologie und soziale Betriebslehre* an der Technischen Hochschule in Berlin unter Beteiligung der Ingenieurwissenschaften gegründet wurde. Soziologische Arbeitsforschung war und ist dabei immer auch Sozialforschung und muss nach Senghaas-Knobloch „das betriebliche Geschehen in der Doppelgesichtigkeit als Herrschaftsstruktur und als soziale Integration im Blick haben" (2008: 273). Damit ist zwar das Selbstverständnis einer vorrangig auf *Industriebetriebe* konzentrierten Forschung beschrieben, das sich spätestens mit den konflikttheoretischen Überlegungen Ralf Dahrendorfs (1965) weithin etabliert hat.

Jüngste Umbrüche der Arbeitsgesellschaft und die Organizational-, Gender- wie Diversity Studies haben jedoch das Feld inzwischen maßgeblich erweitert, sodass etwa Familien- und Sorgearbeit (Carework), Arbeitsmigration oder auch das Arbeitshandeln jenseits großbetrieblicher Strukturen von Interesse sind. Anspruch ist hier vielmehr, das subjektive Arbeitshandeln in einer nicht-industriellen Verwertungslogik zu erfassen, das einem anderen Modus sozialer Integration, Anerkennung und Machtverflechtungen folgt. Dazu zählen zudem Arbeitsvollzüge jenseits der klassischen emphatischen Definition von Arbeit als Mehrwert schaffender schöpferischer Akt, der Marx zu Folge mit der Umwandlung der äußeren Natur zugleich die Umwandlung der inneren Natur des Menschen meint. Mit der jüngsten Verkündung einer *Postindustriellen Industriesoziologie* wird gar ausgelotet, ob es eher um eine Soziologie des Betriebes oder der Industrie geht, wenn die grundsätzliche Frage verhandelt wird, den „Kauf und Verkauf der Arbeitskraft sowie ihren Einsatz in Betrieben als einen sozialen Prozess zu analysieren" (Deutschmann 2002: 46). Die traditionell eher in einem Antagonismus stehenden *Schwesterwissenschaften* der Arbeits- und Organisationssoziologie konfrontieren Außenstehende mit ihrem ambivalenten Verhältnis, das Produkt dieser arbeitsgesellschaftlichen Transformation ist und zugleich erweiterte Forschungsperspektiven erzwingt.

Industriesoziologie kann sich dabei nach Deutschmann nicht allein auf objektive Gegenstände konzentrieren, sondern ist als *verstehende* und *erklärende* Disziplin zugleich in Konkurrenz zu den Beobachtungen der Praktiker darauf angewiesen, in „Dialog mit den Akteuren ihres Untersuchungsfeldes" zu treten (2002: 50 f.). Zwischen distanzierter Analyse und mimetischer Annäherung an die Sichtweise der Untersuchten und ihren subjektiv gemeinten Sinn stand und steht die arbeitssoziologische Forschung damit auch mitten im Zentrum empirischer Sozialforschung. Sie versucht sich entsprechend der sich wandelnden Gesellschaft ihrem Gegenstandsbereich methodisch vielfältig anzunähern. Umgekehrt entwickelten arbeits- und organisationssoziologische Forschungen auch die Methodik der empirischen Sozialforschung weiter.

In der *deutschsprachigen* Arbeits- und Organisationssoziologie wird überwiegend auf die klassischen Konzepte von Karl Marx, Max Weber, Talcott Parsons oder Niklas Luhmann und jüngst Michel Foucault zurückgegriffen. Norbert Elias' prozesstheoretischer Zugang findet dagegen bislang eher in der nicht-deutschsprachigen Community Anwendung. Vor diesem Hintergrund verfolgt das Lehrbuch unterschiedliche Ziele: Statt eines weiteren Werkes zur Methodenlehre der Sozialforschung oder zur ideengeschichtlichen Entwicklung der Arbeitssoziologie schlechthin soll anhand ausgewählter Beispiele eigener (Lehr-)Forschungsprojekte der Einsatz prozesstheoretisch inspirierter und gendersensibler Sozialforschung innerhalb der Arbeits- *und* Organisationssoziologie aufgezeigt werden.

Ein weiterer Anlass des Lehrbuches ist darüber hinaus die wiederholt zu vernehmende Frage Studierender nach geeigneten Handbüchern, die die Durchführung empirischer Untersuchungen in der Arbeits- und Organisationssoziologie gewissermassen einmal „von A bis Z" in einem Guss verständlich erklären. Es sollte gleichsam – mit didaktisch aufbereiteten Übungs- und Lehrbeispielen unterlegt – das näher bringen, was sich oft im Stillen in der Forschungswerkstatt je unterschiedlich und meist unbeobachtet, gleichwohl aber voraussetzungsreich vollzieht. *Fortgeschrittenen* Studierenden, die bereits über Grundkenntnisse der Soziolgie verfügen, soll schließlich über disziplingeschichtliche Betrachtungen hinaus mit diesem Lehrbuch ein Einstieg in „forschendes Lernen" anhand praxisbezogener Anwendungsbeispiele von der Operationalisierung einer Forschungsfrage bis hin zur Erhebung und Auswertung von Daten und der Formulierung theoretisch fundierter Konzepte vorgestellt werden. Schwerpunkt sind dabei *prozessorientierte* Zugänge im Feld der Arbeits- und Organisationsforschung, die die Dichotomie qualitativer versus quantitativer Sozialforschung fallbezogen überwinden können und einen bereichernden Methodenmix zum Einsatz kommen lassen. Damit soll die Arbeits-, Sozial- und Organisationsforschung um den Blickwinkel einer prozesstheoretischen Perspektive erweitert werden, die keine fixen Befunde liefern will, sondern sich als offen für dynamische Prozesse versteht und komplexe Beziehungs- und Machtgeflechte in ihrer sozio- und psychogenetischen Ausformung für den Einzelnen und die Gesellschaft beschreibt.

Zunächst werden knapp in Kapitel 1 die Entwicklungswege der Arbeits- und Organisationsforschung über die frühe Industrie- und Betriebssoziologie mit Blick auf ihre angewandten Sozialforschungsmethoden und zentralen Forschungserträge rekapituliert. Dies erfolgt nur insoweit, als damit eine Verständnisgrundlage für die im zweiten Teil exemplarisch ausgeführten Fallstudien geschaffen werden soll. Kapitel 2 geht sodann anhand zentraler Debatten der Industrie- und Arbeitssoziologie auf die sich bis heute immer wieder spezifisch stellende Frage von Autonomie, Kontrolle und Entfremdung im Arbeitsprozess sowie der Nutzbarkeit praxisnaher Forschungen unter dem Stichwort ‚neue Produktionskonzepte' und ‚Praxisberatung' ein und beschreibt die Erweiterung des Analyserasters jenseits der klassisch industriesoziologischen Arbeitsfelder und Beschäftigtengruppen. Im Anschluss wird im dritten Kapitel das ambivalente Konkurrenzverhältnis der Schwesterwissenschaften Arbeits- und Organisationssoziologie geschildert, um sodann anhand prozesstheoretischer Überlegungen die Frage zu entfalten, wie sich sozialer Wandel und Innovationen in organisationalen Machtstrukturen gestalten lassen. Im Hauptteil werden mit dem Kapitel 4 die Grundzüge empirischer Arbeits- und Organisationssoziologie betrachtet, um in eine spezifisch prozessorientierte Perspektive einzusteigen, die in Kapitel 5 dargestellt wird. Anhand vielfältiger Anwendungsbeispiele wird diese Perspektive im sechsten Kapitel mit einzelnen Forschungs- und Methodenzugängen konkretisiert. Die erhobenen Daten müssen anschließend spezifisch ausgewertet werden und stellen die Forschenden vor besondere Herausforderungen, die im siebten Kapitel u. a. unter den Stichpunkten ‚Repräsentativität' und ‚Güte' verhandelt werden.

Das Lehrbuch bezieht sich auf Erfahrungen, die ich in verschiedenen Forschungsprojekten, empirischen Praktika und Lehrforschungsseminaren mit Studierenden gesammelt habe. Es ist von ihrer Bereitschaft geprägt, sich nicht nur auf Debatten und theoretische Trockenübungen einzulassen, sondern den sprichwörtlichen Sprung

‚ins kalte Wasser' empirischer Forschung zu wagen. In diesem Verständnis sind studentisch motivierte Untersuchungen zum Arbeitshandeln und Arbeitsverständnis von soloselbstständigen Freelancern, betrieblich Beschäftigten in der Gesundheitswirtschaft sowie zur prekären Lebensführung von Erwerbslosen entstanden. Ergänzt werden diese Felder durch Forschungen etwa zur Vergeschlechtlichung von Professionen auf Basis einer prozessorientierten soziologischen Inhaltsanalyse oder auch zur Evaluation von Qualität im Bildungswesen anhand von Gruppendiskussionen und Einzelinterviews.

Mein Dank gilt daher ganz besonders den Studierenden und engagierten Projektmitarbeiterinnen und -mitarbeitern, die im Rahmen eigener thematisch angebundener empirischer Arbeiten und Abschlussarbeiten zur Arbeits- und Organisationssoziologie, den Rahmen empirischer Forschungskontexte am *Fachbereich Sozialökonomie* der Universität Hamburg sowohl für sich zu nutzen gelernt als auch die Forschung und Lehre im Fachgebiet Soziologie bereichert haben. Aber auch weiter zurückliegende Forschungs- und Organisationsentwicklungsprojekte haben mir zahlreiche und wertvolle Einblicke ermöglicht: so danke ich besonders *Heinz Hartmann* für die Heranführung an die Fragen der amerikanischen Organisations- und Sozialforschung sowie seine unmittelbaren Eindrücke bei der ‚Abwicklung' der Hochschulen im Transformationsprozess Ostdeutschlands. *Karl Gabriel* ermöglichte erste Einblicke in die Welt und Organisationsformen Christlicher Dritte-Welt-Gruppen, die wir intensiv teilnehmend erforschen und mit der Methode der Gruppendiskussion befragen konnten. *Hermann Korte* eröffnete mir seit der Betreuung meiner Promotionsarbeit vertiefende Einblicke in die Soziologie von Norbert Elias, die sich in anregenden Diskussionen mit *Gabriele Klein*, *Annette Treibel* und *Cas Wouters* geschlechtertheoretisch wenden und weiter entwickeln ließ. Mit *Benno Biermann* konnte ich in unserem Projekt zur Qualitätssicherung und Evaluation von Studium und Lehre nicht nur die klassische ‚Quali/Quanti-Debatte' der Sozialforschung weiterführen. Vielmehr diskutierten und applizierten wir die Interventions- und Entwicklungsmöglichkeiten komplexer Wissensorganisationen unter Innovationsdruck, die ihren eigenen Logiken folgen und sich den letztlich dann doch immer auch normativ darstellenden Konzepten der Organisationsentwicklung und des Changemanagements spezifisch annähern lassen. Und nicht zuletzt gilt mein Dank dem *Fachgebiet Soziologie* am Fachbereich Sozialökonomie der Universität Hamburg für die Ermöglichung der jüngsten Forschungsprojekte im Rahmen meiner Juniorprofessur, indem mir vielfache Ressourcen bereit gestellt wurden. Den konstruktiv-kritischen Leserinnen *Johanna Hofbauer*, Wien sowie *Jessika Barg* und *Annegret Saal*, Hamburg verdanke ich zudem wertvolle Hinweise. Und zum Schluss gilt mein tiefer persönlicher Dank nicht nur für den grafischen Support, sondern auch für seine Unterstützung in dieser besonderen Durststrecke *Ralf Mersmann*.

1. Empirische Arbeitsforschung seit den Klassikern

1.1 Sozialforschung im Frühkapitalismus

Der Sozialist und Wuppertaler Unternehmer Friedrich Engels (1820–1895) hatte schon im 19. Jahrhundert die „Lage der arbeitenden Klassen" (1845) im sich industrialisierenden England „nach eigener Anschauung und authentischen Quellen" anhand von umfangreichen Statistiken und Dokumenten mit einem Vorrang auf analytisch-politische Fragestellungen untersucht. Dabei beobachtete er, wie sich eine gänzlich neue soziale Klasse in der Sozialstruktur Englands herausbildete und verfestigte. Sie sollte später das ausmachen, was auch in Deutschland mit der sozialen Frage und dem so genannten ‚Arbeiterproblem' verbunden wurde:

> „Denn wie die neue Industrie erst dadurch bedeutend wurde, dass sie die Werkzeuge in Maschinen, die Werkstätten in Fabriken – und dadurch die arbeitende Mittelklasse in arbeitendes Proletariat, die bisherigen Großhändler in Fabrikanten verwandelte; wie also schon hier die kleine Mittelklasse verdrängt und die Bevölkerung auf den Gegensatz von Arbeitern und Kapitalisten reduziert wurde, so geschah dasselbe, außer dem Gebiet der Industrie im engeren Sinne, in den Handwerken und selbst im Handel. An die Stelle der ehemaligen Meister und Gesellen traten große Kapitalisten und Arbeiter, die nie Aussicht hatten, sich über ihre Klasse zu erheben; die Handwerke wurden fabrikmäßig betrieben, die Teilung der Arbeit streng durchgeführt und die kleinen Meister, die gegen die großen Etablissements nicht konkurrieren konnten, in die Klasse der Proletarier herabgedrängt. Zu gleicher Zeit aber wurde dem Arbeiter durch die Aufhebung des bisherigen Handwerksbetriebs, durch die Vernichtung der kleinen Bourgeoisie alle Möglichkeit genommen, selbst sich als ansässiger Meister irgendwo niederlassen, später vielleicht Gesellen annehmen zu können; jetzt aber, wo die Meister selbst durch die Fabrikanten verdrängt, wo zum selbständigen Betrieb einer Arbeit große Kapitalien nötig wurden, wurde das Proletariat erst eine wirkliche, feste Klasse der Bevölkerung, während es früher oft nur ein Durchgang in die Bourgeoisie war." (Engels 1845: 47 f.)

Engels beschreibt hier überaus engagiert einen fundamentalen Entwicklungsprozess der frühen Industriegesellschaft im Übergang vom Manufaktur- zum maschinell gestützten Fabriksystem, der sowohl vielfältige innerbetriebliche Machtverlagerungen als auch sozioökonomische Transformationen der Gesellschaft birgt.

Die Datenlage seiner soziographisch verfahrenden Analyse war dabei vielfältig: Er wertete zum Beispiel Magazin-, Zeitungs- und Beobachtungsberichte über die

Londoner Arbeiterdistrikte und schottische Armenverwaltung aus. Sterbe- und Geburtsregister, Berichte von „Armengesetz-Kommissaren an den Innenminister" (Engels 1845: 40 ff.) und der biografische Bericht eines Fabrikarbeiters aus Manchester ergänzten zudem die Studien.

Hans Zeisel, Mitautor der Marienthalstudie, führt zur frühen soziographischen Studie Engels an:

> „Ihre große Bedeutung liegt nicht in der Originalität der Erhebungsmethoden oder des Materials, sondern in der Art der Verarbeitung. Denn hier wird zum erstenmal der Versuch unternommen, die einzelnen Merkmale nach einer bestimmten soziologischen Problemstellung zu ordnen, im vorliegenden Fall nach der des Klassenkampfs. Darin liegt die Eigenart dieses Werkes, dessen politische Wirkung ungewöhnlich groß war." (Jahoda et al. 1975: 117)

Mehr und mehr nahm zu dieser Zeit des krisenhaften Umbruchs in der marxistischen Lesart das so bezeichnete ‚Proletariat' die Bedeutung einer ‚industriellen Reservearmee' an, die sich aus arbeitslosen potenziellen Industriearbeitern wie auch landwirtschaftlichen Arbeitskräften und Frauen sowie unregelmäßig Arbeitenden wie Arme, Wanderarbeiter, Gelegenheitsarbeiter zusammensetzte: „Das Proletariat wurde zur Arbeiterklasse rund um den Kern der industriellen Arbeiterschaft" (Mikl-Horke 2000: 43).

Émile Durkheim (1858–1917) nahm sich in Frankreich ebenfalls der sozialen Frage und den Auswirkungen der Industrialisierung mit der Analyse zahlreicher Statistiken z. B. über die wachsende Zahl von Selbsttötungen an, um Anomalien der sich industrialisierenden Gesellschaft aufzudecken und eine Soziologie der Arbeitsteilung (1893) in ihrer mechanischen und organischen Ausprägung zu formulieren.

Max Weber (1864–1920) fokussierte in seiner Psychophysik der Arbeit (1908) oder seinen Studien zu den nordelbischen Landarbeitern dagegen auf Basis akribischer Berechnungen und Statistiken im Gefolge des damals dominierenden psychotechnischen Menschenbildes eine naturwissenschaftliche Messung der Leistungsfähigkeit der Arbeiterschaft in der Großindustrie. Er führte dabei für den Verein für Socialpolitik zwar zahlreiche empirische und faktenreiche Studien durch und verfasste Expertisen, verwahrte sich aber – seinem Postulat der Wertfreiheit ganz und gar verschrieben – gegen jede ideologische Stellungnahme oder Indienstnahme durch die betriebliche oder politische Praxis (vgl. Senghaas-Knobloch 2008: 237 ff.):

> „Nicht darum handelt es sich, wie die sozialen Verhältnisse in der Großindustrie zu „beurteilen" seien, ob insbesondere die Lage, in welche der moderne geschlossene Großbetrieb die Arbeiter versetzt, erfreulich sei oder nicht, ob jemand und eventuell wer an etwaigen unerfreulichen Seiten derselben eine „Schuld" trage, was daran etwa

gebessert werden solle oder könne und auf welchem Wege. Sondern es handelt sich ausschließlich um die sachliche und objektive Feststellung von Tatsachen und um die Ermittlung ihrer, in den Existenzbedingungen der Großindustrie und der Eigenart ihrer Arbeiter gelegene, Gründe." (Weber 1998: 2)

Damit manifestierte sich innerhalb des Vereins für Socialpolitik gewissermassen der erste Methodenstreit, der von verschiedenen Strömungen und Auffassungen zur Rolle und Funktion der Wissenschaften geprägt war. Weber setzte in seinen Untersuchungen quantitative Fragebögen ein, um das Schicksal, die Eigenart, den Lebensstil und die Leistungsfähigkeit der großindustriellen Arbeiterschaft zu erfassen und wertete umfassende Statistiken wie etwa Hygrometerstände, Webstuhluhrmessungen und weitere Erfassungssysteme der Arbeitsdauer, Arbeitszeit, Lohnformen, Lohnkosten und Lohnbuchführung aus. Wenngleich, wie Deutschmann (2002: 14) anmerkt, damit auch schon bei Weber der Blick auf die betriebliche Nutzenmaximierung und Prozesse der „Auslese der Leistungsfähigen" (Weber 1998: 31) im Produktionsprozess auffällt, ist durch seine Studien doch ein gesellschaftstheoretischer und empirisch verfeinerter Blickwinkel in die Arbeits- und Organisationssoziologie eingebracht worden. Für Ralf Dahrendorf gilt Weber daher gar als eigentlicher Begründer der Industrie- und Betriebssoziologie (1965: 30). Die Weber-Doktorandin und Frauenrechtlerin *Marie Bernays* (1883–1939) legte in diesem Zusammenhang mit ihrer Studie „Auslese und Anpassung der Arbeiterschaft der geschlossenen Großindustrie" (1910) die „erste bewusst betriebssoziologische Untersuchung" (Dahrendorf 1965: 33) in Deutschland vor, indem mit einer „methodisch gründlichst() und thematisch umfassendste(n) Einzeluntersuchung" (Dahrendorf 1965: 31) auf Basis nicht nur statistischer Auswertungen, sondern auch teilnehmender Beobachtungen und direkter Befragungen in einem niederrheinischen Textilgroßbetrieb eine zuvor kaum vorhandene Materialfülle erschlossen wurde. Bereits gut 20 Jahre vor *Marie Jahodas* (1907–2001), *Paul Lazarsfelds* (1901–1976) und *Hans Zeisels* (1905–1992) sozialpsychologischer Studie „Die Arbeitslosen von Marienthal" von 1933 (1975) wurde somit einem frühen Methodenmix in einer subjektorientierten Arbeitsforschung der Weg gebahnt. Problematisiert und prognostiziert wurde dabei bereits durch Weber, dass die Rhythmisierung und Mechanisierung der Arbeit nicht nur eine „unmittelbare nervöse Wirkung" (Weber 1998: 15) habe, sondern vielmehr einen fundamentalen Entwicklungsprozess ausdrücke, der „eine ganz gewaltige Tragweite" habe, die das „geistige Antlitz des Menschengeschlechts fast bis zur Unkenntlichkeit verändern wird" (Weber 1998: 41).

1.2 Taylors Experimentalstudien und das Problem der Entfremdung

Jenseits dieser Weberianischen sozialwissenschaftlichen Inspirationen und zeitgleich mit dem Begründer der französischen Managementlehre, *Henri Fayol* (1841–1925), führte der ehemalige Diplomingenieur und Unternehmensberater *Frederick Winslow Taylor* (1856–1915) Studien durch, die bis heute nicht nur den arbeitssoziologischen Spannungsbogen von Entfremdung und Selbstverwirklichung des Einzelnen[1] im Arbeitsprozess ausmachen, sondern gar eine ganz bestimmte Ära der betrieblichen Arbeitsorganisation bezeichnen: *Taylorismus* bzw. *tayloristische Produktion*. Taylor war von einer misstrauischen Haltung gegenüber dem vermeintlich faulen, nur auf monetäre Anreize ausgerichteten Arbeiter geprägt und unternahm minutiöse Experimente und Beobachtungsstudien mit Arbeitern, um den effizienten Gebrauch von Arbeitsgeräten zu überprüfen. Seiner Grundüberzeugung nach sollte das „Hauptaugenmerk einer Verwaltung […] darauf gerichtet sein, gleichzeitig die größte Prosperität des Arbeitgebers und des Arbeitnehmers herbeizuführen und so beider Interessen zu vereinbaren" (Taylor 1913: 7). Die individuelle Arbeitsleistung sollte an die persönlichen und materiellen Bedürfnisse angepasst und gerecht entlohnt werden. Hohe Produktivität und Gewinnsteigerungen zugunsten der Manager und Unternehmer gingen seiner Überzeugung nach mit einer hohen Entlohnung für die Arbeiter einher (vgl. Dahrendorf 1965: 28 ff.; Kieser/Ebers 2006: 99–132):

> „… die größte Prosperität ist das Resultat einer möglichst ökonomischen Ausnutzung des Arbeiters und der Maschinen, d. h. Arbeiter und Maschinen müssen ihre höchste Ergiebigkeit, ihren höchsten Nutzeffekt erreicht haben." (Taylor 1913: 10)

Seine anthropologischen Prämissen waren an den Annahmen des *homo oeconomicus* ausgerichtet, nach denen der Mensch ‚an sich' bequem und nutzenorientiert sei. Allein monetäre Anreize und Disziplin könnten zur Arbeit motivieren und die sich widersprechenden menschlichen Wesenszüge von ‚Faulheit und Glücksstreben' vereinen. Ein körperlich arbeitender Mensch mit geringer Selbstkontrolle und Weitsicht müsse strengen Regeln unterworfen werden. Als Experten der Produktivitätssteigerung könnten dagegen Ingenieure zur Einkommens-, Konsum- und Glückssteigerung beitragen und als intellektuelle Führungskräfte ihr Wissen zum Wohle aller einsetzen. Nicht nur bereits diese Anrufung ontologischer Argumentationsweisen, die den Einzelnen als vorgesellschaftliches, gleichsam atomisiertes Wesen ohne Bezug zu anderen Menschen denkt, stellt eine Schwachstelle seiner

---

[1] Wie immer ist in der deutschsprachigen Ausgabe eine Aussage zur männlich/weiblichen Schreibweise gefordert. Ich werde im Wechsel von der Autorin oder dem Forscher etc. sprechen, womit beiden Genusgruppen nachgekommen werden soll.

Konzeption dar. Zudem weckten auch seine empirische Vorgehensweise und Schlussfolgerungen Kritik, die sich besonders im Arbeitsprozess spezifisch äußern, wenn man etwa an Probleme der Monotonie und Entfremdung durch hochgradig repetitiv und arbeitsteilig organisierte Arbeitsschritte denkt.

Neben Experimenten zum Eisentransport lässt sich am Beispiel des Schaufelexperiments Taylors Vorgehen rekonstruieren. Um eine optimale Schaufellast, mit der ein sehr guter Arbeiter als Schaufler seine beste Leistung am Tag erbringen kann, zu errechnen, wählte Taylor 2 bis 3 sehr gute ‚Schaufler' aus. Damit die vermeintlich ‚richtige' Leistung erbracht wurde, stellte er eine Extravergütung in Aussicht. Die Schaufellast wurde über mehrere Wochen hinweg variiert und protokolliert. Das Ergebnis zeigte, dass ein sehr guter Schaufler seine beste Leistung bei ca. 9 ½ kg Schaufellast erbringt. Mit einer genauen Dokumentation und Zeiterfassung einzelner Arbeitsschritte wurden gegenüber der ungenauen Daumenformel präzise Arbeitspensen berechnet, die eine gerechte Entlohnung legitimieren sollten (Pensum-Bonussystem).

Taylor arbeitete, so die frühe Kritik seiner Zeitgenossen, mit zu kleinen Stichproben, unternahm keine Zufallsauswahl, betrachtete nur Extremsituationen und führte weder Kontroll- noch Folgeuntersuchungen durch. Das Experiment diente zwar der Erstellung, nicht aber der Überprüfung der Theorie, sodass letztlich eine Empirie ohne Theorie mit unreflektierten Grundannahmen formuliert wurde. Sie beruhte allein auf den subjektiven Einschätzungen und ideologischen Zielsetzungen Taylors, für den es keinen Gegensatz zwischen Arbeitern und Unternehmern geben durfte (vgl. Kieser/Ebers 2006; Bonazzi 2008: 23–43).

Seine in der unternehmerischen Praxis jedoch als bahnbrechend gefeierten betriebswirtschaftlichen Untersuchungen zur Begründung der Wissenschaftlichen Betriebsführung (1913) standen Pate für die Charakterisierung eines ganzen industriellen Zeitalters: Taylorismus und der repetitive, bis ins kleinste Detail arbeitsteilig zergliederte Produktionsablauf, deren disziplinierenden Folgen bereits Taylor selbst pointiert zum Ausdruck brachte, als er gleichsam einen Paradigmenwechsel verkündete:

„Bisher stand die ‚Persönlichkeit' an erster Stelle, in Zukunft wird die Organisation und das System an erster Stelle stehen." (Taylor 1913: 4)

Die mit diesem verengten Blick einhergehende Entwicklung wurde dann letztlich in der industriellen Praxis durch *Henry Fords* (1863–1947) Fließbandproduktion zugespitzt. Sie galt ihren Kritikern sowohl als Gipfel der Entfremdung im Produktionsprozess als zugleich auch Basis des Massenkonsums und Wohlstands. Diese neue Produktionsweise provozierte nicht zuletzt zahlreiche Sabotageakte und spezifische Formen der Leistungszurückhaltung, die u. a. in Charly Chaplins Film *Modern Times* trefflich persifliert werden und die Konflikthaftigkeit industrieller

Arbeit zeigen. Den Widerstand der Arbeiter gegen diese Entwicklung beschreibt André Gorz wie folgt:

> „Die Fabrik war zum Schauplatz permanenter Kleinkriege geworden, in deren Verlauf die angelernten Arbeiter ungeahnte Fähigkeiten entwickelten, wichtige Produktivitätsreserven (häufig bis zu 20%) der Aufmerksamkeit der Führungsebene zu entziehen. Die ganze Kreativität der Arbeiter galt der Schaffung geheimer Zeitreserven." (Gorz 2000: 43)

Diese Widerstände gingen mit einer grundsätzlichen Kritik an Taylors Konzeption einher, die sich neben inhaltlich-ideologischen Anmerkungen besonders auch auf die empirisch fragwürdige Fundierung und „irreführende[n, S.E.] Voraussetzungen" (Dahrendorf 1965: 37) seiner Theorie stützten. Taylors Konzept führte mit der wachsenden Arbeitsintensivierung und -verdichtung zu körperlicher, mentaler Erschöpfung und schaltete die Subjektivität der Arbeitenden aus. Die erzwungene Standardisierung einzelner Arbeitsschritte und die extreme Arbeitszerlegung brachten eine radikale und dysfunktionale Trennung von Kopf- und Handarbeit mit sich, die eine Steuerung komplexer Fertigungsprozesse ad absurdum führte. Obwohl man auf die Kompetenzen und Mitwirkung der Produktionsarbeiter angewiesen war, schloss man diese gleichzeitig aus Planungs-, Konstruktions-, Dispositions- und Kontrollfunktionen aus, sodass letztlich eine konsequente Umsetzung der theoretischen Prinzipien in der industriellen Praxis gar nicht möglich war (vgl. Kocyba 2000: 127). Unterschätzt wurden zudem die informellen Sozialbeziehungen im Betrieb, die später mit den *Hawthorne-Studien* deutlich gemacht wurden und die nächste industrie- und organisationssoziologische Epoche markierten. Aber, so Dahrendorf, an „der Widerlegung der falschen Voraussetzungen Taylors hat diese Disziplin sich entwickelt" und gleichsam ihren „polemischen Ausgangspunkt" (Dahrendorf 1965: 28 f.) gegenüber der zeitgenössischen sozialmechanistischen Auffassung gefunden. So stand der Taylorismus für die einen als „Ausdruck eines monopolistischen Kapitalismus" (Bonazzi 2008: 43), den es zu überwinden galt, während für die anderen seine negativen Auswüchse nur durch humane Reformen heilbar schienen.

Inzwischen sollte der Taylorismus sich eigentlich selbst geschlagen haben und seinem eigenen Rationalisierungsdruck erlegen sein. Er scheint jedoch nicht etwa durch gesellschaftliche Konfliktaustragung, sondern vordergründig dadurch überwunden, dass Managementstrategien modernisiert wurden. Inzwischen ist durchaus auch von einer Renaissance tayloristischer Organisationsprinzipien die Rede, die besonders in der Dienstleistungsindustrie, modifiziert angewendet werden (vgl. Pohlmann et al. 2003), wenn man etwa an die Arbeit in Call Centern (vgl. Holtgrewe/Kerst 2002) denkt, die Matuschek et al. gar als „subjektivierte Taylorisierung" (2007) bezeichnen. Das klassische Transformationsproblem der Umwandlung latenten Arbeitsvermögens in manifeste Arbeitsleistung bleibt dabei bis heute, auch unter stärker selbstorganisierten Arbeitsstrukturen im Figurationsgeflecht von Autonomie, Kontrolle und Vertrauen bestehen.

Mit Taylors Thesen erhielt der soziale Faktor, die Frage nach der Zufriedenheit und Arbeitsmotivation der Beschäftigten erneut Aufmerksamkeit. Sie wurde nun jedoch arbeitspsychologisch gewendet, indem das *Subjekt der Arbeit* vermehrt betrachtet und befragt wurde. Nachfolgende us-amerikanische, britische und deutschsprachige Studien führten demgegenüber stärker die Analyse des betrieblichen Sozialgefüges in die Forschung ein und berücksichtigten die Sichtweisen der Betroffenen; sie konzentrierten sich aber zunächst noch auf den Industriebetrieb und leisteten in dieser Verengung einer bis heute ambivalent gebliebenen „Indienstnahme durch das Management" (Deutschmann 2002: 14) und Unternehmensführung Vorschub, indem zum Beispiel Prozesse betrieblicher Rationalisierung nicht mehr nur wissenschaftlich begleitet, sondern auch legitimiert werden.

1.3 Die Forschungen der Human Relations Bewegung

In dieser Ambivalenz dienten auch schon die Beobachtungsstudien in den Relaisstationen der Hawthorne-Werke von 1927–1932 zunächst der Verbesserung der Arbeitsleistung durch spezifische Anreizsysteme. Fritz Roethlisberger und seine Kollegen (1966) wollten klären, ob und inwiefern Arbeiterinnen unter unterschiedlichen und monotonen Arbeitsbedingungen ermüden oder zu höherer Leistung motiviert werden können. Nachdem vorhergehende Experimente zum Zusammenhang von Beleuchtung und Arbeitsproduktivität gescheitert waren, wurde zum einen von der tayloristischen Betriebsführung und zum anderen von der Psychophysik von *Hugo Münsterberg* (1863–1916) ausgegangen. Die Psychophysik betrachtete den Zusammenhang von physikalischen Arbeitsbedingungen, Produktivität und Arbeitszufriedenheit. Dagegen stellte Mayo seine Studien im Angesicht des verheerenden Zweiten Weltkriegs in einen demokratietheoretischen Zusammenhang und fügte der „Betrachtung des Arbeiterproblems" (Mayo 1949: 12) weitere Perspektiven hinzu. So stand für ihn nicht nur außer Frage, dass ein ausreichender materieller Lebensstandard und die Fähigkeit zur Zusammenarbeit erst das menschliche Überleben sichern. Mayo ging es vielmehr auch um die „Erziehung zum verantwortlichen Leben" (Mayo 1949: 20). Der in Wechselwirkung stehenden Führung von Gruppen und der Leistungen einzelner komme dabei eine besondere Bedeutung zu, die von der zeitgenössischen Doktrin bislang nicht erkannt worden sei:

> „Wir haben eine Wirtschaftslehre, die eine desorganisierte Horde von Einzelnen postuliert, die sich um zu wenige Güter schlagen; und wir haben eine Politik, die die ‚Gemeinschaft der Einzelnen' behauptet, die von einem souveränen Staat beherrscht wird." (Mayo 1949: 92)

Theoretische Annahmen verband Mayo denn auch mit empirischen Untersuchungen im Industriebetrieb und der Klinik. Vorherrschend war zu dieser Zeit die Annahme eines so genannten Hordentriebes, bei dem in der Gesellschaft unorganisierte Einzelindividuen ihren je eigenen Zielen nachgehen:

> „Der Wunsch, gut mit seinen Mitarbeitern auszukommen, der sogenannte menschliche Gesellschaftsinstinkt, überwiegt leicht das nur an den Einzelnen gebundene Interesse und das logische Schließen, auf das so zahlreiche falsche Prinzipien der Geschäftsführung gegründet sind." (Mayo 1949: 76)

Vor diesem Hintergrund wurden bei den amerikanischen Hawthorne-Werken in ausschließlich weiblichen Testgruppen Telefonrelais montiert und mehrstufige, fünfjährige Daueruntersuchungen durchgeführt. In den so genannten Beleuchtungsexperimenten wurde zunächst nach dem Einfluss physikalischer Faktoren auf die Arbeitsleistung gefragt, indem die Lichtstärke in Test- und Kontrollgruppen gemessen und gezählt wurden. In der Relaismontagegruppe traten dann Beobachtung und medizinische Kontrolle hinzu, um Faktoren der Arbeitseffizienz aufzuspüren. Monotonie und Ermüdung, so das Zwischenfazit, könne die sich offenbarenden unterschiedlichen Arbeitsleistungen allein nicht erklären:

> „Bei dem folgenden Versuch wurde den Arbeitern gesagt, die Beleuchtung habe zugenommen, während in Wirklichkeit keinerlei Veränderung eingetreten war. Die Arbeiter äußerten ihre Zufriedenheit über die verbesserte Lichtstärke, doch ließ sich keine wesentliche Veränderung der Leistung feststellen. Ein anderes Mal führte man denselben Versuch mit umgekehrten Vorzeichen durch: Den Arbeitern wurde erklärt, die Beleuchtungsstärke sei vermindert worden; in Wirklichkeit blieb sie aber unverändert. Die Arbeiter klagten zwar etwas über die schlechtere Beleuchtung; die Leistung wurde jedoch nicht nennenswert beeinflusst. Schließlich verringerte man in einem abschließenden Versuch die Beleuchtungsstärke auf 0,6 Kerzen, was ungefähr dem normalen Mondlicht entspricht. Erst von diesem Zeitpunkt ab sank die Leistung merklich ab." (Roethlisberger 1966: 99 f.)

Zunächst konnte man in der ersten Testphase die tayloristischen Grundannahmen zur Arbeitseffektivität korrigieren, ohne sie prinzipiell in Frage zu stellen. Die zweite Relaismontagetestgruppe wurde also unter gleichem Methodenansatz betrachtet. Untersucht wurde dabei, welche Rolle einem *Anreiz- und Entlohnungssystem* bei der Motivierung der Arbeiterinnen zukommt. Vermutet wurde, dass die Gruppenbildung die unterschiedliche Arbeitsleistung beeinflusse. Der Zusammenhang von Leistung und Gruppenverhalten wurde sodann im Glimmerspaltungstestraum weiter verfolgt und erweitert, indem nun ein *Akkordsystem* eingeführt wurde. Hier zeigte sich jedoch, dass Anreizsysteme nicht zwangsläufig zur Erhöhung der Arbeitsleistung führten, sondern Arbeitszurückhaltung begünstigen können:

„Die Arbeit wurde genau nach der Auffassung ausgeführt, die die einzelne Gruppe von ihrer Tagesarbeit hatt; diese Grenze wurde nur von einer einzigen Arbeiterin überschritten, die herzlich unbeliebt war." (Mayo 1949: 75)

In 1600 zum Teil zu Tiefeninterviews angewachsenen Mitarbeitergesprächen und 21.000 strukturierten Interviews nahmen sich die Forscher im Weiteren den Fragen der Gruppendynamik und informellen Führerschaft in Gruppen an. Erforscht werden sollte, wie die Testpersonen mit den Kategorien Verhalten, Leistung und Entscheidung interagieren. Veranschaulicht wird dabei die wie in einem Panoptikum angelegte Überwachungssituation, wenn die Forscher schreiben:

„Eine Gruppe von 5 Arbeiterinnen wurde in einem besonderen Raum untergebracht, wo ihre Arbeitsbedingungen und sie selbst genau beobachtet werden konnten. Man beschloss, in bestimmten Abständen verschiedene Veränderungen vorzunehmen und die Wirkung dieser Neuerungen auf die Leistung zu beobachten. Man führte außerdem ein Protokoll über Temperatur und Feuchtigkeit des Arbeitsraumes, über die Dauer des nächtlichen Schlafs der Arbeiterinnen und über Art und Menge der Nahrung, die sie zum Frühstück, Mittagessen und Abendbrot zu sich nahmen. Die Leistung wurde sorgfältig gemessen, und die Zeit, die jede Arbeiterin für die Montage eines Telefonrelais von ca. 40 Teilen benötigte (ungefähr 1 Minute), automatisch aufgezeichnet. Man führte Qualitäts-Protokolle, und jedes Mädchen wurde in regelmäßigen Abständen ärztlich untersucht. Unter diesen Bedingungen wurden die Arbeiterinnen 5 Jahre lang genauestens beobachtet." (Roethlisberger 1966: 101)

Obgleich durch die akribischen Studien eher eine Modifikation bzw. Korrektur denn Überwindung tayloristischer Annahmen zur Betriebsführung erfolgte (Deutschmann 2002: 17; Senghaas-Knobloch 2008: 237 ff.), war der *human factor* als ein das Arbeitsverhalten und die Produktivität entscheidend prägenden Faktor empirisch ausgemacht worden. Die Human-Relations-Bewegung und mit ihr die Frage der Motivation von Mitarbeiterinnen und Mitarbeitern war dabei ungeplant auf die Tagesordnung der industrie- und betriebssoziologischen Forschung gelangt und überwandt die vorherrschenden Reiz-Reaktionsmodelle, indem die Bedeutung informeller Prozesse erkannt wurde:

„Anspruchshorizont und sozialer Status, Verbrauchsgewohnheiten und Verhaltensformen, Arten und Bestimmungsgründe sozialer Beziehungen sind direkt von der sozialen Erlebniswelt im Industriebetrieb bestimmt." (Dahrendorf 1965: 41)

Gleichwohl kritisierte Mayo (1949) die moderne Industriegesellschaft, weil sie gegenüber weniger differenzierten Gesellschaften keine spontane Zusammenarbeit ermögliche. Gerade den Führungskräften obliege dabei die Aufgabe, die betriebliche Zusammenarbeit optimal zu organisieren. Die betrieblichen Macht-

und Herrschaftsbeziehungen sind in Mayos Modell der „Industriedemokratie" (Bonazzi 2008: 44) damit unhintergehbar festgeschrieben.

Die Hawthorne-Studien wurden zwischen „Hochachtung" (Preisendörfer 2008: 121) und komplettem Veriss höchst unterschiedlich rezipiert. Mayo habe ähnlich verkürzt und naiv wie Taylor empirische Forschungen ohne erkennbare Theorie und Reichweite fortgeschrieben. Dies ließ den Vorwurf entstehen, dass er zugunsten der Unternehmerschaft Ergebnisse geliefert habe, die „einseitig missbrauchbar" (Dahrendorf 1965: 43) gewesen seien und Konflikte ausgeblendet und psychologisiert habe (vgl. Kieser/Ebers 2006: 133–167; Preisendörfer 2008: 121). Insbesondere die empirische Basis der Hawthorne-Studien geriet bald nach ihrer Veröffentlichung unter starken wissenschaftlichen Beschuss, während die „Ergebnisse in der amerikanischen Mittelschichtkultur für lange Zeit zu einem festen Anhaltspunkt" wurden. Hier bestätigten sie „etwa ihre ablehnende Haltung klassentheoretischer Erklärungen sozialer Probleme und ihre Präferenz für eine Vulgärauffassung der Psychoanalyse, die zur Akzeptanz der bestehenden Ordnung beiträgt" (Bonazzi 2008: 54). Innerhalb von 50 Jahren wurde mehrfach das nach damaligen wissenschaftlichen Standards erhobene und zugängliche Untersuchungsmaterial Reanalysen, Replikationen und Neuinterpretationen unterzogen. Kritisiert wurden u.a. eine fehlerhafte Interpretation der bivariat analysierten Daten, die Manipulation der Untersuchungsgruppe, indem eine ‚resistente' Arbeiterin ausgetauscht worden war, sowie die Überinterpretation des zwischenmenschlichen Aspektes, der gar Lohnanreize überwiege. Der klassische Effekt sozialer Erwünschtheit sei ohnedies gegeben, wenn die Leistungserbringung von Forschern beobachtet werde. Zudem seien die einzelnen Testphasen nicht vergleichbar und es gebe zu geringe Fallzahlen (vgl. Dahrendorf 1965: 44). Trotz dieser Kritik räumt Dahrendorf den Experimenten einen disziplingeschichtlich hohen Stellenwert ein:

> „Das Bemühen aber, die sozialen Probleme der Industrie und des Industriebetriebes in voller Breite und mit stetem empirischen Bezug wissenschaftlich zu erforschen, ist durch die Mitarbeiter des Hawthorne-Experiments weit vorangetrieben worden." (Dahrendorf 1965: 45)

Und Preisendörfer räumt dabei ein, dass die Hawthorne-Studien mehr als Taylors Experimente den wissenschaftlichen Standards ihrer Zeit entsprochen hätten und bahnbrechend waren:

> „Was die Kernaussage des hohen Stellenwertes interpersoneller Beziehungen auch im Kontext von Arbeitsorganisationen anbelangt, ist die Botschaft der Human-Relations-Bewegung gleichsam Wasser auf die Mühlen soziologischen und sozialpsychologischen Denkens. Heutzutage glauben wir allerdings zu wissen, dass der Zusammenhang zwischen dem Betriebsklima bzw. der Arbeitszufriedenheit auf der einen Seite und

der Arbeitsproduktivität bzw. der Arbeitsleistung auf der anderen Seite nicht ganz so einfach ist, wie es sich die Vertreter der Human-Relations-Schule vorgestellt haben." (Preisendörfer 2008: 121)

Die Human-Relations-Bewegung der Nachkriegszeit entwickelte zwar die soziotechnischen Ansätze weiter, stieß aber in Europa und den USA fortwährend auf Skepsis. Ihr wurde „eine sozialharmonische Sichtweise und ein sozialpsychologisch verkürzter Blick auf die Gruppenbildungen im Industriebetrieb, der die objektiven gesellschaftlichen Strukturbedingungen industrieller Lohnarbeit ausblende", vorgeworfen (Deutschmann 2002: 17). Mehr noch sei auch die um Gruppenarbeit und mitarbeiterorientierte Führung erweiterte Fabrikarbeit mit dem „Schmiermittel" der Human Relations weiterhin „stumpfsinnig und drückend" und die „hierarchischen Strukturen unangetastet" geblieben (Bonazzi 2008: 62).

Mit *Jakob L. Moreno* (1889–1974) und *Kurt Lewin* (1890–1947) traten in den 1930er und 1940er Jahren Organisationsforscher auf, die gerade diese formellen und informellen Beziehungsstrukturen und Verflechtungen in Gruppen in Form eines Soziogramms und gruppendynamischer Analysen zu erfassen suchten und u. a. die Methode der Soziometrie entwickelten. Sie kann heute als Vorläufer der soziologischen Netzwerkanalyse (s. u.) und der Aktionsforschung gelten und findet neben der systemischen Familientherapie bei Organisationsberatungen vielfach Verwendung.

Abbildung 1   Soziogramm nach Stangl 2009

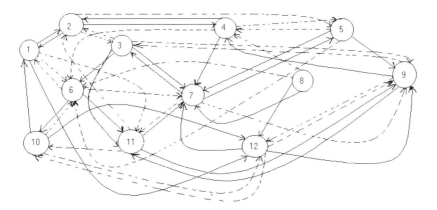

1.4 Soziographie und die Erforschung von Arbeitslosigkeit

Bevor an dieser Stelle auf die weitere Entwicklung der Industriesoziologie im Nachkriegsdeutschland mit exemplarischen Methodendarstellungen zurückgekommen wird, soll ein Blick auf die empirische Arbeitsforschung im Österreich der 1930er Jahre geworfen werden, denn hier waren sowohl entscheidende empirisch-methodische als auch theoretische Fortschritte über die Erforschung von Arbeit und Arbeitslosigkeit ermittelt worden. Entscheidend beigetragen hat dazu die von der Rockefeller Foundation und Wiener Arbeiterkammer finanzierten Studie „Die Arbeitslosen von Marienthal" (Jahoda et al. 1975). Mit der jüngst aufgekommenen Prekarisierungs- und Teilhabedebatte (vgl. Castel 2000; Dörre 2005; Kronauer 2001) wird dieser empirisch methodisch fundierte Klassiker der Sozial- und Arbeitslosenforschung dabei aktueller denn je, thematisiert er doch eindringlich die sozialpsychologischen Folgen gesellschaftlicher Transformationen und Ausgrenzungsprozesse.

Während bereits für Mayo die massiv gestiegene Arbeitslosigkeit in Folge der *Großen Depression* ein zentrales Gemeinschaftsproblem war, fragten Jahoda et al. (1975) nach den sozialpsychologischen Folgen lang anhaltender Arbeitslosigkeit. Tradiert waren Theorien, nach denen gleichsam prozessual eine Verschlechterung der Lebenslage zu Widerstand und Aufbegehren der Betroffenen führe (Rebellionsthese). Zur Beantwortung dieser Frage beschäftigten sich 17 Feldforscherinnen und Feldforscher mit vielfältigen empirischen Zugängen, die in einer soziographischen Gemeindestudie spezifische und umfassende Erkenntnismöglichkeiten als prozessorientierte Feldforschung überhaupt erst ermitteln konnten. Ort der Untersuchung war 1931/32 die österreichische Industriegemeinde Marienthal, in der nach der Schließung der einzig am Ort befindlichen Textilfabrik im Jahr 1929 1.290 beschäftigte Arbeiter und Angestellte innerhalb kürzester Zeit arbeitslos wurden. Von den Forschern wurde in 120 Tagen vor Ort unter Beteiligung von insgesamt 478 Familien in Form eines aus heutiger Sicht frühen Methodenmix' Datenmaterial zusammengetragen.

Ihre quantitativen Daten bestanden aus der statischen Analyse vorhandener Dokumente, so z. B. die Buchhaltung des örtlichen Konsumvereins, die Ausleihzahlen der Arbeiterbibliothek, die Wahlziffern und Bevölkerungsentwicklung. Schul- und Gesundheitsdaten, Berichte zu den täglichen Mahlzeiten sowie die Höhe des Arbeitslosengeldes und Haushaltszählungen ließen Rückschlüsse auf die Lebenssituation der Arbeitslosen zu. Als in der Forschung bis dahin unbekannter Faktor wurde aus dem Feld heraus etwa die Kategorie der Gehgeschwindigkeit generiert und prozessualisiert, um den Grad der Aktivität und Apathie der Bewohner zu umschreiben. Mit den Methoden der qualitativen Sozialforschung wurden zudem Zeitverwendungsbögen, Gesprächsprotokolle, Mahlzeiteninventare, 62 biografische Interviews, Schulaufsätze von Kindern zum Thema „Was ich mir wünschen würde" sowie Preisausschreiben Jugendlicher zu ihren Zukunftsvorstellungen ausgewertet. Diese systematische Verwendung von Indikatoren wie zum Beispiel der Gehgeschwindigkeit, Haltung und Zeitverwendung führten als Teil eines vielfältigen, breiten Methodeninstrumentariums und verdichteter Daten zu fundierten und gesättigten Typisierungen und Klassifikationen. Diese stand für Christian Fleck (1998) jedoch einigen ‚naiven' deskriptiven statistischen Bestandsaufnahmen mit einfachen Kreuztabellen gegenüber. Die Auswertungsphase dauerte sechs Monate und führte zur Formulierung einer Typologie von Stadien, mit der die von Arbeitslosigkeit betroffenen Familien in die „seelisch Ungebrochenen" (16 %), die „Resignierten" (48 %), die „gebrochen Verzweifelten" (11 %) und die „gebrochen Apathischen" (25 %) unterteilt wurden (Jahoda et al. 1975). Aus den Ergebnissen leitete die Forschergruppe die Annahme ab, dass mit der fortschreitenden Verschlechterung der Lebenslage die meisten Betroffenen allmählich die vier Stadien durchlaufen würden, so dass letztlich von einem allmählichen Zerfall des Sozialen die Rede sein könne (Jahoda et al. 1975: 101 f.). Arbeitslosigkeit, so das Fazit, führt nicht unbedingt zu einer Radikalisierung, sondern eher zur Resignation und Apathie der Menschen (Anomiethese).

Marienthal hat mit seiner „ideenreichen Beschreibung der Wirkung massenhafter Arbeitslosigkeit" heute zu Recht einen Platz „unter den exemplarischen empirischen Studien" (Fleck 1998: 272) und wurde zu einem Beispiel dichter Beschreibung lange bevor Clifford Geertz es so nannte. Die damals neuartige These, dass die Höhe des Arbeitslosengeldes mit dem psychischen Wohlbefinden korreliert, scheint aus Sicht Flecks (1998) jedoch heute so nicht mehr haltbar. Als Klassiker der Sozialforschung steht die immer noch sehr lesenswerte und bis heute bedeutsame Studie „Die Arbeitslosen von Marienthal" jedoch für die bewusste Durchbrechung der Distanz zum ‚Untersuchungsobjekt' und begründete eine Soziographie, mit der die Erfassung der Gesamtstruktur des Feldes möglich wurde (vgl. Fleck 1998: 268 ff.; Engler/Hasenjürgen 1997: 112). Wenngleich die soziologischen Konsequenzen der empirischen Einsichten in der Marienthal-Studie damals u. a. aus werkgeschichtlichen Gründen – die Forscher hatten aufgrund der politischen Verhältnisse in Österreich nicht mehr die Möglichkeit, ähnliche Studien durchzuführen – zur damaligen Zeit noch nicht näher erläutert werden konnten, sind in Jahodas späteren Untersuchungen zur sozialen Funktion der Erwerbsarbeit theoretische Schlüsse herausgestellt worden (vgl. Jahoda 1983). Die manifesten und latenten Funktionen der Erwerbsarbeit seien dabei v. a. das Zeiterlebnis, die Horizonterweiterung über das familiäre und freundschaftliche Feld hinaus, die Kooperationserfahrung, der Status- und Identitätserwerb sowie die besondere Realitätsbindung (vgl. Fleck 1998: 280). Im Zuge der jüngsten Debatte um Prekarisierung und Exklusion führen u. a. die Arbeiten von Jens Luedtke (1998), Michael Mehlich (2005), Klaus Dörre (2005), Berthold Vogel (2008) und Wolfgang Ludwig-Mayerhofer et al. (2009) weiter. Um die in der ökonomischen

Ursachenforschung vorherrschende statische und atomistische Betrachtung von Arbeitslosigkeit mit strukturellen und subjektorientierten Perspektiven zu erweitern, geht Mehlich dabei prozesstheoretisch vor und analysiert die „Wechselwirkungen zwischen individuellen Lebens- und Alltagserfahrungen und gesellschaftlichen Instanzen" (Mehlich 2005: 131).

Aufgaben:
Überdenken Sie bitte die ersten empirischen Studien der Arbeitsforschung. Welche zentralen Grundkonflikte und Themenstellungen haben sich dabei bis heute durchgehalten?

2. Industrie- und Arbeitssoziologie zwischen Engagement und Distanzierung

Kehrt man zur deutschen Industriesoziologie der Nachkriegszeit zurück, dann wurden die 1950er Jahre zum Kennzeichen kritischer empirischer Forschungen über den Industriebetrieb, zu deren Vertretern hauptsächlich *Hans Paul Bahrdt* (1918–1994), *Ludwig von Friedeburg* (geb. 1924), *Burkhard Lutz* (geb. 1925), *Heinrich Popitz* (1925–2002) und *Theo Pirker* (1922–1995) gegenüber *Helmut Schelsky* (1912–1984) oder *Friedrich Fürstenberg* (geb. 1930) zählen. Während erstere gesellschaftstheoretische und -politische Fragen mit ihren empirischen Forschungen verfolgten und meinten, dass sich im Industriebetrieb gleichsam als Mikrokosmos „entscheidende Tendenzen der gesamtgesellschaftlichen Entwicklung frühzeitig offenbaren und hier besonders gut zu studieren seien" (Deutschmann 2002: 19), sahen Schelsky und Fürstenberg nicht wie etwa Marx die Entfremdung im Industriebetrieb als vorrangig an. Sie zielten vor allem auf die Zufriedenheit und Motivation der Industriearbeiter (vgl. Dahrendorf 1965: 115 ff.). Damit scheint bis heute die Positionierung einer modernen Industrie- und Arbeitssoziologie zwischen überwundener „Marx-Orthodoxie" (Deutschmann 2002: 21) mit illustrativem Empiriebezug und industrieller Vereinnahmung erschwert.

Der jüngst verstorbene deutsch-britische Industrie- und Konfliktforscher *Ralf Dahrendorf* (1929–2009) brachte dagegen zwischen diesen Positionen zunächst das Thema Konflikt und Hierarchie in die Betrachtung des betrieblichen Sozialgefüges ein. Er stellte sich dem vorherrschenden Harmoniemodell der Betriebswirtschaften und Human Ressource Managementlehre entgegen und vermerkte zur Innovativität der damaligen industriesoziologisch-empirischen Forschung:

> „Die Soziologie ist – zumindest in Europa – noch immer durch eine (oft glückliche, zuweilen aber auch missliche) große Vielfalt an Methoden gekennzeichnet. Philosophische Spekulation steht neben gedankenloser Empirie, verstehende Gesamtanalysen neben statistischem Raffinement. Alle diese Züge finden sich nun zwar auch in der Geschichte der Industrie- und Betriebssoziologie: doch kann man heute mit einiger Zuversicht behaupten, dass dieser Zweig der Soziologie eindeutiger als sein Stamm eine empirische Wissenschaft ist." (Dahrendorf 1965: 14)

Dabei sei die systematische Betrachtung wichtig, um Allgemeinaussagen über das Verhältnis von Mensch, Betrieb und Konflikten treffen zu können. Dahrendorf machte weiterhin darauf aufmerksam, dass die Industrie- und Betriebssoziologie „keine normative Disziplin" (Dahrendorf 1965: 17) sei und kein Rezeptwissen liefern könne und dürfe. Mit der Suggestion der Steuerbarkeit und Zurechenbarkeit industriellen Handelns stelle sie sich vielmehr unkritisch für die Vereinnahmung durch industrielle Interessen zur Verfügung. Das betriebliche Geschehen und Konflikte entzögen sich jedoch „bewusster Steuerung" (Dahrendorf 1965: 19).

Auch hier zeigen sich erneute Berührungspunkte mit der Nachbardisziplin der Organisationswissenschaften und der Organisationssoziologie aber auch der Praxisforschung. Deutschmann beschreibt die weitere Entwicklung der Industriesoziologie als eine nachholende Entwicklung, in der die „Erkenntnisprozesse, die in der soziologischen und betriebswirtschaftlichen Organisationsforschung mit der Kritik an der klassischen Organisationstheorie schon früher vollzogen worden war" (Deutschmann 2002: 23), aufgegriffen wurden. Der Arbeiter und sein Erleben im Industriebetrieb standen jedoch auch weiterhin im Zentrum und wurde in den siebziger Jahren des 20. Jahrhunderts etwa im millionenstark ausgestatteten Bundesprogramm zur *Humanisierung der Arbeitswelt* in Opposition zu Arbeitgeber- und Unternehmerschaft verortet:

> „Die dadurch ausgelösten Selbstverständigungsdebatten waren von der umstrittenen These bestimmt, dass die Arbeitsforschung in eine kapital- und in eine arbeitsorientierte Richtung getrennt und schon die Auffassung einer unparteiischen Position faktisch durch die Parteinahme für das Kapital bestimmt sei. Sozialwissenschaft, die an ihrem kritischen Anspruch festhalten wolle, könne die vom Programm zur Humanisierung des Arbeitslebens geforderte Praxisorientierung allein durch eine entsprechende Beratung der Arbeitnehmerseite umsetzen." (Senghaas-Knobloch 2008: 239)

Ein Klassiker jener eher marxistisch inspirierten arbeitsbezogenen Sozialforschung, bei der objektive und subjektive Bedingungen der industriellen Arbeitswelt zusammengeführt wurden, stellt in diesem Kontext sicherlich die grundlegende Studie von *Horst Kern* (geb. 1940) und *Michael Schumann* (geb. 1937) zum Arbeiterbewusstsein von 1970 dar. Hier gingen der Direktor des Soziologischen Forschungsinstituts (SOFI) Göttingen und sein Hannoveraner Kollege mit Arbeitsplatzbeobachtungen und Einzelinterviews unter Industriearbeitern u. a. der Frage nach, ob und inwiefern angesichts der veränderten Produktions- und Arbeitsbedingungen zwischen den konkreten Lebensbedingungen der Arbeiter und ihrer objektiven ‚Klassenlage' ein direkter Zusammenhang besteht. Ausgewählt wurden Industriezweige mit vielen technischen Innovationen und Branchen, die als Kontrollgruppen dienten, wie folgende an Kern/Schumann (1970: 52) angelehnte Tabelle zeigt:

Tabelle 1 Branchen und Innovationen industrieller Arbeit

	Anzahl der Betriebe	Anzahl der untersuchten Neuerungen
Automobilindustrie	2	4
Chemische Industrie	1	5
Eisenschaffende Industrie	1	1
Glasindustrie	1	2
Holzverarbeitende Industrie	1	4
Nahrungs- und Genussmittelindustrie	1	2
Papierindustrie	1	1
Textilindustrie	1	1
Gesamt	**9**	**20**

Anhand von 15 unterschiedlichen Typen zeigten die Autoren auf, dass es keine *typische* Arbeitssituation gibt, die Arbeitszufriedenheit hochgradig variiert und sich gar ein sozialistisches Bewusstsein in der Industriearbeiterschaft mithin eher im Rückzug befinde.

2.1 Neue Produktionskonzepte und Praxisberatung

Während ein Strang der Arbeitsforschung „fallstudienbasiert und leitfadenbewehrt" (Deutschmann 2002: 24) so oder ähnlich die traditionell marxistisch geprägte Industriesoziologie fortschrieb und die industriebetriebliche Arbeitswelt weiter durchdrang, verstärkte sich auf der anderen Seite die sozialwissenschaftliche Organisationsberatung, die bis heute ein wachsendes Betätigungsfeld für Sozialwissenschaftlerinnen und Sozialwissenschaftler geworden ist und spezifische Ambivalenzen birgt.

Weitere Streitfragen markierte zudem die Verabschiedung „von der traditionellen industriesoziologischen Vorstellung objektiver, in der Gesellschaft wie im Betrieb wirksamer ‚Bewegungsgesetze' des Kapitalismus" (Deutschmann 2002: 24). Sie wurde vor allem durch die weiteren Untersuchungen von Kern und Schumann über „Das Ende der Arbeitsteilung?" (1984) ausgelöst und prägt bis heute die anhaltende Debatte um Entfremdung und Subjektivierung im Arbeitsprozess. Die Autoren stellten angesichts der Herausforderung durch die neuen amerikanischen und japanischen Produktionskonzepte wie *Lean Production* und *Toyotismus* anfänglich noch die These auf, dass ein Arrangement mit der industriellen Rationalisierung denkbar sei (vgl. Kern/Schumann 1984). Der Umbruch in der Automobilindustrie hatte dabei gezeigt, dass der tayloristische Produktionsablauf mit hierarchischen und zentralistischen Kontrollstrukturen die kreativen Potenziale der Beschäftigten ungenutzt ließ und die starren Zeitvorgaben keine flexible Reaktion auf Nachfrageschwankungen am Markt erlaubten. Gesetzt wurde nunmehr auf mehr selbstorganisiertes Arbeiten, mehr Verantwortung und Autonomie. Es bildeten sich mehr und mehr dezentrale Formen der Selbstorganisation durch Vernetzung relativ selbständiger Untereinheiten der Fabrik heraus. Nun ging es nach André Gorz statt um die totale Herrschaft über die Arbeiterpersönlichkeit um „deren totale Mobilisierung" (Gorz 2000: 45), indem durch die fortlaufende partizipative Gestaltung und Optimierung der Arbeitsabläufe in jeder Arbeitseinheit flexibel, spontan und kooperativ ein zeitlich harmonischer Produktionsablauf gewährleistet werden sollte. Die Arbeiter sollten begreifen, was sie tun und den gesamten Produktionsablauf und die Fertigungssysteme nicht nur überschauen, sondern auch verantworten. Die kontinuierliche Verbesserung des Produktionsverlaufs erforderte dabei eine neuartige Kommunikation, Verständigung und Abstimmung zwischen den Arbeitern. Gorz beschreibt diese neu eingeführten Produktionskonzepte der ausgehenden siebziger und beginnenden 1980er Jahre als netzwerkartige Arbeitsorganisation:

> „Das Paradigma der hierarchischen Organisation wird darin durch das der Netzwerkstrukturen ersetzt, die an ihren Knotenpunkten selbstorganisierte Kollektive in loser Koppelung koordinieren, von denen keines das Zentrum bildet." (Gorz 2000: 46)

Auch die schwedische Automobilindustrie experimentierte in dieser Zeit mit neuen Produktionskonzepten: In Zusammenarbeit mit der Universität Göteborg und den Gewerkschaften wurden in den Volvowerken Uddevalla von 1984 bis 1988 und 1989 bis 1993 Versuche unternommen, um die Industrie vom tayloristischen System zu befreien und die Arbeiter zu mitdenkenden Subjekten der Arbeitsorganisation werden zu lassen. Der implizierte Wechsel von einer Kultur des latenten Misstrauens und der Kontrolle zu einer Vertrauenskultur erfolgte in vier Schritten, bei denen zunächst feste Arbeitsstationen errichtet und sodann Taktzeiten aufgehoben wurden, damit das Arbeiten im eigenen Rhythmus ohne automatisches Fließband möglich war. Die Arbeitszyklen umfassten mindestens 20 Minuten, sodass jeder Arbeiter am Fahrzeug vielfältige komplexe Arbeitsgänge verrichtete und die mit der Fließproduktion entstehende Monotonie reduziert wurde. Eine weitere Besonderheit bestand darin, dass die Aufgaben des Vorarbeiters oder Technikers in die Tätigkeiten des Arbeiters integriert wurden, und er so nun auch indirekte Arbeiten wie Logistik, Arbeitsvorbereitung, Qualitätskontrolle, Nachbesserung, Leitung und Ausbildung verrichtete.

Die untersuchten Arbeitsgruppen bzw. Arbeiterkollektive bestanden aus neun Männern oder Frauen und einer Verbindungsperson, dem Ombudsmann. Jeder Arbeiter konnte den Umfang seines Arbeitsanteils an der Fahrzeugfertigung selbst bestimmen. Ein Prämiensystem motivierte zudem zur Montage eines ganzen Fahrzeuges. Mindestens ein Viertel der Vorgänge musste von jedem Teammitglied beherrscht werden, um sich ggf. gegenseitig zu vertreten, zusammen zu arbeiten oder die Arbeit variieren zu können. Eine Begrenzung und damit Kritik an dieser neuen Arbeiterautonomie lag allerdings darin, dass die grundsätzliche Produktbestimmung und Produktionsentscheidung auf Seiten der Kapitaleigner blieb und damit der in klassischen Studien bereits ausgemachte Grundwiderspruch zwischen Kapital und Arbeit nicht aufgelöst wurde. Dennoch blieb die Produktion vom Engagement und der Produktivität des Arbeiterkollektivs abhängig, das recht hoch war. Gorz diskutiert daher die Frage, ob „dieses System eine Refeudalisierung sozialer Produktionsverhältnisse, in dem der Arbeiter zum treuen Vasallen der Firma wird [darstellt, S.E.], oder (...) sie das Potenzial der Machtergreifung und Wiederaneignung der Arbeit durch die Arbeiter in sich [birgt] und nie erreichte Freiräume im Arbeitsprozess" (Gorz 2000: 47) schafft.

Die Erwartung an eine autonome Arbeitsorganisation konnte aber in Uddevalla angesichts schrumpfender Absatzmärkte nicht eingehalten werden, und das Werk wurde trotz seiner hohen Produktivität nach nur vierjähriger Laufzeit geschlossen. Die internationale Konkurrenz hatte inzwischen vollständig auf die billigere Automatisierung umgestellt und *Lean Production* fortgeführt. In Uddevalla war durch die Abschaffung repetitiver Arbeit die Umstellung auf umfassendere Automatisierung erschwert. Das reibungslose Funktionieren und Engagement der Mitarbeiter hatte dazu geführt, dass sie weniger Fremdzwängen ausgesetzt waren und Machtgewinne errungen hatten. Dies war, so schätzt Gorz die Entwicklung ein, der Gruppendirektion „auf gefährliche Weise und unnötig ausgedehnt" (Gorz 2000: 53) erschienen.

Die japanische Konkurrenz hatte unterdessen zunächst bei Toyota eine Vorgehensweise entwickelt, die unter dem Namen *Lean Production* („schlanke Produktion" oder auch Toyotismus) als wesentlicher Teil des *Lean Management* sowohl die wissenschaftlichen Debatten als auch die betriebliche Wirklichkeit in den Fertigungsstätten in den USA und Europa erreichte. Die Aufteilung in eine Kernbelegschaft, die Auslagerung von Produktionsschritten in Zulieferbetriebe, wie sie sich im Toyotismus radikal vollzog und die Anforderungen an die Selbstvermarktung der Arbeitskraft machten weitere Merkmal aus. *Lean Production* setzte auf die Beschäftigung hochqualifizierter und junger, gut ausgewählter Arbeiter, die keine Gewerkschaftsmitglieder waren. Dieses Phänomen wird auch als Massenintellektualität im Arbeitsprozess bezeichnet. In der ‚integrierten Fabrik' des Toyotismus wurden damit moderne Sozialbeziehungen durch feudalähnliche Abhängigkeiten abgelöst, indem die arbeitsrechtliche Fundierung aufgehoben und die ganze Person dem Produktionsprozess einverleibt wurde. Dies bremste auf den ersten Blick die eigentlich erwünschte Kreativität, Autonomie und Initiative, die im Uddevalla-System eine Ausschöpfung aller Produktivitätspotenziale ermöglichen sollte.

Aber es war das Ziel im toyotistischen System, die kommunikativen, kooperativen und erfinderischen Fähigkeiten zum Bestandteil der Arbeitskraft zu machen und die Arbeiter dazu zu bringen, sich als *Subjekt* im Dienste anderer zu sehen. Die ganze Person wurde mit ihrer Persönlichkeit Subjekt bzw. Objekt der Selbstvermarktung und stellte sich der Firma umfassend zur Verfügung. Im Gegenzug garantierte das japanische Unternehmen dieser exklusiven Arbeiterelite lebenslange Beschäftigung (vgl. Minssen 1993).

Das in Kernbelegschaften und Zulieferbetriebe aufgegliederte toyotistische Unternehmen weist dabei eine forcierte tayloristische Arbeitsteilung auf, womit die Spielräume der Gruppenarbeit wie in Uddevalla weitestgehend zurückgenommen worden sind. Einer vollzeittätigen, mobilen, vielseitigen und flexiblen Kernarbeiterschaft steht dadurch eine periphere Arbeiterschaft in prekären, befristeten und billigen Beschäftigungsverhältnissen gegenüber, die disziplinierend wirkt. Die hochqualifizierte und selbstorganisierte Gruppenarbeit erzeugte damit auch unmittelbar Gruppen- und Konformitätsdruck und langfristig gesehen Arbeitslosigkeit, so argumentiert Gorz, indem eine vollends angepasste Kernbelegschaft das Arbeitsvolumen und die Profitraten des von arbeitsrechtlichen Zwängen befreiten Unternehmens antrieb:

„Die postfordistische Industrie ist die Speerspitze eines tiefgreifenden Umwälzungsprozesses, der die Arbeit und das Lohnverhältnis abschafft und den Anteil der Erwerbsbevölkerung, der die gesamte materielle Produktion sichert, auf 2 % zu reduzieren tendiert." (Gorz 2000: 67)

In diesem Zusammenhang ist erneut auf Kern und Schumann zurückzukommen, die nun eine andere und umstrittene Diktion in ihre Untersuchungen einbrachten. Empirisch gingen die Arbeitssoziologen breit angelegt vor: Zunächst führten sie detaillierte Studien unterschiedlicher Produktionsprozesse in der Automobilindustrie, im Maschinenbau und in der Chemieindustrie durch. Auf Basis eines verstehensanalytischen und an ihrem Lehrer Hans Paul Bahrdt angelehnten Zugangs wurden vielfältige Methoden in Kombination angewandt. Dabei beanspruchten sie jenseits einer so genannten (quantitativen) „Abhaksoziologie" (Kern/Schumann 1984: 31), „Materialkonvoluten" und „Beleghuberei" (ebd.: 38), eine ‚phänomenologische Situationsanalyse' durchzuführen, die verlässliche Daten über die Handlungskonstellationen in den Rationalisierungsprozessen erbringt. Gegenüber Bahrdt, der sich auf die Arbeiter konzentriert hat, betrachteten Kern und Schumann alle Beschäftigtengruppen vom Arbeiter zum Manager, vom Ingenieur bis zum

Betriebsrat und der Personalverwaltung. Sie führten im offenen hypothesengenerierenden Zugang Sekundärdatenanalysen, Interviews und Beobachtungen durch und glichen diese beständig mit eigenen Interpretationen im Erhebungsprozess ab. Sie hatten in dieser Umstellung der industriellen Produktionsabläufe anfänglich noch Chancen für eine „Wertschätzung der lebendigen Arbeit" (ebd.: 2) gesehen. Der Wandel der Produktionsverhältnisse, Technisierungs- und Rationalisierungsprozesse griffen ihrer Ansicht nach auf das ganzheitliche Arbeitsvermögen der Arbeitenden zu und komme zum einen den Interessen der Arbeitenden entgegen. Diese sähen sich nun im Arbeitsprozess endlich als „mündiger Mensch respektiert" (ebd.: 20) und könnten dadurch mehr noch der repetitiven Arbeitsteilung entkommen. Zum anderen bestünde jedoch auch die Gefahr, dass Arbeitsprozesse segmentiert, dereguliert und polarisiert werden, wenn sie ohne Beteiligung der Arbeiterschaft gestaltet würden. Dann drohe mehr noch eine Abqualifizierung von traditioneller Facharbeit und ein Anstieg der Arbeitslosigkeit. Das im Zuge dieser Reorganisationsstudie zum Einsatz gekommene Teamkonzept in der Automobilindustrie sahen die Autoren dabei als Mittel der Konkurrenzsteigerung und als institutionalisiertes „Kontrolldefizit der Leitung" (Kern/Schumann 1984: 87) an. Bonazzi hält die formulierten Thesen dabei für optimistisch und gewagt, weil sie die industriesoziologisch dominierende „Polarisierungsthese zugunsten der These auf[gaben, S.E.], dass (...) generelle Requalifizierung möglich wird" (Bonazzi 2008: 131). Die Folgen japanischer Produktionssysteme waren seiner Meinung nach in den westlichen Debatten noch nicht angekommen.

Weder hat sich vor diesen knapp skizzierten Entwicklungen heute damit die Beziehung von Industriesoziologie und Gesellschaftstheorie endgültig geklärt, noch hat sich ein neues Paradigma für die Massenproduktion und ihre analytisch-empirische Erforschung entwickelt (vgl. Deutschmann 2002: 26). *Kritische* Industriesoziologie versteht sich heute als Scharnier zwischen Forschung und Praxis und umfasst die Erforschung sozialer Innovationen und Interventionen, wie sie zum Beispiel durch Beratung und Evaluation gegeben sind.

2.2 Arbeit, Organisation und Geschlecht

Waren, wie deutlich geworden sein sollte, die Industriesoziologie und Arbeitsforschung der Nachkriegszeit stark auf die industrielle Arbeit und vor allem den männlichen Arbeiter (Normalarbeitnehmer) konzentriert, so entwickelte sich mit der Frauen- und Geschlechterforschung zusätzliche Kritik. Schon die ersten Frauenstudien im Nachkriegsdeutschland[2] von *Elfriede Höhn* (1916–2003) und

---

[2] Aus dem Kreis um Karl Mannheim und Norbert Elias entstanden zudem Arbeiten der Frauenforschung, so etwa die von Margarethe Freudenthal, die, wie viele ihrer Kolleginnen und Kollegen,

Ursula Lehr (geb. 1930) erweiterten unter anderem mit Paneluntersuchungen die bis dato männerzentrierte Arbeitsforschung. Die Hannoveraner Arbeitssoziologin und Frauenforscherin *Regina Becker-Schmidt* (geb. 1937) knüpfte mit ihrer Befragung von 60 Akkordarbeiterinnen (Becker-Schmidt 1980; 1987) an die bereits 1910 von Marie Bernays (1883–1939) aufgebrachte Frage nach der Lebenslage und Arbeitssituation der Fabrikarbeiterinnen an. Becker-Schmidt formulierte dabei aus der kritischen Theorie kommend die These der *doppelten Vergesellschaftung* der Frau, nach der Frauen zweifachen Sozialisationsprozessen, denen der Orientierung auf die Haushalts- und Familienrolle und denen der Erwerbsarbeit, unterliegen und dadurch unterschiedlichen Rationalisierungs- und Verwertungslogiken folgen. Die deutschsprachigen Pionierstudien von *Erika Bock-Rosenthal* (geb. 1947) et al. (1978) sowie von *Herlinde Maindok* (1987) zu *Frauen in Führungspositionen* machten derweil dezidiert auf die spezifischen Interaktionsprobleme, Ambivalenzen und Anpassungsschwierigkeiten aufmerksam, mit denen Außenseiterinnen in Führungspositionen konfrontiert sind. *Karin Gottschall* (geb. 1955) lieferte mit ihren Untersuchungen über weibliche Angestellte (1990) und über die *Arbeitsmarktsegregation* (1995) zudem eine differenzierte Analyse der *Segmentation des Arbeitsmarktes* in Frauen- und Männerberufe. Weitere Debatten entzündeten sich im Feld der Frauen- und Arbeitsforschung besonders um *Elisabeth Beck-Gernsheim* (geb. 1946) und *Illona Ostner* (geb. 1947) mit ihrer These des *weiblichen Arbeitsvermögens*, das die unterschiedliche Arbeits- und Berufswahl von Frauen und Männern und mithin die geschlechtsspezifische Strukturierung des Arbeitsmarktes erklären sollte (Beck-Gernsheim 1976; Ostner 1990). *Brigitte Aulenbachers* (geb. 1959) explorative und multidimensionale Studie (Gruppendiskussionen, standardisierte Befragungen, leitfadengestützte Beobachtung und Interviews) zu Arbeit, Technik und Geschlecht konzentrierte sich im Kontext einer Kritik am „industriesoziologischen Mainstream" wie auch am Konzept des weiblichen Arbeitsvermögen auf die Bekleidungsindustrie. Sie machte die Subjektivität der Arbeitenden gegenüber den „gängigen Kategorien Arbeitsvermögen, Arbeitskraft und Ware Arbeitskraft" (Langfeldt 2009: 182) zum Thema (Aulenbacher 1991). *Professionssoziologische* (vgl. Wetterer 1992) und prozesstheoretisch-rekonstruktive (vgl. Ernst 1999, 2009) Untersuchungen zur Vergeschlechtlichung von Arbeit und Beruf entstanden in den 1990er Jahren und verbanden die anglo-amerikanische Debatte um die *Konstruktion* und *Dekonstruktion* von Geschlecht mit den Fragen der Arbeits- und Organisationssoziologie

---

mit der nationalsozialistischen Verfolgung ins Exil gezwungen wurde (Honegger 1994: 81; Wobbe 1997: 23 f.): „Es war vor allem die von Karl Mannheim und Norbert Elias vertretene Soziologie, die diese Frauen anzog, im Gegensatz allem Anschein nach zum Institut für Sozialforschung, dessen Veranstaltungen sie zwar besuchten, bei dessen Vertretern sie aber weder gearbeitet noch promoviert haben." (Honegger 1994: 74)

und der *gendered organization*, um sowohl Brüche als auch Kontinuitäten im sich verändernden ungleich strukturierten Geschlechterverhältnis auszumachen (vgl. Acker 1990; Witz/Savage 1992; Wilz 2004).

Neben die Frage nach der Klassen- oder Schichtzugehörigkeit trat somit nun auch die der Geschlechtszugehörigkeit als eine spezifische Form sozialer Ungleichheit. Soziale Ungleichheit zu erforschen bedeutet damit auch, normative Selbstkonzepte der modernen Arbeitsgesellschaft zu hinterfragen, nach denen allein das Leistungsprinzip in unserer Gesellschaft für den Statuserwerb zählt.

Bei der Erforschung sozialer Ungleichheiten wird die deutsche Gegenwartsgesellschaft gleichwohl im Gegensatz zu geschlossenen Sozialstrukturen, die soziale Aufstiege kaum ermöglichen, als vergleichsweise offen bezeichnet. Jedes Gesellschaftsmitglied kann demnach (zumindest theoretisch) jede gesellschaftliche Ebene erreichen, wenn es die entsprechenden Fähigkeiten und Qualifikationen besitzt. Die soziale Mobilität zwischen den gesellschaftlichen Positionen ist dabei besonders ausgeprägt, und gesellschaftliche Ressourcen inklusive Sozialprestige werden dem Anspruch nach allein nach individueller Leistung verteilt, wobei der soziale Abstieg nicht ausgeschlossen ist.

Dass dies empirisch so nicht zutrifft, zeigten auch noch im europäischen Jahr der Chancengleichheit 2007 die anhaltenden sozialen Schließungsmechanismen und Diskriminierungen u. a. im Bildungssystem und in der Arbeitswelt. Legitimiert wurden und werden diese vielfach sich überkreuzenden sozialen Ungleichheiten damals wie heute mit den vermeintlich ‚natürlichen', historische Veränderungen überdauernden, psycho-physischen Wesensunterschieden der Geschlechter. Diese Annahmen halten sich allen Gleichheitsbekundungen zum Trotz mit ihren dahinter stehenden Ontologisierungen von Männlichkeit und Weiblichkeit bis heute im Alltag kulturell variierender Geschlechterordnungen durch. Erst mit diesen durch die Frauen- und Geschlechterforschung seit den 1970er Jahren initiierten Debatten um die *Ontologisierung* und *Dekonstruktion* von Geschlecht wurde diese spezifische Form sozialer Ungleichheit als wichtiges wissenschaftliches Analysefeld anerkannt und als Untersuchungskategorie neben der etablierten Strukturkategorie der Klasse und Schicht als *Genderkategorie* eingeführt. Während die Frühphase der Frauenforschung auch von einer bewussten Parteinahme für die Sichtweise des bis dato ausgeblendeten Lebenszusammenhangs der Frau und eine hohe Affinität für die qualitativen Methoden der Sozialforschung geprägt war, wird inzwischen dort, wo es möglich und sinnvoll ist, eine konstruktive Nutzung quantitativer *und* qualitativer Verfahren der Sozialforschung angestrebt, um die Komplexität und Vielschichtigkeit der empirischen Realität zu erfassen (vgl. Baur 2009; Wilz/Peppmeier 2009: 184f., 194). Für die Zukunft bleiben weitere theoretische und empirische Verknüpfungen zwischen der Ungleichheitsforschung, der Arbeits- und Organisationssoziologie sowie der Geschlechter- und aktuellen Intersektionalitätsforschung (vgl. Klinger et al. 2007) herzustellen.

2.3 Diversity-Forschung und vielfältige Arbeitswelten

Übertragen auf die sozialwissenschaftliche Arbeits- und Organisationsforschung wurden durch die Thematisierung von Geschlecht im Zuge von Gleichstellungspolitik und Gender-Mainstreaming mikropolitische Entscheidungsstrukturen der *gendered organization* zu verändern versucht und neuartige Berufsfelder erschlossen. Mit dem nach wie vor umstrittenen anglo-amerikanischen Praxiskonzept *Diversity Management* soll derzeit die tradierte Homogenität von Organisationen durch eine gezielt diverse Zusammensetzung der Belegschaft durchbrochen werden (vgl. Vedder 2003: 17; Koall et al. 2007). Geschlecht, Ethnie, Behinderung, Alter und sexuelle Orientierung gehören dabei zurzeit zu den ‚big five' der zentralen Strukturkategorien. Damit ist die strategische Ausrichtung von Arbeits- und Organisationspolitik gegenwärtig in eine Phase der Umwandlung von der Gleichbehandlung und Standardisierung verschiedener Beschäftigtengruppen in der Gleichstellungspolitik zur Nutzung von Verschiedenheit im Sinne der Hervorbringung unterschiedlicher Potenziale übergegangen. Auffällig ist zugleich, dass mit diesen Organisationsentwicklungskonzepten ebenfalls eine Rationalisierungs- und Steuerungsillusion mitzuschwingen scheint, die nach wie vor mit Effizienzsteigerung und Innovativität operiert (vgl. Lederle 2008). Die Frage, ob und inwiefern Organisationen dabei Ungleichheiten der Geschlechter systematisch reproduzieren oder ob Optionen der Chancengleichheit und des Diversity Managements jenseits eines ontologischen Komplementaritätsmodells und gar ein De-Gendering bergen können, ist derzeit offen.

Der industrie- und arbeitssoziologische Blick der Forschung erweiterte sich damit nicht nur auf die Frage der Geschlechterungleichheiten, sondern auch auf andere Erwerbsbranchen und Beschäftigtengruppen. Der tertiäre Sektor und die rationalisierte Arbeit der Angestellten im Büro (vgl. Baethge/Oberbeck 1986), die Subjektivierung (vgl. Böhle 1994) und Emotionalisierung des Arbeithandelns (vgl. Hochschild 1990; Rastetter 1999, 2008; Hughes 2005) wurden ebenso untersucht wie die wachsende Selbstausbeutung unter Führungskräften (vgl. Kotthoff 1998, 2008) und ‚mitdenkenden' Arbeitnehmern (vgl. Voß/Pongratz 1998) sowie ihre verbetrieblichte Lebensführung (vgl. Hildebrandt 2000). Die entgrenzte Arbeit von Solo- bzw. Alleinselbstständigen (vgl. Gottschall 1998; Manske 2007, Ernst 2009) sowie die gewandelten Arbeitsbedingungen von z. B. Wissens- und Projektarbeitern (vgl. Rifkin 2004; Boltanski/Chiapello 2003) markieren zudem die arbeitssoziologischen Untersuchungen der Gegenwart. Im Zuge der Deregulierung von Arbeitsverhältnissen und anhaltender Arbeitslosigkeit und Prekarisierung (vgl. Castel 2000, Dörre 2005) ist die Betrachtung von atypischen Arbeitsformen wie Leiharbeit, Zeitarbeit, flexibilisierte Arbeit (vgl. Szydlik 2008, Seifert 2000) und Niedriglohnarbeit in Verbindung mit der Frage gesellschaftlicher Teilhabe und Integration (vgl. Kronauer 2001, Vogel 2008, Ernst et al. 2008) hinzu getreten. Die jüngst ausgelöste Prosumingdebatte, bei der der Konsument zugleich mitarbeitender Produzent ist, wirft zudem interessante aktuelle Fragestellungen angesichts des technologischen Wandels durch die Internetökonomie und die Verortung des Individuums im Arbeitsprozess auf, die hier jedoch nicht weiter vertieft werden können.

Aufgabe:
Reflektieren Sie bitte die disziplingeschichtliche Entwicklung der Arbeitssoziologie von ihren Anfängen bis zur gegenwärtigen Ausdifferenzierung.

3. Arbeits- und/oder Organisationssoziologie?

Zeigte schon die Rekonstruktion der umkämpften Geschichte der Industriesoziologie als Disziplin zwischen betriebswirtschaftlichem bzw. organisationswissenschaftlichem Verwertungswissen und kritischer Gesellschaftsanalyse, dass Betrieb, Industrie und Gesellschaft nicht mehr als festgefügte Variablen zu begreifen sind, so impliziert vor allem die Forschung in der Schwesterwissenschaft der Organisationssoziologie mögliche Erweiterungen und Anknüpfungspunkte vielfältiger Art:

> „Zum Zusammenhang von Organisationsdynamik und gesellschaftlichem Wandel lässt sich sagen, dass beide Prozesse eng verwoben sind. Die Lösung der Kontroll- und Vertrauensproblematik stellt sich angesichts von schnellem sozialem und tief greifendem Wandel als eine besonders große Herausforderung dar, da viele formale und informelle Selbstverständlichkeiten innerhalb von Organisationen in Frage gestellt werden. In vielen Organisationsstudien wird zwar die Längsschnittperspektive betont, aber die empirischen Grundlagen, mit denen Prozesse in ihrer Interdependenz untersucht werden können, sind allzu selten gegeben." (Allmendinger/Hinz 2002: 22)

In der Organisationsforschung wurden schon früh die klassischen Organisationstheorien wie etwa Taylors wissenschaftliche Betriebführung (1913) oder auch Webers Bürokratiemodell kritisiert (vgl. Simon 1955) und darauf aufmerksam gemacht, dass Probleme der ausdifferenzierten postindustriellen Arbeitsgesellschaft lose gekoppelte Strukturen hinterlassen, die sowohl die Zurechenbarkeit und Steuerbarkeit von Handeln erschweren, als auch im Einzelnen besonders empirisch zu erforschen bleiben. Bis in die Mitte der 1970er Jahre war dabei eine Dominanz quantitativ ausgereifter Methoden anzutreffen, die möglichst effiziente Instrumente zur Messung optimaler Zweck-Mittel-Relationen sowie Ursache-Wirkungszusammenhänge zur Verfügung stellten. So zielte etwa der kontingenztheoretische Ansatz von *Tom Burns* (1913–2001) und *George M. Stalker* (1961) darauf ab, die Umweltabhängigkeit organisationaler Strukturen zur Lösung von Kontroll- und Kooperationsproblemen sowie das Management von Innovationen zu ermitteln.

Wenngleich zahlreiche quantitative Datensätze über die Größe und Verbreitung von Organisationen mit dem sozioökonomischen Panel (SOEP) oder der Allgemeinenen Bevölkerungsumfrage der Sozialwissenschaften (ALLBUS) geschaffen wurden, blieb der Datenbestand noch lange „mangelhaft" (Kühl et al. 2009: 17). Das aufkommende „Unbehagen" und „Misstrauen gegenüber einer auf quantitativen Organisationsdaten beruhenden Form der Erkenntnis" (Bonazzi 2008: 316, 318) führte allmählich zur Entwicklung ‚weicherer' Theorien und Methoden sowie innovativer technischer Anwendungen in der Netzwerk-, Mehrebenen-, Text- und Inhaltsanalyse. Qualitative Methoden setzen sich dabei zum Ziel, latente Sinnstrukturen und Deutungsmuster von Individuuen und Gruppen zu erschließen (s. Kap. 4). Übertragen auf Organisationen geht es dabei etwa um Regelsysteme und die typische Kultur einer Organisation, die zum Beispiel als offene oder auf Misstrauen und Machtmissbrauch beruhende geschlossene, als patriarchale oder multikulturelle Organisationskultur bezeichnet werden kann.

Macht- und Interessenkonflikte sind in Organisationen damit mehr als ein prädeterminierter und mechanischer Antagonismus zwischen Arbeit und Kapital. Sie sind als Spiel und Verflechtungsmodell fassbar, bei denen Macht- und Abhängigkeitsverhältnisse wechselseitig miteinander verknüpft sind. Gegenüber dieser jüngsten Annäherung zeigten sich lange wechselseitige Rezeptionssperren zwischen der Industriesoziologie auf der einen und der Organisations*theorie* auf der anderen Seite. Stellte bereits für Dahrendorf die Industrie- und Betriebssoziologie „keine normative Disziplin" (1965: 17) dar, so sieht Günter Endruweit disziplingeschichtlich in ihr die „ältere Schwester" (2004: 12) der Organisationssoziologie, insofern ihre auf Betriebe bezogenen Erkenntnisse auch für andere Organisationen zutreffen. Und aus Sicht systemtheoretischer Argumentation wird festgestellt:

> „Der Industrie- und Betriebssoziologie ist entgegengehalten worden, dass sie faktisch Organisationsforschung betreibe und entsprechend ihren Begriffsapparat am Stand der Organisationssoziologie kontrollieren müsse. Umgekehrt ist der Organisationssoziologie ihr gesellschaftstheoretisches Untergewicht entgegengehalten worden." (Bommes/Tacke 2001: 81)

Der Begriff der Organisation allein verkürzte hier bislang die Implikation der Produktion und Gesellschaft, da Organisationen als autonome Gebilde galten, sodass für die Industriesoziologie die Organisation lange suspekt sowie „intellektuell, methodisch und politisch wenig attraktiv" (Braczyk 2000: 532) war. Die größte Faszination übte traditionell der Großbetrieb aus, denn es herrschte noch lange die Meinung vor, dass eine eigenständige Theorie der Organisation „gefährlich" sei und die Analyseperspektive verenge, weil sie gesellschaftliche Strukturen missachte: die „Industriesoziologie wähnte sich immer frei von solchen vermeidbaren Einschränkungen des Denkens" (Braczyk 2000: 530). „Begriff und Probleme der Arbeit" hätten dadurch zum Beispiel nach wie vor etwa „bis heute keinen rechten Platz in der Systemtheorie gefunden" (Bommes/Tacke 2001: 61).

Hans Joachim Braczyk resümiert zum schwierigen Verhältnis der Schwesterwissenschaften, dass die industriesoziologische Forschung gegenüber der organisationstheoretischen vor allem die empirische Gegenwartsforschung besonders „vorangebracht und das empirische Wissen von den Voraussetzungen und Folgen der Industrialisierung enorm erweitert" (2000: 531) habe. In der Organisationstheorie kamen dagegen „verstärkt Kumulationen von theoretisch gesicherten Ergebnissen

und zudem eine zunehmende Inklusion der Gesellschaft in den organisationstheoretischen Fokus in Gang" (ebd.).
Berühmt und für eine Reihe von Studien prägend bleiben in der Organisationsforschung bis heute allerdings die historisch bestimmbaren, wenngleich umstrittenen klassischen Typen von Organisation, die Max Weber mit seiner Herrschaftstypologie und dem Typus der modernen Bürokratie als Kennzeichen des modernen Kapitalismus formulierte:

> „Bei allen Herrschaftsverhältnissen (...) ist für den kontinuierlichen Bestand der tatsächlichen Fügsamkeit der Beherrschten höchst entscheidend vor allem die Tatsache der Existenz des Verwaltungsstabes und seines kontinuierlichen auf Durchführung der Ordnungen und (...) Erzwingung der Unterwerfung gerichteten Handelns. Die Sicherung dieses die Herrschaft realisierenden ist das, was man mit dem Ausdruck ‚Organisation' meint." (Weber 1922: 9)

3.1 Organisation und Intervention

Herrschafts- und Machtstrukturen lassen sich häufig neben der formalen auch in der informellen Struktur einer Organisation aufspüren. Um diese tiefer liegenden Überzeugungen und die Kultur einer Organisation besser zu erschließen und zu bearbeiten, bietet sich insbesondere der Ansatz des Organisationsentwicklers und Massachusetts Institute of Technology (MIT)-Cambridge Emeritus *Edgar H. Schein* (geb. 1928) an. Die Kultur einer Organisation besteht dabei für Schein nicht aus abstrakten Ideen, sondern aus konkret zu lösenden Problemen, für die kontinuierlich Antworten formuliert werden. Schein ist überzeugt, dass Organisationen als offene Systeme zu begreifen sind, die in „ständiger Wechselwirkung mit ihrem Umfeld" (Schein 1998: 41) stehen, das sich zugleich immer rascher wandelt. Funktionsgruppen und -abteilungen einer Organisation entwickelten dabei eigene Denkweisen und stünden in komplexen Prozessen, die oft nicht reflektiert würden. Organisationsentwicklung sei hier ein langfristiger Prozess geplanter Veränderung, der über „Anpassungslernen" (ebd.: 44) hinausgehen müsse, indem er die menschlichen Ressourcen der Organisation einbindet und Ängste abbaut:

> „Angst entsteht in einer feindlichen oder fremden Umgebung, in der keine Ordnung bzw. interne Kohärenz auszumachen ist. Die Bedeutung dieses Punktes besteht in der Erklärung der zur Kultur gehörenden Rituale und Symbole." (Bonazzi 2008: 323)

Organisationskultur manifestiert sich zum Beispiel in Artefakten, Symbolen, Werten, Regelsätzen, Grundüberzeugungen, Ritualen, Verhaltensweisen und ist dabei nichts fixes, sondern im beständigen Veränderungsprozess eingebunden. Sie wird

Organisation und Intervention 39

unter den Organisationsmitgliedern weitergegeben, um das Überleben bzw. den Fortbestand der Organisation zu gewährleisten. Die jeweiligen Anpassungsleistungen neuer Organisationsmitglieder stehen in Wechselwirkung zur Organisation und sind aufschlussreich, um Innovationen bzw. die Innovationsfähigkeit einer Organisation aufzuspüren. Ob man es dabei mit einer Misstrauens- oder Traditionskultur, einer innovationsfreudigen oder offenen Organisationskultur zu tun hat, kann dabei den Verlauf der Mitarbeiterintegration oder Veränderung entscheidend prägen. Dieser Ansatz fragt somit besonders nach den Prozessen der Sozialisation neuer Organisationsmitglieder, dem Umgang mit kritischen Ereignissen in der Organisationsgeschichte und dem Außerordentlichen jenseits von Routinen und Abläufen. Da Veränderungsprozesse gleichsam zum Einfallstor mikropolitischer Machtspiele der beteiligten Akteure werden können, kommt der Organisationsführung die Rolle zu, als koordinierende Schnittstelle multiple Unsicherheitszonen zu beherrschen bzw. zu gestalten. Dabei gilt es nicht nur, ein Verständnis für die „Macht der Kultur und die Schwierigkeiten bei den Veränderungen einer Kultur" (Schein 1998: 48) zu wecken, sondern die verschiedenen Sichtweisen und Deutungsleistungen der Organisationsmitglieder zu erschließen: „Wer die Führung einer Organisation untersucht, untersucht zugleich die Kultur der Organisation – und umgekehrt." (Bonazzi 2008: 325)

Ein in den letzten Jahren besonders populär gewordener Ansatz innerhalb der Organisationsentwicklung stützt sich in diesem Zusammenhang auf die sozialwissenschaftliche Methode der *Evaluation*, die zunächst nur ein Instrument bereitstellt, um das eigene fachliche Handeln systematisch, beteiligtenorientiert und datenbasiert zu überprüfen. Als handlungs- und praxisorientiertes *Interventionsinstrument* wird sie jedoch oft mit unterschiedlich gutem Erfolg mit der Organisations- und Qualitätsentwicklung verknüpft. *Evaluationsforschung* ist hier als Teilgebiet anwendungsbezogener Forschung zu sehen und kann der Entwicklung von Qualität dienen. Sie setzt sich zum Ziel, auf der Basis fundierter, empirischer Informationen komplexe Gegenstände wie zum Beispiel die Organisation von Arbeitsprozessen in Studium und Lehre, arbeitsmarktpolitische Beschäftigungsmaßnahmen, entwicklungs- oder gesundheitspolitische Projekte etc. zu untersuchen und Möglichkeiten zu ihrer beteiligtenorientierten Optimierung zu entwickeln.

Die Bundesrepublik Deutschland gehörte dabei neben Schweden zu den ersten Ländern in Europa, die zu Beginn der 1970er Jahre die Evaluation von staatlichen Programmen einführte. Evaluation ist in Deutschland sehr fachspezifisch entstanden und in den einzelnen Politikbereichen und Bundesländern entsprechend unterschiedlich ausgeprägt. Seit Beginn der 1990er Jahre wurde der öffentliche Sektor in den Mittelpunkt der Diskussion um neue Steuerungsmodelle gestellt. Durch Evaluationen sollte zunehmend die Effizienz der öffentlichen Verwaltung hinsichtlich ihrer Kosten und Ausgaben beurteilt werden. Auch die Europäische Kommission hat ihre Anforderungen an die Häufigkeit und methodische Qualität von Evaluierungen, insbesondere in der Forschungspolitik, erheblich erhöht. Evaluation bedeutet damit immer auch Intervention.

Dieser interventionistische Charakter zeigte sich auch bei der Entwicklung der ethnografischen Methoden, die auf die Weiterentwicklung der Organisations- und Sozialforschung einwirkten. Stadtviertel, Gefängnisse, Krankenhäuser und die Polizei als Organisationen in der Gesellschaft erhielten Aufmerksamkeit in so genannten *Organisationsanalysen*. Hier werden mit vielfältigen Methoden von Interviews über Gruppendiskussion und Beobachtung bis zur Dokumentenanalyse strukturelle Daten wie Personalausstattung, Aufgabenverteilung und Arbeitsorganisation, Führungs- und Arbeitspraktiken sowie qualitative Daten über die Deutungsmuster, Symbole und Artefakte zusammengetragen, um ein möglichst umfassendes Bild über eine Organisation zu gewinnen.

Zugleich verlangte und verlangt die Organisationspraxis von der Forschung, dass sie ihr hilft, Komplexität zu verringern, denn „Organisationsprinzipien sind für die Praxis attraktiv, weil sie die Komplexität des Gestaltungsproblems reduzieren" (Kieser/Ebers 2006: 100). Die Industrie- und Betriebssoziologie kann jedoch schon nach Dahrendorf kein Rezeptwissen für betriebliche Probleme liefern, da diese sich der „bewusste(n) Steuerung" entziehen (Dahrendorf 1965: 19).

3.2 Von der Organisationsforschung zur Organisationssoziologie

Mikropolitisches Handeln in Organisationen, die Rückbesinnung auf „die genuin soziale Dimension des betrieblichen Geschehens" (Senghaas-Knobloch 2008: 240) und die Praxis- und Organisationsberatung sowie Innovationsforschung (vgl. Blättel-Mink et al. 2006; 2008; Howaldt et al. 1998; Froschauer/Lueger 2006; Ernst 2003) rücken damit vor allem in der *modernen* Organisationssoziologie nicht nur die Lebenswelt ins Zentrum der Betrachtung, sondern implizieren auch eine „Rückkehr der Gesellschaft" (Ortmann et al. 2000). Günther Ortmanns, Klaus Türks und Jörg Sydows multidimensionale *neo-institutionalistische Theorie* der Organisation zielt etwa darauf ab, die vernachlässigte Rolle von Macht, Herrschaft und ökonomischen Zwängen in Organisationen und ihre wechselseitige Konstitution und Reproduktion zu betrachten. Die Autoren fokussieren auf soziale Dynamiken und Interaktionen mit ihren Eigensinnigkeiten und -logiken, sodass Organisationen nicht mehr als rein zweckrationale Gebilde gelten können, die nur auf Effizienz hinwirken. Organisationen werden mithin als kapitalistische Institutionen der Gesellschaft gesehen, die auch durch Irrationalitäten, Willkür und Inkompetenz geprägt sind (s.u.).

Gerade in diesem Zugang werden jedoch Verkürzungen gesehen, weil damit die Organisationssoziologie hinter die Theorie funktionaler Differenzierung zurückfalle und Organisationen als gleichförmig geprägte kapitalistische Institutionen angesehen werden. Während in Deutschland bis heute diese ideologisch-theoretischen Kontroversen um eine Organisationssoziologie anhalten, stellt besonders in den USA die Organisationssoziologie ein traditionelles und empirisch reichhaltiges Untersuchungsfeld dar. In Anlehnung an Preisendörfer (2008) soll die folgende Darstellung die Einordnung der organisationswissenschaftlichen Ansätze im Spannungsfeld von Industriesoziologie und Organisationswissenschaft erleichtern. Sie veranschaulicht die enge Verzahnung der Organisationsforschung mit der frühen und in Deutschland vorherrschenden Industrie- und Betriebssoziologie.

Abbildung 2   Entwicklung der Organisations- und Arbeitssoziologie
(angelehnt u. erweit. n. Preisendörfer 2008: 116)

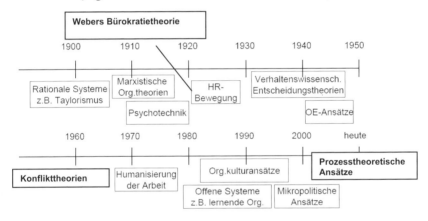

Während demnach der traditionelle Schwerpunkt der Industriesoziologie mithin auf konflikttheoretischen und marxistischen Analysen des Arbeitsmarktes und der Analyse von Herrschafts- und Ausbeutungsverhältnissen gelegen hat, war die Organisationssoziologie im alten Verständnis zunächst „wenig populär" (Allmendinger/Hinz 2002: 10). Neben ideologischen waren es auch enge fachliche Grenzen, die zudem in Deutschland ein interdisziplinäres Herangehen an das komplexe Feld der Organisation verhinderten. Seit einigen Jahren lässt sich allerdings sowohl an der wachsenden Zahl von Veröffentlichungen, der Errichtung von Schwerpunktprogrammen der Deutschen Forschungsgemeinschaft (DFG) und der Arbeitsgruppenbildung innerhalb der Deutschen Gesellschaft für Soziologie (DGS) als auch in den Publikationen des Berufsverbandes deutscher Soziologinnen und Soziologen (BDS), mit seiner Zeitschrift *Sozialwissenschaften und Berufspraxis*, die Konjunktur des Themas Organisation und soziologischer Organisationsberatung erkennen.

Aus dieser Entwicklung herrührend und vor dem Hintergrund der schwer zu fassenden Komplexität der Gegenstände der Organisationssoziologie lässt sich gegenwärtig daher keine einzig gültige ‚Supertheorie' der Organisation erkennen, „die den Anspruch erheben könnte, einen hinreichenden Ansatz zur Erfassung aller wichtigen Organisationsaspekte zu bieten" (Endruweit 2004: 89). Die unübersichtliche Vielfalt an Organisationstheorien, die etwa aus dem methodologischen Individualismus, dem Konstruktivismus, der Konflikt- und Handlungstheorie, dem Strukturalismus, der Systemtheorie und der Kommunikationstheorie entwickelt wurden, blieben nicht folgenlos für die Organisationssoziologie. Was aber macht dann Organisationen, was macht Arbeit in unserer Gesellschaft aus? Jutta Allmendinger und Thomas Hinz umreißen vor diesem Hintergrund die Bedeutung von Organisationen zunächst einmal mit ihrer gesamtgesellschaftlichen Omnipräsenz:

> „Ihre Bedeutung liegt darin, dass sie es individuellen Akteuren erlauben, sich zu koordinieren, sie liegt in der Kraft, die Gesellschafts- und Wirtschaftsstruktur zu prägen. Dabei sind Organisationen Einheiten mittlerer Ebene, verortet zwischen Mikro- und Makrosoziologie. Organisationen sind auch symbolische Orte. In Organisationen und durch sie lassen sich theoretisch und empirisch herausfordernde Fragestellungen nach Herrschaft, Wettbewerb oder Kooperation, sozialem Wandel und nach der Bedeutung von Institutionen präziser, anschaulicher und mit neuen Erkenntnismöglichkeiten formulieren und untersuchen." (Allmendinger/Hinz 2002: 10)

Arbeit, insbesondere Erwerbsarbeit ist dabei in der modernen Gesellschaft in Organisationen institutionalisiert, d. h. auf Dauer gestellt. Sie bindet die Menschen als Grundkategorie von Vergesellschaftung in die Gesellschaft ein:

> „‚Arbeiten' meint ganz allgemein die Auseinandersetzung des Menschen mit seiner natürlichen und sozialen Umgebung zur Sicherung des Lebensunterhalts. Es findet stets in Gesellschaft statt und ist arbeitsteilig organisiert: die Mitglieder einer Gruppe teilen sich in die Arbeitshandlungen, die sie zu ihrem Überleben in einer bestimmten Umgebung für erforderlich halten. Die Arbeitsteilung hat, zumindest auch, herrschaftliche Aspekte. Arbeiten ist schließlich mit einer bestimmten Technik verbunden: Bei den Arbeitshandlungen werden Werkzeuge eingesetzt." (Daheim/Schönbauer 1993: 9)

Dieser Integrationseffekt und -zwang von Arbeit wird besonders deutlich, wenn man innerhalb der Ungleichheitsordnung des Arbeitsmarktes als Erwerbslose über keine bezahlte Arbeit verfügt und beständig seine Beschäftigungsfähigkeit und mithin den Willen dokumentieren muss, in einer Arbeitsorganisation aufzugehen. Der Einzelne bleibt an die Erwerbslogik gebunden, seine Gewissensbildung ist gar von ihr geprägt.

In industriegesellschaftlicher Perspektive ist vor diesem Hintergrund die Organisation als Betrieb eine Arbeitsorganisation', in der Arbeitskraft und Technik unter spezifischen Bedingungen (arbeitsteilig oder selbst organisiert, hierarchisch oder netzwerkartig strukturiert) zum Einsatz kommen. Parteien oder Vereine sind dagegen zum Beispiel durchaus Organisationen, werden primär aber weniger als Betrieb oder Arbeitsstätten betrachtet, weil sie ehrenamtlich arbeiten. Der Versuch, Arbeit als Medium der wirtschaftlichen Inklusion des Einzelnen in Organisationen mit seiner „eigentümlichen Strukturbildung in der funktional differenzierten Gesellschaft" (Bommes/Tacke 2001: 81) zu sehen, versucht hier zwar eine Verbindung von Organisation und Arbeit vorzuschlagen, lässt jedoch die Frage nach der langfristigen Genese der Arbeit vom Signum der Unfreiheit zum Medium gesellschaftlicher Inklusion aussen vor. Sie hat mit der Funktion, Integrationsmedium der Gesellschaft zu sein, auch eine bestimmte Form der Gewissensbildung geprägt, die ex negativo deutlich wird, wenn angesichts mangelnder Arbeit eine nötige Umgestaltung der Arbeitsgesellschaft und ihrer Gewissensbildung gefordert wird (vgl. Beck 1999; Rifkin 2004). So schrieb Norbert Elias bereits in den 1980er Jahren zum ‚Problem' der Arbeit:

„Wir müssen die Gewissensbildung verändern. Wir haben noch nicht gelernt, der Arbeitslosigkeit einen Sinn zu geben, die Leute haben immer noch das Ethos: Eigentlich müsste ich um sieben Uhr aufstehen, und sie haben Minderwertigkeitsgefühle, weil sie es nicht zu tun brauchen, wenn sie keine Arbeit haben. (…) Aber ich finde auch, dass wir jetzt, da immer mehr Maschinen und Computer die Arbeit der Menschen übernehmen, das Leben der Arbeitslosen befriedigender und sinnvoller gestalten müssen." (Elias 2005: 182 f.)

Die Strukturierung von Erlebnis- und Verhaltensweisen wie Arbeitszufriedenheit, Loyalität, Respekt etc. ist dabei in die Machtbeziehungen der Gesellschaft und ihrer Gruppen eingebunden. *Michel Crozier* (geb. 1922) und *Erhard Friedberg* (geb. 1942) bringen in diesem Zusammenhang mit ihrem mikropolitischen Ansatz ein spezifisches Verständnis von Macht, Autorität und Herrschaft in die Organisationssoziologie ein und operieren wie die im Folgenden näher erläuterte Eliassche Prozesstheorie mit Spielmodellen (1993). Einer Arena gleich wird dabei der Mikrokosmos einer Organisation mit Blick auf individuelle Akteurskonstellationen gesehen. Elias' (1990a) mit engen Handlungszwängen versehene Arena der höfischen Gesellschaft des Absolutismus findet sich unter demokratischen Vorzeichen gewissermaßen in modernen Organisationen wieder. Je komplexer und unpersönlicher Arbeitsorganisationen dabei zugeschnitten sind und je länger sowie unübersichtlicher die Befehlsketten werden, umso schwerer fällt es, im Geflecht der Organisation individuelle Verantwortlichkeiten zuzurechnen. Eine Hierarchie kann zum Beispiel nur funktionieren, wenn das skalare Positionsgefüge nicht ununterbrochen in Frage gestellt wird und damit Positionsinhaber permanent unter Rechtfertigungsdruck stehen. Zugleich können aber abgestufte Differenzierungen einen raschen und effektiven Arbeitsablauf behindern, z. B. wenn Spitzenmanager aus der strategischen Ebene in den operativen Bereich einer Organisation hineinregieren und ihre Kompetenzen sowie Weisungsbefugnisse überschreiten. Gerade die moderne Organisation steht im Zuge *funktionaler Demokratisierung* (Elias 1991) mithin vor paradoxen Anforderungen:

> „Gerade weil die geplante Ablauforganisation oft nicht hinreichend funktioniert und die Vorgesetzten ihren Untergebenen nicht nur in öffentlichen Verwaltungen Raum zur Improvisation jenseits der Vorschriften lassen, erfahren die abhängig Beschäftigten ihre eigene Handlungsautonomie. Das kann sie selbstbewusster und zufriedener machen, als wenn man ihnen durch geschmeidigere Strukturvorgaben zwar offizielle erweiterte Autonomie einräumt, aber eben wiederum auf dem mit Misstrauen belasteten Verordnungswege." (Prott 2001: 175)

Das traditionelle zweckrationale Verständnis von Organisationen hat just diese Paradoxie von Autonomie und Kontrolle hinterlassen. Die schon aus ihren psychotechnisch tayloristisch geprägten Anfängen angelegte und im Management personifizierte Illusion der Steuerbarkeit und Rationalisierbarkeit von Organisationen lässt leicht die interdependente Position des Einzelnen im organisationalen Machtgeflecht sowie die organisationalen Eigendyamiken übersehen. So kann dann beispielsweise aus einer intern angestoßenen und explizit partizipationsorientierten kritischen Selbstreflexion einer Organisation in Form einer Evaluation schnell ein ad hoc verordneter top-down Prozess werden, der zwar quantifizier- und zurechenbare Kennzahlen und Planungsgrößen hervorbringt, die mitwirkenden Betroffenen im Evaluationsprozess jedoch aus dem Verfahren drängt (Ernst 2008). Agierende werden so nicht zu Akteuren mit Gestaltungs- und Definitionsmacht, sondern für die Herstellung einer Legitimationsfassade der Organisation in Dienst genommen.

3.3 Ausgewählte Ansätze

Inzwischen bietet die Organisationssoziologie eine Fülle vielfältiger Ansätze an, die hier nur kursorisch und gewiss nicht umfassend erwähnt werden können. So nehmen etwa *Peter M. Blau* (1918–2002) und *W. Richard Scott* (geb. 1932) formale und informelle Strukturen von Organisationen in den Blick und ordnen vier Arten von Organisation nach Nutzerperspektive an, indem sie deskriptive, Hypothesen generierende und -testende sowie experimentelle Verfahren in einer Methodenkombination von „watching, asking and examining" (Blau/Scott 1962) einsetzen. Sie verfolgen zudem einen inter- und intraorganisationalen Vergleich und gehen mit einer „variety of data-gathering methods, including direct observation, interviewing, and the analysis of documents and records" (ebd.: 20) breit angelegt vor, um Informationen „on social relations among individuals and groups in natural settings" zu sammeln. Gegenüber den frühen Studien der Organisationsforschung, die zumeist auf einen Betrieb konzentriert waren, setzen sich damit nach und nach organisationsvergleichende Studien durch (vgl. Kühl et al. 2009: 16).

Herbert Simon (1916–2001) legt 1955 erstmals eine empirisch reichhaltige Theorie begrenzter Rationalität vor und bricht mit der tradierten Rationalisierungs- und Effizienzillusion der Organisation. Simon geht anhand empirischer Studien in der Verwaltung von der Unvollständigkeit des Wissens, von Gewohnheiten und Routinen sowie beschränkter Vorausplanbarkeit des Handelns aus und fragt nach den Bedingungen des Entscheidens in privaten und staatlichen Organisationen. Indem er das Nichtrationale zum Gegenstand seiner sozialwissenschaftlichen Theorie der Verwaltung macht, eröffnet er erstmals den Blick auf Organisationskulturen mit ihren spezifischen Symbolen, Normen, Werten und Artefakten. Die Differenzierung von operativen und steuernden Ebenen der Verwaltung drückt zum einen nicht nur die betriebliche Hierarchie der Positionsinhaber aus, sondern führt zum anderen zur Unterscheidung der Ebenen, in denen Entscheidungen gefällt und ausgeführt werden. Die Koordinierung der Arbeitsabläufe und die Gewährleistung des Informationsflusses über verschiedene Stufen der Verwaltungshierarchie sind dabei das wichtigste Verbindungsglied des betrieblichen Gefüges. Das Prinzip der Langfristigkeit und Unwiderruflichkeit von Entscheidungen gerät damit zudem in Widerspruch zur Notwendigkeit, sich flexibel neuen Situationen anpassen zu müssen. Das Entscheidungsverhalten hat hier die Aufgabe, die Erwartbarkeit künftigen Handelns in wachsenden Unischerheitszonen herzustellen.

Der eingangs bereits erwähnte Soziologe Ralf Dahrendorf (1965) skizziert in diesem Zusammenhang die vielschichtigen Aufbaustrukturen und Konflikte von Organisationen wie zwischen Werkmeister und Arbeiter, Management und Unternehmensleitung und erklärt die Prinzipien der Aufbau- und Ablauforganisation der Betriebe.

Die aus den USA kommenden institutionenökonomischen Ansätze (DiMaggio/Powell 1983) fragen demgegenüber auf der Basis umfassender empirischer Studien vor allem im öffentlichen Sektor danach, wie institutionelle Arrangements, etwa Vertragsbeziehungen, Eigentumsrechte und Arbeitsverhältnisse unter ökonomischen Effizienzüberlegungen zu bewerten sind. Im populär gewordenen *Neo-Institutionalismus* werden derzeit ferner Verbindungen zwischen kulturellen Werten, Normen und der Organisationslandschaft hergestellt, statt nur auf die Möglichkeit von Effizienz abzustellen. Werte und das gesellschaftliche Umfeld sind dabei der Organisation bei ihrer Gründung vorgeordnet und bestimmen als Rahmen in Übereinstimmung mit legitimen Normen das Organisationshandeln und seine Entwicklung. Die jüngste Studie von Sabine Lederle (2008) zeigt zum Beispiel eindrucksvoll, wie etwa der Diversity-Diskurs in Organisationen adaptiert und kommuniziert wird. Lederle geht mit der Methode der *Diskursanalyse* vor. Diese betrachtet u. a. die Praktiken formeller Regeln, Prozeduren und Normen sowie die symbolischen Systeme, kognitiven Skripte und moralischen Schablonen.

Sogenannte ‚early (1996–1998) und late adopters' (2000–2003) haben dabei zu unterschiedlichen Zeiten den Diversity-Diskurs in unterschiedlichen Kontexten aufgegriffen, der damit auch selbst einer bestimmten Konjunktur unterliegt. Dabei sind die treibenden Kräfte der Institutionalisierung von Diversity-Management der legitimatorische Druck und eine vermeintlich höhere ökonomische Effizienz, dem die Organisation durch eine vielfältig gestaltete Mitarbeiterschaft gerecht werden will. Argumentiert wird dabei vor der Grundüberzeugung, dass der prognostizierte demografische Wandel innovative Lösungskonzepte evoziert:

> „Der Mangel an personeller Vielfalt wird wegen verschiedener kausaler Zusammenhänge zum organisationalen Problem. Die demographische Entwicklung in Deutschland birgt die Gefahr, dass es durch niedrige Geburtenraten (Ursache) zu einem Mangel an jungen qualifizierten Fachkräften kommt, was zu überalterten, wenig effizienten Belegschaften führe (Wirkung)." (Lederle 2008: 204)

Die damit aufgegriffenen subjektiven Wahrnehmungen und Deutungen sozialer Akteure gehen auf die qualitativ ausgerichteten Ansätze des *interpretativen Paradigmas* (Berger/Luckmann 1970; Garfinkel 1976) zurück und machen deutlich, wie fortgesetzt eigene soziale Ordnungen und Sinnstrukturen in Organisationen hergestellt bzw. ausgehandelt werden. Methodisch wird dabei die Perspektive der Handelnden *rekonstruktiv* durch Befragung im Forschungsprozess angeeignet und das organisierte Sozialverhalten verstehend erklärt, indem latente Erwartungen, informelle Arrangements und Symbole sowie explizite Vorschriften, Verfahrensabläufe und anerkannte Umgangsformen aufgespürt werden (s. Kap. 4 und 6.8).

3.4 Prozesse, Innovationen und Macht

Damit stellt sich die Frage, ob die Herstellung von Ordnung und Sinnstrukturen in Organisationen das Produkt gezielter Pläne herrschender Gruppen oder eher ein willkürliches Zufallsprodukt ist. Können Organisationsstrukturen überhaupt angesichts wachsender Komplexität und erschwerter Steuerungsfähigkeit (pro-)aktiv gestaltet und gesteuert werden und falls ja, von wem? Wie modern sind eigentlich die als neuartig ausgegebenen und gefeierten Innovationen einer Organisation in the long run? Ein Ansatz, der auf diese wichtigen Fragen Bezug nimmt, ist mit der *Netzwerktheorie* (Jansen 2002; Mastenbroek 1993) und *Netzwerkanalyse* (Hollstein/ Straus 2006) verbunden. Beide Ansätze fragen nach der Handlungsfähigkeit des Einzelnen in sozialen Netzwerken. Mit der Entwicklung zu flachen Hierarchien in einer Organisation und der Intensität der sozialen Beziehungen wird das Netzwerk als informelles Element für die Herstellung von Kontrolle und Vertrauen bedeutsam. Je nach der Positionierung des Einzelnen in der Netzwerkstruktur lassen sich damit auch Innovation und Wandel unterschiedlich platzieren und sozialer Wandel in

Organisationen gestalten. So zeigen zum Beispiel Simulationsexperimente, dass Zufallsnetzwerke eher ungeeignet sind, um ein hohes Kooperationsniveau zu erreichen und dass die Diffusion von Innovationen in zentralisierten Strukturen rascher erfolgt, wenn sie vom Zentrum einer Organisation ausgeht. Soziale Innovationen können dabei häufiger aus peripheren Positionen vorgebracht werden, sind aber auf Vermittler (strong and weak ties, gatekeeper) angewiesen, können somit aber schneller scheitern (vgl. Jansen 2002).

Für die prozessorientierte Sozialforscherin ist in Organisationen daher besonders das Eigenleben, das rationale und emotionale Gefüge mit seinen Dynamiken von Interesse. Soziale Prozesse weden dabei rekonstruiert und die Durchsetzung interessegeleiteter Wissensbestände in ihren vielschichtigen Interdependenzgeflechten zu erkennen gesucht. Betrachtet man Organisationen dabei als machtgeprägtes Netzwerk interdependenter Gruppen (Leitung, Mittelmanagement, Basis, Zielgruppen), die in der vertikalen und horizontalen Ebene einer Organisation unterschiedlich arbeiten (Routine-, Experten- und Facharbeit), kooperieren und konkurrieren, ist auch eine Dialektik der Abwehr anzutreffen. Diese gilt es zu beachten, wenn zum Beispiel erfolgreich Entwicklungs- und Innovationsprozesse wie Nachhaltigkeit, Qualitätssicherung, Change- und Diversity Management oder Gleichstellungspolitik gestaltet werden sollen.

Der niederländische Figurations- und Prozesssoziologe *Willem Mastenbroek* (geb. 1942) geht im Kontext der Forschung über Innovationen in der Ablauforganisation mit der Methode der rekonstruktiven, d. h. auf langfristige Entwicklungsverläufe rekurrierenden Prozessanalyse von Interdependenzgeflechten und Netzwerken in Organisationen aus. Er positioniert sich damit jenseits systemtheoretischer oder konflikttheoretischer Ansätze (s. Abb. 3). Organisationen sind für ihn dabei Netzwerke interdependenter Gruppen, die kooperieren und konkurrieren und ein spezifisches Eigenleben haben. Sie stehen zugleich innerhalb eines interdependenten Gefüges, das rationalen und emotionalen Dynamiken folgt. Für ein erfolgreiches Konfliktmanagement hält er es für erforderlich, sowohl zum einen die langfristigen Entwicklungsstrukturen von Organisationen und ihren Managementpraktiken aufzuzeigen als auch zum anderen, die Mehrschichtigkeit ihrer Verflechtungen zu betrachten. Mastenbroek (1993) bezieht alle vier Ebenen der Organisation ein, um ihren vielfältigen Strukturen und Interdependenzen gerecht zu werden.

Er ist dabei auch von der Frage bewegt, was die „bedeutendsten Faktoren organisatorischen Wandels" (Mastenbroek 2007: 39) sind und liefert am Beispiel des Militärs des 16. und 17. Jahrhunderts eine langfristige Betrachtung von Innovationen in Organisationen. Rekurriert wird dabei auf die seit Ende der 1930er Jahre entwickelte *Prozess- und Zivilisationstheorie* von *Norbert Elias* (1897–1990), die ein neuartiges Verständnis von Macht, Verflechtungsketten und langfristigen Prozessen der Gesellschaft vorlegt und die auf organisationssoziologische Fragestellungen und Methoden übertragen werden kann. Insbesondere die „wechselseitig verstärkende Verknüpfung von zunehmender externer Disziplinierung und wachsender individueller Disziplin in Form von Selbstkontrolle und Selbstvertrauen" (Mastenbroek 2007: 40) werden dadurch sichtbar. Autonomie, Vertrauen und Kontrolle stehen in der Geschichte der *Civilized Organization* (Iterson et al. 2002) dabei beständig in einem wechselseitigen Verflechtungsverhältnis. Sie hängen vom Grad gesellschaftlicher Pazifizierung und externer Gewaltanwendung ab. Die Formen der Selbstkontrolle waren im Mittelalter oder der frühen Neuzeit zum Beispiel noch nicht so weit ausgebildet wie in der Nachfolgegesellschaft der bürgerlichen Industriegesellschaft, bei der der ‚Berufsbürger' „durch die Notwendigkeiten eines Berufes bestimmt [war, S.E.], der mehr oder weniger geregelte Arbeit und eine hohe Routinisierung der Affekte erforderte" und „das Zentrum der Zwänge, die die gesellschaftlichen Interdependenzen der Menschen auf den einzelnen Menschen ausübten", ausmachte (Elias 1990a: 174).

Die kriegerische Gesellschaft hatte dagegen einen geringen Grad gesellschaftlicher Pazifizierung, sodass die Bedrohung durch Gewalt als Fremdzwang allgegenwärtig war und es immer wieder zu Übergriffen kam:

> „Das Leben (...) dieser Gesellschaft verlangt eine ständige Bereitschaft zu kämpfen und die Leidenschaften in Verteidigung seines Lebens oder seines Besitzes gegen einen körperlichen Angriff spielen zu lassen." (Elias 1997b: 329)

Entsprechend zeigt sich im frühkapitalistisch organisierten Arbeitsprozess ein vergleichsweise hohes Gewaltpotenzial, zum Beispiel in den Manufakturen und Arbeitsstätten, wie zeitgenössische Fabrik- bzw. Arbeitsordnungen zeigen. So wird etwa 1594 für die Tötung eines Arbeitskollegen in einer Messingmühle noch mit dem Abschlagen der Hand gedroht (vgl. Doerling 2006), wohingegen in einer Fabrikordnung von 1920 von körperlicher Gewalt als erlaubter Form der Bestrafung immerhin schon nicht mehr die Rede ist. Hier sind vielmehr Pünktlichkeit, Gewissenhaftigkeit, Reinlichkeit und Gesundheitsschutz im betrieblichen Verhaltenskodex festgeschrieben. Diese in Machtkämpfe zwischen Arbeitern und Managern eingebettete Entwicklung verweist auf wachsende Affektkontrollen und Selbstzurücknahme, was als Ergebnis eines Zivilisierungsprozesses der Arbeitsorganisation zu betrachten ist.

Die zunehmende Verlagerung der Fremdkontrolle zu allseitigeren Selbstzwängen beinhaltet dabei sowohl mehr Autonomie als auch mehr Kontrolle, wenn Hierarchien abgebaut werden. Starke Verflechtung und mehr Steuerung auf der einen sind mit mehr Autonomie und mehr Selbstorganisation auf der anderen Seite interdependent verflochten (Mastenbroek 2002: 179). Die sich hier herausbildenden Arbeitsmuster prägen mithin bis heute die westliche Entwicklung von Moralvorstellungen, Verhaltensweisen und Bewusstseinsstrukturen, wie Iterson et al. hervorheben:

Abbildung 3 Netzwerkmodell von Organisationen, angelehnt an Mastenbroek (1993: 8 ff.)

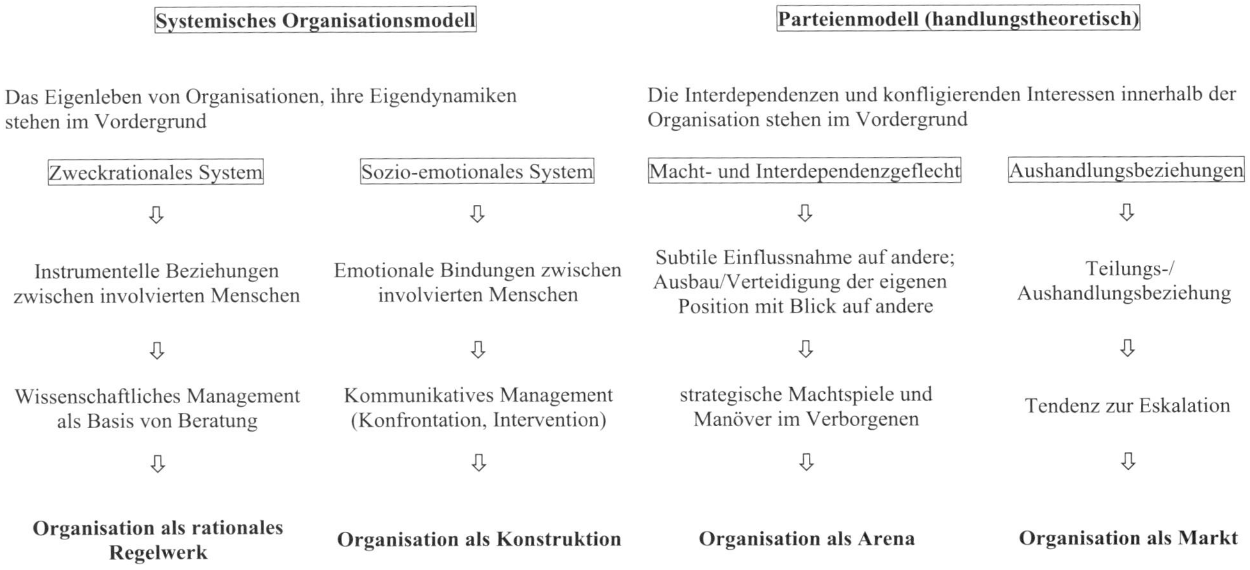

Systemisches Organisationsmodell		**Parteienmodell (handlungstheoretisch)**	
Das Eigenleben von Organisationen, ihre Eigendynamiken stehen im Vordergrund		Die Interdependenzen und konfligierenden Interessen innerhalb der Organisation stehen im Vordergrund	
Zweckrationales System	Sozio-emotionales System	Macht- und Interdependenzgeflecht	Aushandlungsbeziehungen
⇨	⇨	⇨	⇨
Instrumentelle Beziehungen zwischen involvierten Menschen	Emotionale Bindungen zwischen involvierten Menschen	Subtile Einflussnahme auf andere; Ausbau/Verteidigung der eigenen Position mit Blick auf andere	Teilungs-/ Aushandlungsbeziehung
⇨	⇨	⇨	⇨
Wissenschaftliches Management als Basis von Beratung	Kommunikatives Management (Konfrontation, Intervention)	strategische Machtspiele und Manöver im Verborgenen	Tendenz zur Eskalation
⇨	⇨	⇨	⇨
Organisation als rationales Regelwerk	**Organisation als Konstruktion**	**Organisation als Arena**	**Organisation als Markt**

„Seit der Frühzeit des Fabriksystems sind produktive Organisationen durch eine Monopolisierung von Autorität und wachsende Interdependenzen gekennzeichnet. In den Fabriken und Büros mussten Menschen auch in Frieden und Ordnung zusammenleben." (Iterson et al. 2001: 506)

Selbstorganisationsfähigkeiten auszubilden ist daher keine neuartige Innovation des auf Rationalisierung und Subjektivierung setzenden Managements, sondern Teil einer langfristigen Umformung von Fremd- in umfassendere Selbstzwänge. Dabei ist für Mastenbroek offensichtlich,

„dass wir über die Jahrhunderte immer erfolgreicher bei dem Versuch geworden sind, ein breites Spektrum von Steuerungs- und Koordinationsmechanismen mit größeren Möglichkeiten zur autonomen Selbststeuerung zu verbinden. Es lässt sich ebenso festhalten, dass Organisationen, die eine ausgewogene Balance zwischen beiden Mechanismen herstellen – sei es durch Zufall oder dank der Intuition talentierter Führungskräfte – einen substanziellen Wettbewerbsvorteil erzielen" (Mastenbroek 2007: 43).

Gesellschaftliche Machtverhältnisse sind damit mehr als ein Anatgonimus sozialer Klassen und entstehen als Struktureigentümlichkeit aller zwischenmenschlichen Beziehungen „nicht unabhängig von den gezielten Handlungen der Individuen, die diese Figurationen bilden; aber so, wie sie tatsächlich in Erscheinung treten, sind sie weder von irgendeinem einzelnen der Menschen, die diese Figuration miteinander bilden, noch von Teilgruppen oder von allen diesen Menschen zusammen geplant, beabsichtigt und zielbewusst herbeigeführt worden" (Elias 1991: 182).

Abbildung 4   Figuration interdependenter Individuen (Elias 1991: 11)

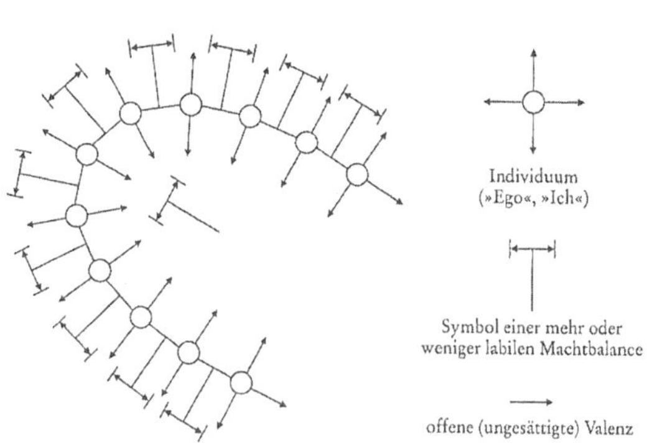

Mit dem Begriff der Figuration hat Elias der vielfach antgonistisch geführten Debatte um Individuum versus Gesellschaft ein Modell der wechselseitigen, d. h. interdependenten Angewiesenheit der Menschen aufeinander entgegengesetzt und sich so von der metaphysischen Idee eines freischwebenden oder rein zweckrational agierenden Akteurs gelöst. Gemeint ist dabei, das das Zusammenleben der Individuen immer in bestimmten Konstellationen und Beziehungsgeflechten strukturiert ist, die sich über langfristige Prozesse hinweg dynamisch verändern. Individuelle Verhaltensstrukturen sind dabei immer mit Bezug zu den Gruppenkonstellationen zu begreifen, die das Individuum wie ein Kraftfeld umgeben.

Je nach der Bedeutung, die der Einzelne in einer Figuration, bzw. einem Interdependenzgeflecht für den anderen hat, kann seine Machtposition im Privat- oder Arbeitsleben unterschiedlich groß ausfallen. Ein vorgesetzter Manager hat durch seine hierarchisch höhere Machtposition zum Beispiel für seine ihm unterstehenden Mitarbeiter eine höhere Bedeutung, als der einzelne Mitarbeiter für den Vorgesetzten. In einer matrix- oder teamförmigen Organisationsstruktur wird sich wiederum die Bedeutung jedes einzelnen Organisationsmitglieds stärker darstellen, weil die gegenseitige Abhängigkeit höher ist. Die Steuerbarkeit und Zurechenbarkeit als Grundproblem von Organisation ist somit schon in der Ambivalenz und Wechselseitigkeit zwischenmenschlicher Beziehungen angelegt.

Als Interdependenzbegriff ist Macht damit antistatisch, dynamisch und transitiv zwischen Individuen und Gruppen angelegt. Die Quellen der Macht sind weder allein ökonomischer Natur, noch allein individuell-charismatisch. Sie sind vielmehr polymorph, sowohl emotional als auch sozial und wirtschaftlich etc. gespeist, je nachdem, welche knappe Ressource in der jeweiligen Figuration die Bedeutsamste ist. Während etwa in antiker Vorzeit Wissen von einer mächtigen Priesterklasse monopolisiert wurde, sind seit dem Zeitalter der Aufklärung die Wissenschaftler Hüter des Wissens, ohne damit zugleich politisch oder ökonomisch zu dominieren. Elias spricht dabei bewusst nicht von festgefügten Herrschaftsverhältnissen, sondern fokussiert in der langfristigen Betrachtung von zum Beispiel Zivilisationsprozessen die veränderlichen gesellschaftlichen Kräfteverhältnisse zwischen Gruppen und Individuen als Teil eines Figurationsstromes zugleich (vgl. Elias 1991: 76 f., 96 f.):

„Im Zentrum der wechselnden Figurationen oder, anders ausgedrückt, des Figurationsprozesses steht ein fluktuierendes Spannungsgleichgewicht, das Hin und Her einer Machtbalance, die sich bald mehr der einen, bald mehr der anderen Seite zuneigt. Fluktuierende Machtbalancen dieser Art gehören zu den Struktureigentümlichkeiten jedes Figurationsstromes." (Elias 1991: 142 f.)

Die Verminderung von Machtungleichheiten zwischen sozialen Gruppen etwa Eltern und Kindern, Herren und Sklaven, Vorgesetzten und Untergebenen, Männer und Frauen, Etablierten und Außenseitern geht auch mit einer allmählichen Verlagerung und Umformung von Fremd- in Selbstzwänge einher, bei der ehemals machtstärkeren Gruppen eine höhere Selbstregulierung abverlangt wird (vgl. Ernst 1996).

Michel Crozier und Erhard Friedberg (1993) verfolgen eine ähnliche Herangehensweise, wenn sie die Frage des sozialen Wandels und der Machtspiele in Organisationen in den Blick nehmen. Sozialer Wandel, der Organisationen vor neue Bewältigungsaufgaben stellt – wie gegenwärtig etwa Diversity-Management – ist dabei in diesem Verständnis weder der „majestätische Ablauf der Geschichte, deren Gesetze einfach nur aufzudecken und zu befolgen wären, noch die Ausarbeitung und Umsetzung eines ‚rationalen' Modells sozialer Organisation" (Crozier/Friedberg 1993: 19). Innovationen sind vielmehr als kollektive Schöpfungs- und Lernprozesse in die Spielweisen der gesellschaftlichen Praxis eingewoben. Crozier und Friedberg gehen dabei hypothetisch deduktiv vor und wollen anhand von Beobachtungen, systematischen Vergleichen und Interaktionsanalysen sukzessive zum Handlungssystem der Akteure und der Agierenden mit ihren je eigenen Zwängen und Sinnstrukturen vordringen (1993: 289 ff.). Wandel zu gestalten bedeutet zunächst die mit Handlungs- und Gestaltungsmacht ausgestatteten *Akteure* sowie die der organisationalen Ordnung unterliegenden *Agierenden* zu identifizieren. Mikropolitische Strategien und Machtspiele, Störungen und Abweichungen im organisationalen Handeln, zeigen die Handlungsfreiräume der Einzelnen an:

„Die Macht ist also letztlich in dem Freiraum angesiedelt, über den jeder der in eine Machtbeziehung eingetretenen Gegenspieler verfügt, *das heißt, in seiner mehr oder weniger großen Möglichkeit, das zu verweigern, was der andere von ihm verlangt. Und die Kraft, der Reichtum, das Prestige, die Autorität, kurz, alle Ressourcen, die beide besitzen, spielen dabei nur in dem Maße eine Rolle, wie sie ihnen in der jeweiligen Beziehung eine größere Handlungsfreiheit verleihen.*" (Crozier/Friedberg 1993: 41, Herv. i. Original)

Sie begreifen den Einzelnen dabei als *autonom* Handelnden, der sich spielerisch anpassen könne und diese organisationalen Unklarheiten und Widersprüchlichkeiten zu nutzen verstehe. Crozier und Friedberg bleiben damit letztlich jedoch auch hier in der Idee des strategisch agierenden *homo clausus* gefangen und übersehen die Problematik struktureller Macht Einzelner und Gruppen als Regel setzende Akteure und Regel vollziehende Agierende. In Organisationen sind dabei wechselseitig sich konstituierende Strukturen und Handlungen sowie Regeln und Emotionen eingelassen, die rekonstruktiv zu analysieren sind (vgl. Funder 2008: 171). Wandel und Innovation akteurs- und partizipationsgerecht zu gestalten, impliziert somit das Paradoxon, die analytisch unverzichtbare, strukturell aber tabuisierte Frage nach Macht zu stellen, wenn eine neue Form der Zielerreichung und Kooperation in Organisationen Beteiligten orientiert gefunden werden soll. Zugleich kann diese organisationale Grundsatzfrage die bestehende Organisationslogik radikal in Frage stellen, wenn aus ermächtigten Agierenden Akteure werden, die die Spielregeln oder gar das Spiel schlechthin ändern wollen.

Elias konstruiert mehrdimensionale Modelle, insbesondere einfachere und komplexere experimentelle Spielmodelle, die die Wechselseitigkeit sich langfristig verändernder Machtressourcen beschreiben. Sie beruhen auf dem gegenseitigen Kräftemessen von zwei oder mehr Menschen in einfachster Form, mit gleicher oder ungleicher Ressourcenausstattung bis hin zu komplexen Machtkämpfen zwischen Gruppen. Die folgenden Abbildungen sollen dies vereinfacht illustrieren.

Abbildung 5 Spielmodell 1 (angelehnt an Elias 1991)

Im ersten Spielmodell stehen sich zwei Spielende mit gleicher Spielstärke, Ressourcenausstattung und wechselseitiger Abhängigkeit gegenüber. In der weiteren Darstellung (Spielmodell 2) differenziert sich die Spielfiguration aus, indem mehrere Spieler hinzutreten und einzeln gegen den stärkeren Spieler A spielen. „Es handelt sich also im Grunde um eine Serie von Zweipersonenspielen, von denen jedes seine eigene Machtbalance und seine eigene Entwicklung hat und zwischen deren Verlauf keine direkte Interdependenz besteht." (Elias 1991: 75 f.)

Abbildung 6 Spielmodell 2

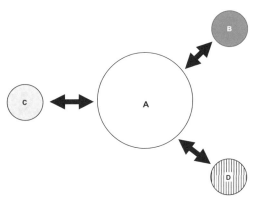

Im Spielmodell 3 haben sich die Gegenspieler auf der einen Seite zu einer Gruppe gebildet und spielen gegen A auf der anderen Seite, was verschiedene Konstellationen erlaubt:

Abbildung 7   Spielmodell 3

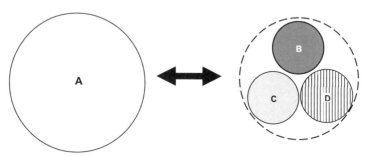

Spieler B, C und D können sich weiterhin zusammenschließen, was die Spielstärke von A verringern kann oder A dazu veranlasst, Allianzen zu bilden etc. Diese modellhafte als relational zu verstehende Abbildung in Anlehnung an Elias soll die sich verändernde Spielanordnung aufzeigen. Übertragen werden kann dies auf Regierungsformen des oligarchischen und einfachen demokratischen Typs, auf Organisationen und ihre Netzwerke, Familien und letztlich alle Sozialformen, in denen die Beteiligten eine wechselseitige Funktion füreinander haben und in denen sie „kraft ihrer Interdependenz einen Zwang aufeinander ausüben können" (Elias 1991: 80).

Abbildung 8   Figurationen relativ loser und relativ dichter Netzwerke (modifiziert n. Baur/Ernst 2010)

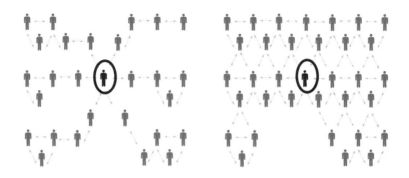

3.5 Definitionen zur Organisation

So vielfältig die nicht alle gleichermaßen ausführbaren Ansätze der Organisationssoziologie ausfallen, so unterschiedlich nehmen sich denn auch die Definitionen von Organisationen aus, die abschließend aufgeführt werden. Organisation wird zum Beispiel als

> „ein kollektives oder korporatives soziales System bezeichnet, das vor allem Koordinations- und Kooperationsprobleme lösen soll. Es gibt die Organisation kennzeichnende Ziele, es sind Mitglieder der Organisation vorhanden, es gibt ein Innenverhältnis, das sich durch eine Mischung aus formalisierten und informellen Handlungen und Strukturen auszeichnet, und es bestehen Außenverhältnisse zu anderen Organisationen sowie Anpassungs- und Austauschbeziehungen mit einer vielfältigen Umwelt. Organisationen sind Akteure zweiter Ordnung, in denen Ressourcen von Akteuren erster Ordnung zusammengeführt werden, um spezifische Zwecke zu verfolgen." (Allmendinger/Hinz 2002: 10)

Für Allmendinger/Hinz haben Organisationen gar eine zentrale Ordnungsfunktion für die Gesellschaft wenn sie a priori feststellen:

> „Ohne Organisationen gibt es keine soziale Ordnung, gibt es keine Kooperation in funktional differenzierten Gesellschaften. Organisationen sind wesentliche Regelschöpfer und Regelanwender. Organisationen befördern und behindern Innovationen." (Allmendinger/Hinz 2002: 25)

Im Verhältnis zu ihrer Umwelt sind Organisationen zudem auf Selbsterhaltung ausgerichtet:

> „Organisationen sind also zunächst einmal strukturell konservativ. Sie reagieren primär auf sich selbst und ihre internen Funktionsprobleme. (..., S.E.) sie dürfen aber andererseits nicht allzu strukturkonservativ sein, wenn sie angesichts der Umweltveränderungen und angesichts der sich wandelnden Anforderungen, die an sie gerichtet werden, überleben wollen." (Merchel 2001: 115 f.)

Sonja Sackmann hat besonders den Mensch als Akteur im Visier, wenn sie normativ aufgeladen die informelle Ebene betrachtet und die Organisationskultur als Lebensraum beschreibt:

> „Organisationen sind Menschen, die ihre soziale Wirklichkeit aktiv konstruieren, die wahre Wunder der Informationsarbeit vollbringen, die den Ereignissen ihrer Umwelt Sinn und Bedeutung beimessen durch Erfahrung und durch die Benutzung von Symbolsystemen." (Sackmann 1983)

Dass Organisationen darüber hinaus in langfristig gewachsene sozio- und psychogenetische Prozesse der Gesellschaft eingebunden sind, verdeutlicht der oben ausgeführte prozesstheoretische Zugang. Für Klaus Türk sind Organisationen charakteristisches Merkmal und gestaltendes Element der modernen Industrie- und Dienstleistungsgesellschaft und repräsentieren die Ausübung von Herrschaft schlechthin. Organisationen sind dabei quantitativ und qualitativ omnipräsent, indem sie gesellschaftlich wichtige Aufgaben übernehmen und ihre differenzierten Aufgaben mit prinzipiell ähnlicher Struktur und auf ähnliche Weise lösen. Sie initiieren mithin weitere gesellschaftliche Strukturbildungen und sorgen dafür, dass bestimmte ideologische Vorstellungen gesellschaftlich verbreitet werden (vgl. Türk 2000: 52).

Bei aller hier erkennbaren Unterschiedlichkeit der Definitionen besteht jedoch Einigkeit darin, dass Organisationen sich nicht nur durch ihre Zielausrichtung, formale und informale Struktur, Arbeitsteilung, Verantwortungsdelegation, Machtdifferenzierung, Kontrolle, Koordination, Kooperation, Mitgliedschaft und komplexe Interaktion, sondern auch durch eine gewisse Auf-Dauer-Stellung auszeichnen. Organisationen sind dabei zugleich Resultat langfristiger gesellschaftlicher Entwicklungen, damit also auch wandelbar und historisch geprägt.

Die fortschreitende Entgrenzung von Arbeit, instabile Beschäftigungsmärkte, der Bedeutungsverlust kollektiver, gewerkschaftlicher Akteure und Organisationen sowie die wachsende Flexibilisierung auf der einen und die zunehmende Bedeutung von Netzwerken und Allianzen auf der anderen Seite, bringen neue motivationale und organisationsübergreifende Bindungen (Loyalität, Commitment) und Machtgefüge in Organisationen mit sich. Zu fragen und empirisch zu beantworten bleibt dabei, *was* in der ausdifferenzierten Gegenwartsgesellschaft Organisationen *wie* prägt. Welchem Wandel unterliegen Organisationen in Zeiten der Entgrenzung? Wie sieht die Vergesellschaftung des Einzelnen durch Arbeit sowohl innerhalb als auch außerhalb von Organisationen aus? Wie gestalten sich angesichts dieser Entwicklungen Formen sozialer Ungleichheit nach Geschlechts-, Klassen- oder Schichtzugehörigkeit sowie ethnisch-kulturellem Hintergrund? Zur Erschließung dieser komplexen Organisationswirklichkeiten bietet sich in der empirischen Forschung inzwischen ein Mix quantitativer und qualitativer Sozialforschungsmethoden (Mixed Methods) an, der umfassende Informationen über *manifeste* Aussagen und *latente* Sinnstrukturen von Organisationen und Betrieben liefert. Dabei stehen idealiter soziologische Theoriebildung und empirische Datensammlung in einer reziproken Beziehung zueinander.

Aufgabe:
Skizzieren Sie bitte die Grundsatzkontroverse zwischen der Arbeits- und Industriesoziologie und der Organisationssoziologie.

4. Empirische Arbeits- und Organisationsforschung

Nach der knapp rekonstruierten Disziplingeschichte der Arbeits- und Organisationssoziologie wird im Weiteren der prozesstheoretische Ansatz empirisch-theoretischer Forschungen dargestellt, indem die Grundzüge prozesstheoretisch verfahrender Studien betrachtet werden. Zunächst wird dazu in das Verständnis qualitativer und prozessorientierter sowie partiell quantitativer Methodenzugriffe im Methodenmix eingeführt, bevor in Kapitel 5 die empirische Basis der Prozesstheorie näher betrachtet wird.

Unterschiedliche Facetten von Organisationen, Betrieben und Arbeitshandeln erschließen sich sowohl aus Daten standardisierter Befragungen als auch aus qualitativen Erhebungen. Sie runden eine Untersuchung umfassend ab, wenn sie trianguliert, d. h. wenn unterschiedlich erhobene Daten systematisch zusammengeführt werden und kommen den unterschiedlichen Bedingungen des Untersuchungsfeldes entgegen (vgl. Flick 2008). Die Erschließung von Deutungsmustern und *latenten* Sinnstrukturen in kleinen Gruppen oder Untersuchungseinheiten wie etwa Projektgruppen, Managementzirkeln oder Teams ist beispielsweise eher durch leitfadengestützte qualitative Befragungsmethoden denn durch standardisierte Umfragen möglich. Massenbefragungen zu *manifesten* Einstellungen zum Beispiel gegenüber betrieblichen Changeprojekten in Großbetrieben oder neuen Produktreihen sind dagegen leichter mit einem standardisierten Fragebogen durchzuführen als mit einem ausführlichen Gespräch mit offenen Fragen. Um das Design einer Untersuchung festzulegen und eine Studie effektiv durchzuführen, liefern einschlägige Handbücher über die Methoden der Sozialforschung (vgl. Kromrey 2006; Lamnek 2005a,b; Flick et al. 2000) wichtige Hinweise. Insbesondere über Untersuchungsmethoden der Organisationsforschung informiert der Sammelband von Kühl et al. im Detail (2009). Hier wird von unterscheidlichen Autoren u. a. besonders auf Befragungen, Beobachtungen, Inhalts- und Netzwerkanalysen in verschiedenen Organisationsfeldern eingegangen.

Udo Kelle (2008) hebt hervor, dass ein Mix beider Methodenansätze bei all jenen Untersuchungsgegenständen geeignet ist, mit denen sehr heterogene und wandlungsfähige soziale Strukturen verbunden sind. Trotzdem liege jedoch noch keine Systematik zur Verwendung von Mixed Methods vor. Die in den Anfängen der Arbeitsforschung eingesetzten Verfahren waren dabei durchaus erste Vorstufen von Mixed Methods wie etwa die Marienthal- oder die Hawthorne-Studien. Die quantitativen Verfahren seien dabei jedoch zu simplifizierend, während bei der qualitativen Vorgehensweise vielfach methodologische Fragen vernachlässigt würden (vgl. Kelle 2008: 46 ff.).

Mit dem Begriff *qualitative Forschungsmethoden* sind Forschungsstrategien gemeint, die sich besonders dazu eignen, soziale Realität zu erforschen, zu verstehen und zu deuten. Mit ihrer Fall- und Gruppenorientierung im Gegensatz zur Variablen- und Mittelwertorientierung quantitativer Verfahren erlauben es qualitative Methoden, die Perspektive der Untersuchten zu erfassen, indem ihre individuellen Schilderungen und ihre latenten Sinnstrukturen sichtbar werden. Um die soziale Realität der Untersuchten in ihrer Komplexität deuten zu können, ist es erforderlich, dass die Forscherin in direktem Kontakt mit den Handelnden im Forschungsfeld ein umfassendes Verständnis entwickelt. Die Forscherin soll die ‚innere Perspektive' der Handelnden einzunehmen versuchen. D. h., sie versucht die Welt mit den Augen der Handelnden im Forschungsfeld zu sehen, ohne jedoch dabei ihre Rolle als Forscherin aufzugeben.

Eine kontrollierte ‚Sicht von innen' ist gerade im Bereich sozialwissenschaftlicher Arbeits- und Organisationsforschung adäquat, um auszuschließen, dass der Forscher in unzulässiger Weise seinen eigenen Interpretations- und Bezugsrahmen unkontrolliert dem Gegenstandsbereich aufprägt. Um sich diese Sicht von innen zu erarbeiten, d. h. um zu gültigen Aussagen über den Gegenstand einer Untersuchung kommen zu können, ist wesentlich, die subjektiven Sichtweisen, Deutungsmuster und Denkschemata der Handelnden im Forschungsfeld aufzuspüren. Dabei ist der Prozess der Datengewinnung als kommunikative Leistung zu verstehen, bei der umgangssprachliche Äußerungen und Alltagshandlungen, die die Datenbasis darstellen, nur aus dem Verständnis des Gesamtkontextes der Erhebungssituation heraus zu begreifen sind; umgekehrt wird dieser nur verständlich vor dem Hintergrund der einzelnen Handlungen und Deutungen der Alltagshandelnden.

Qualitative und prozessorientierte Forschungsmethoden sind dabei zum Beispiel Gruppendiskussionen, Leitfadengespräche, situationsflexible Interviews, unstandardisierte Beobachtungen sowie die qualitative Inhalts- und Dokumentenanalyse. Ihrer Verwendung liegt ein bestimmtes Verständnis von sozialer Wirklichkeit zugrunde, in der die Handlungen einzelner Menschen als durch soziale Interaktionen hergestellt und aufeinander bezogen betrachtet werden. Sie unterliegen damit einem ständigen Interpretations- und Re-Interpretationsprozess. Die soziale Situation wird als eine Erlebniseinheit aufgefasst, die sich in der Interpretation der Gegebenheiten durch die Handelnden herstellt. Soziale Realität und damit auch der subjektiv gemeinte Sinn von Handlungen sind also nicht ‚an sich' gegeben, sondern werden von Situation zu Situation ausgehandelt und sind je subjektiv unterschiedlich gemeint (soziale Konstruktion von Wirklichkeit) (vgl. Schütz 1971). Aus dieser Sichtweise von sozialer Realität ergibt sich, dass der qualitative Sozialforscher nicht mit festgefügten und vorab definierten Begriffen, Konzepten und Messinstrumenten in die Forschungssituation eintreten sollte,

Empirische Arbeits- und Organisationssoziologie

um lediglich bereits bestehende Hypothesen zu bestätigen. Die *qualitativ* und am *Prozess* orientierte Forschung sollte vielmehr möglichst offen, kommunikativ und explorativ anlegt sein:

> „Qualitative Forschung hat den Anspruch, Lebenswelten ‚von innen heraus' aus der Sicht der handelnden Menschen zu beschreiben. Damit will sie zu einem besseren Verständnis sozialer Wirklichkeit(en) beitragen und auf Abläufe, Deutungsmuster und Strukturmerkmale aufmerksam machen. Diese bleiben Nichtmitgliedern verschlossen, sind aber auch den in der Selbstverständlichkeit des Alltags befangenen Akteuren selbst in der Regel nicht bewusst. Mit ihren genauen und ‚dichten' Beschreibungen bildet qualitative Forschung weder Wirklichkeit einfach ab, noch pflegt sie einen Exotismus um seiner selbst willen. Vielmehr nutzt sie das Fremde oder von der Norm Abweichende und das Unerwartete als Erkenntnisquelle und Spiegel, der in seiner Reflexion das Unbekannte im Bekannten und Bekanntes im Unbekannten als Differenz wahrnehmbar macht und damit erweiterte Möglichkeiten von (Selbst-) Erkenntnis eröffnet." (Flick et al. 2000: 14)

Dieser prozessorientierte Zugang ist besonders dazu geeignet, Antworten auf einen besonderen Komplex von Fragestellungen, wie etwa die der Interpretationsleistung der Handelnden und ihre Interaktionsgestaltung zu finden. Hier wird danach gefragt, welchem Prozess etwa Interaktionen zwischen Führungs- und Mitarbeiterebene unterliegen und welches die Faktoren sind, die diesen Prozess beeinflussen. Es sind gerade solche Fragestellungen, die u. a. im organisationalen Bereich von besonderem wissenschaftlichem Interesse sind. Dies setzt eine Haltung voraus, bei der sich der Forscher auf verlaufsoffene und zufällige Prozesse einlassen muss. Ohne diese Einstellung kann keine Erkenntnisbildung erfolgen, die zudem durch eine Verengung auf ein rein Hypothesen prüfendes Verfahren begrenzt wäre:

> „Es gehört zu der Kunst der Wissenschaft, Zufälle nutzen und Unentscheidbarkeiten ertragen zu können. Wer sich von der Wissenschaft nur die Sicherheit von Methoden und die Gewissheit von Begründungen erwartet, bringt sich von vorneherein um den Reiz der Forschung, der da beginnt, wo man mit Methodengehorsam und Begründungsidealität nicht mehr weiterkommt." (Bude 2000: 571)

Wichtig ist bei einer kritischen wissenschaftlichen (Sozial-)Forschung, dass eine ständige Reflexion auf die gesellschaftlichen Bedingungen der Erkenntnis erfolgt und eine Balance zwischen der unerlässlichen analytischen Distanz auf der einen und dem nötigen Engagement auf der anderen Seite gelingt (vgl. Elias 1987). Es geht der empirisch-qualitativen Sozialwissenschaft daher darum, die objektiven Strukturen der subjektiven Geschichten einzelner zu erkennen und zu verstehen. Siegfried Lamnek bietet mit seiner schematischen Gegenüberstellung (1995a) eine Übertragung dieser erkenntnistheoretischen Prämissen auf die unterschiedlichen

Methoden der qualitativen und quantitativen Sozialforschung, die in einzelnen Verfahren gemeinsame Schnittpunkte aufweisen.

Abbildung 9 Quantitative und qualitative Verfahren der Sozialforschung (Lamnek 1995a: 244)

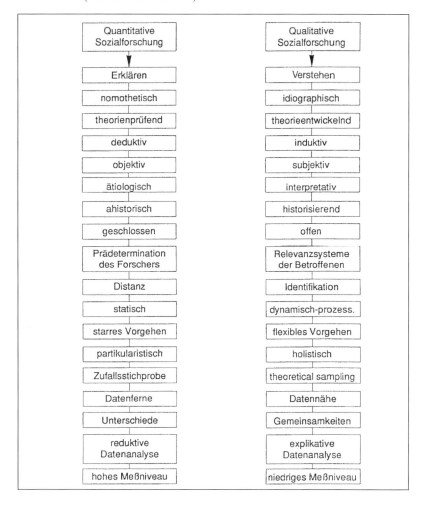

Daher plädiert die Forschung inzwischen für eine konstruktive und erkenntnisbringende Verknüpfung quantitativer und qualitativer Verfahren (Methodenmix), zeigte sich doch seit langem, dass die strikte Methodentrennung für die Organisations-

Grundannahmen qualitativer Ansätze der Sozialforschung 61

forschung lange „unfruchtbar und beengend" (Kühl et al. 2009: 21) war. Dabei ist gleichsam eine wechselseitige Beanspruchung zentraler Prämissen zu beobachten:

> „Nicht nur erheben qualitative Methoden zunehmend den Anspruch zur Überprüfung von Hypothesen geeignet zu sein, sondern es werden immer mehr quantitative Methoden für die Generierung von Hypothesen entwickelt. Gerade die Faktorenanalyse und die Clusteranalyse eignen sich hervorragend dazu, Zusammenhänge zu erschließen und Hypothesen zu generieren." (Kühl et al 2009: 21)

Die mit der us-amerikanischen Forschung der 1930er Jahre entwickelten qualitativen Forschungsmethoden zielten jedoch zunächst gegenüber der quantitativ forschenden Zunft noch darauf, sich aus den „neopositivistischen Zwängen der Methodologie zu befreien" (Hoffmann-Riem 1980: 340). Das in Kapitel 3 erwähnte Misstrauen und die Skepsis gegenüber den akribisch ausgefeilten quantitativen Verfahren der industriesoziologischen und Organisationsforschung stehen sicherlich in einem engen Zusammenhang (vgl. Bonazzi 2008: 316, 318). Um die Komplexität der sozialen Realität zu erfassen, wurde es dabei erforderlich, dass der Forscher sich in direkten Kontakt mit den Akteuren begibt und so ein umfassendes Verständnis ihrer Wirklichkeit entwickelt, um letztlich zu adäquaten Deutungen zu kommen. Wichtige Etappen der Entwicklung qualitativer Sozialforschung sind hier mit der Ethnomethodologie, dem symbolischen Interaktionismus und der *Grounded Theory* benannt, deren erkenntnistheoretische Grundannahmen knapp vorgestellt seien.

4.1 Grundannahmen qualitativer Ansätze der Sozialforschung

Die *Ethnomethodologie* geht auf den Parsons-Schüler *Harold Garfinkel* (geb. 1917) zurück und

> „bezeichnet einen soziologischen Untersuchungsansatz, der soziale Ordnung bis in die Verästelungen alltäglicher Situationen hinein als eine methodisch generierte Hervorbringung der Mitglieder einer Gesellschaft versteht und dessen Ziel es ist, die Prinzipien und Mechanismen zu bestimmen, mittels deren die Handelnden in ihrem Handeln die sinnhafte Strukturierung und Ordnung dessen herstellen, was um sie vorgeht und was sie in der sozialen Interaktion mit anderen selbst äußern und tun." (Bergmann 2000: 119)

Dieser Ansatz fragt damit auch nach den Möglichkeiten sozialer Ordnung im Rahmen einer praxisorientierten *Interaktions- und Aktionsforschung*. Als akteurs- und interaktionsbezogene Handlungstheorie betrachtet sie das Individuum als aktiv und kreativ an der Herstellung sozialer Ordnung beteiligt. Damit ist der einzelne nicht passiv den internalisierten Normen der Gesellschaft unterworfen. Signifikant ist an dieser Methode zudem die Rolle des Forschers, der sich im

Untersuchungsfeld so stark einbringt und zu legitimieren versucht, dass er Ereignisse mitvollzieht und sich für die Untersuchten engagiert. So suchten sich zum Beispiel in Projekten zur Erforschung von Homosexualität in öffentlichen Anlagen die teilnehmenden Forscher die Rolle, vor potenziellen Polizeikontrollen zu warnen. Dieser Mitvollzug hat dem Ansatz zum einen den „kritischen Vergleich mit journalistischen Techniken" (Kühl et al. 2009: 391) und zum anderen den starken Vorwurf des ‚sektenhaften' eingebracht (vgl. Elias 2006a: 380). Als bekannteste empirische Arbeit gilt hier die Studie von Garfinkel (1967) über die transsexuelle Agnes. Weitere Arbeiten dieses Ansatzes beziehen sich auf Krisenexperimente, bei denen erst durch den Zusammenbruch von sozialer Ordnung bewährte Routinen, Situationsdeutungen und Sinngebungen des Alltags sichtbar werden, wie zum Beispiel im Gesundheitswesen, Strafvollzug, Sozialwesen, in der Betriebs- und Berufswelt (vgl. Senghaas-Knobloch 2008). Aus dem jeweiligen Kontext heraus werden so erst einzelne Handlungen sinnvoll und schlüssig (Indexikalität).

Die *Grounded Theory* oder auch gegenstandsbezogene Theorie, begründet vom Lazarsfeld-Schüler *Barney G. Glaser* (geb. 1930) und vom Mitglied der *Chicago School of Sociology, Anselm L. Strauss* (1916–1996), zeichnet sich als datenbasierte Theorie dadurch aus, dass die Hypothesen der Forschung sich vor allem aus den im Untersuchungsfeld gewonnenen Daten entwickeln. Bei der Felderkundung stellen sich für die Forschenden erste Vermutungen über mögliche soziologische Zusammenhänge her, die sich dann durch systematische Vergleiche der gegenstandsnahen Hypothesen zu tragfähigen Theorien entwickeln.

Die Vertreter der *Chicago School of Sociology, Georg Herbert Mead* (1863–1931) und sein Schüler *Herbert Blumer* (1900–1987), entwickelten den *Symbolischen Interaktionismus* (Blumer 1972), bei dem soziale Beziehungen im Wesentlichen als aufeinander bezogener Austausch und als Aushandlung von symbolischen Bedeutungen (Sprache, Gestik, Verhalten u. a.) verstanden werden. Diese Symbole müssen in der alltäglichen Interaktion und im Kontext gemeinsamer kultureller Erfahrung wechselseitig gedeutet und nachvollzogen werden, um Verständigung zu ermöglichen. Die Exploration als verständnisvolles Eingehen auf fremde Lebensbereiche und die Inspektion als systematische wissenschaftliche Analyse von Beobachtungen kennzeichnen die Forschungshaltung dieses Ansatzes.

Cornelia Behnke und Michael Meuser (1999) setzen sich im Kontext der Entstehung der Frauenforschung und qualitativer Methoden mit dem traditionellen Wissenschaftsverständnis in Deutschland auseinander, das vor allem vor dem Hintergrund der Erfahrungen des Zweiten Weltkriegs und der Restauration der 1950er Jahre zu einer stark ideologisch geprägten Debatte führte. Sie kumulierte vor allem im Positivismusstreit der 1960er Jahre um *Karl Popper* (1902–1994) und die Frankfurter Schule um *Theodor W. Adorno* (1903–1969), womit eine grundlegende Auseinandersetzung mit dem traditionellen, positivistischen Wissenschaftsverständnis stattfand (Popper 1973). *Kritische* Wissenschaft und in

Funktion und Anwendungsbereiche empirischer Forschungsmethoden 63

ihrem Gefolge auch die feministische Wissenschaft sollten ihre aufklärerischen Analysen fortan den Ursachen von Unterdrückung und Gewalt widmen, statt unkritisch, deskriptives Herrschaftswissen anhand vermeintlich objektvierbarer Datensätze zu produzieren, die letztlich auch interessegeleitet sind. Erkannt wurde die Standortgebundenheit (Mannheim 1964; Elias 1987) und Interessegeleitetheit (Habermas 1975) jedweden wissenschaftlichen Erkenntnis- und Wahrheitsstrebens, das sich nicht per se wertneutral und objektiv geben kann.

In der qualitativen und prozessorientierten Sozialforschung sind daher auch die Forschungsmethoden dem Grad der Flexibilität und der Interpretationleistung der Akteure entsprechend offen, explorativ und kommunikativ anzulegen. Diese Forschungsmethoden zielen damit auch nicht vorrangig darauf ab, Hypothesen über die soziale Wirklichkeit im Forschungsfeld *zu überprüfen*, sondern gleichsam als Wechselspiel aus der Kenntnis der Feldsituation und langfristiger Prozesse heraus Hypothesen zu formulieren und *zu generieren* (Hypothesen generierendes Vorgehen). Der Sozialforscher geht lediglich mit gewissen Vorannahmen an das Untersuchungsfeld heran und erhärtet, differenziert und verifiziert sie zu Hypothesen und Thesen oder verwirft sie auch im Forschungsprozess.

4.2 Funktion und Anwendungsbereiche qualitativer Forschungsmethoden

Begab sich schon die Industrie- und Betriebssoziologie in das Spannungsfeld der arbeitsgesellschaftlichen Umbrüche und der organisationalen Akteure, so stehen auch die empirischen Methoden der Sozialforschung im Spannungsfeld von distanzierter Analyse und engagierter Anteilnahme. Jürgen Friedrichs sieht die politische Relevanz empirischer Sozialforschung darin, dass durch sie

> „nicht allein die Bewegungsgesetze der Gesellschaft erkannt werden, sondern aus der Einsicht in die gesellschaftlichen, materiellen und nicht-materiellen Widersprüche zum Abbau von Herrschaft beigetragen werden kann. Sie dient jenen, die daran gehindert werden, die gesellschaftlichen Ursachen ihrer Probleme zu erkennen." (Friedrichs 1985: 36)

In der Eliasschen Prozesstheorie ist es gerade dieser rekonstruktiv analytische Blick auf die soziale Wirklichkeit, der hilft, die sozialen Zusammenhänge, in denen der Einzelne verflochten ist, zu erkennen: Soziologinnen und Soziologen sind dabei selbst „mit in diese Muster einverwoben. Sie können nicht umhin, sie – direkt oder durch Identifizierung – als unmittelbar Beteiligte von innen zu erleben" (Elias 1987: 25).

In einer Zeit stetig wachsender sozialer Konflikte und Risiken ist damit gerade die Sozialwissenschaft gefordert, sich zu distanzieren, um zu einer „realistischen Beurteilung des kritischen Prozesses und damit [zu] einer realistischen Praxis ihm gegenüber" (Elias 1987: 83) zu gelangen. Werden beispielweise Machtbeziehungen in Organisationen oder in der Ehe, Familie oder Partnerschaft allein von innen heraus betrachtet, so bleibt der Forscher diesem Dilemma verhaftet und trägt wenig dazu bei, die überall anzutreffenden „Positionskämpfe" (ebd.: 27) um gesellschaftliche Macht „unter Kontrolle zu bringen" (ebd.: 156; vgl. Ernst 1996).

Qualitative und prozessorientierte Zugänge sind hier besonders geeignet, um Antworten auf einen spezifischen Komplex von gesellschaftspolitisch indizierten Fragestellungen zu finden. Zu untersuchen gilt es dementsprechend, was in einer Situation bzw. in einem Kontext wirklich vorgeht, wie die Akteure ihre Situation erleben, gestalten und interpretieren und welchem Prozess schließlich Interaktionen unterliegen. Sie werden u. a. in der Arbeits- und Berufsforschung, Evaluations-, Migrations-, Geschlechter- und Ungleichheitsforschung, der Organisations- und Praxisberatung, in der Sozialplanung, politischen Bildungsarbeit, Markt- und Meinungsforschung sowie Schulentwicklung verwendet. Dennoch bergen auch qualitative Verfahren der Sozialforschung gewisse Fallstricke, auf die im Folgenden eingegangen wird.

4.3 Probleme und Potenziale qualitativer Sozialforschungsmethoden

Problematische Implikationen liegen darin, dass mangelnde Distanz zum Untersuchungsgegenstand und eine zu hohe Identifikation ein *going native* befördern können, sodass Ergebnisse verzerrt oder prädeterminiert sind:

> „Einige Autoren (...) stehen einem zu intensiven Eindringen des Forschers mit einiger Skepsis gegenüber. Sie sehen darin das Problem des ‚going native', (...) daß der teilnehmende Beobachter die Urteilsmaßstäbe und Verhaltensmuster der Akteure im Feld übernimmt und damit beginnt, sich mit ihnen zu identifizieren. (...) Der Beobachter würde dadurch die erforderliche Distanz zu seinem Beobachtungsobjekt verlieren und seine Beobachtungen würden ungenau bzw. (...) wären wertlos, da so die notwendige Vergleichbarkeit mit den Beobachtungen anderer Beobachter nicht mehr gewährleistet sei. Dem ist jedoch entgegenzuhalten, daß, wenn verschiedene Beobachter zu demselben Ergebnis kommen, es noch lange nicht heißt, dieses wäre ‚objektiv' oder der Realität entsprechend. (...) ‚Falschen' Ergebnissen ist also nur dadurch vorzubeugen, daß man durch einen sehr engen Kontakt zum Forschungsbereich die den Blick umnebelnden Vorverständnisse (bzw. Vorurteile) beiseite zu schieben versucht." (Girtler 1988: 63)

Die so gewonnenen Ergebnisse haben dann zum einen wenig Allgemeingültigkeitswert, der durch bestimmte methodische, analytische Herangehensweisen erreicht werden soll. Zum anderen sind Kriterien dafür festzulegen, inwiefern aus dem Einzelfall heraus auf das Allgemeine geschlossen werden kann, oder umgekehrt, wie das Besondere sich im Allgemeinen wieder findet bzw. darin aufgeht (vgl. Helfferich 2005). Die Stichproben werden daher so konstruiert, dass sie verallgemeinerbare Daten und Tendenzaussagen erlauben. Dabei wird bei qualitativen Interviews beispielsweise von einem mittleren Stichprobenumfang zwischen mindestens sechs bis 30 Interviews ausgegangen. Auswahlkriterien sind das inhaltliche Interesse und die Frage, ob das Sample der Forschungsfragestellung im engen oder weiten Sinne entspricht und eine empirische Sättigung erreicht werden kann. Weiterhin ist gegenüber dem Kriterium der Repräsentativität die innere Repräsentation und Relevanz wichtig, d. h. es ist zu beachten, dass die Auswahl den Kern/das Typische des Untersuchungsfeldes und/oder das Abweichende/ Atypische repräsentieren soll. Im Idealfall sollten diese Extreme vertreten sein, um über Kontrastierungen zu Aussagen zu gelangen. Ex negativo wird bei der Interpretation der Daten das, was ausgespart wurde, betrachtet. D. h., man analysiert auch das, was in der Untersuchung nicht vorkam bzw. unausgesprochen blieb. Reflektiert wird zum Beispiel, ob nur Männer oder nur Frauen interviewt wurden und welche Konsequenzen das für die Aussagen bzw. Untersuchungsergebnisse hat. Auch hier ist die Auswahl genau zu bestimmen und entsprechend allgemeine Schlüsse sind zu relativieren, wie es zum Beispiel die ersten Frauenforscherinnen mit ihrer Androzentrismuskritik taten. Unterlassen wurde diese Problematisierung beispielsweise auch in den eingangs vorgestellten Hawthorne-Experimenten. Der Tatsache, dass es sich um eine rein weibliche Probandengruppe handelte, wurde keine besondere Beachtung geschenkt.

Zur Fallauswahl beschreibt Uwe Flick (2007) den Unterschied zwischen der Anzahl zu untersuchender Fälle und der Bestimmung von *Fallgruppen*, d. h. es bleibt zu bestimmen, aus welcher Gruppe (Beschäftigtengruppe, Branche, Arbeitsverhältnis, o. Ä.) die Untersuchten stammen sollen. Um die Stichprobe zu bestimmen, kann weiterhin das Geschlecht und Alter, der Beruf, die Qualifikation und Region wichtig sein. In den hier vorgestellten Untersuchungen waren zum Beispiel bei den Soloselbstständigen (s. Kap. 6.7.4) die Arbeit als Einpersonenunternehmen, die Region Hamburg und die Branche des Kultur- und Kreativsektors sowie das Alter und die Berufserfahrung wichtige Auswahlkriterien, um das Selbst- und Arbeitsverständnis jenseits betriebsförmiger Strukturen zu erforschen. Bei den Erwerbslosen (s. Kap. 6.4) waren ebenso das Alter und Geschlecht relevante Auswahlkriterien wie auch der Berufsabschluss. Sie waren neben der Herkunft und der Dauer der Arbeitslosigkeit wichtige Faktoren, um die Lebensführung gering qualifizierter Erwersbloser unter der neuen Gesetzgebung seit 2005 aufzuspüren und bestehende Qualifizierungsangebote für diese Gruppe zu evaluieren. *Kontrastierende Fälle* können weiterhin ein Auswahlkriterium darstellen, um etwa im *theoretical sampling*, den „abweichende(n) Fall zur Kontrolle der sich entwickelnden Theorie" (Flick 2007: 164) einzubeziehen. Im angegebenen Beispiel waren dies innerhalb der Soloselbstständigen Künstler, die sich nicht als prekär begreifen, gegenüber solchen Kulturschaffenden, die für sich dieses Etikett beanspruchen. Weiterhin dienten hier Fälle aus dem ambulanten Pflegesektor als Kontrastfolie, um Tätigkeiten als Angestellte gegenüber Alleinselbstständigen aufzuzeigen, die jedoch beide der Transformation der Arbeitsgesellschaft unterliegen.

Fälle werden zudem danach ausgewählt, ob sie einen gewissen „Gehalt an Neuem für die zu entwickelnde Theorie" (ebd.: 159) bergen. Ihre Auswahl endet, wenn eine empirische Sättigung erreicht ist und die Relevanz des Falls begründet ist. In der analytischen Induktion wird demgegenüber systematisch der „abweichende Fall zur Kontrolle der sich entwickelnden Theorie" (ebd.: 164) einbezogen. Dabei können zum Beispiel schrittweise Extremfälle, typische, kritische Fälle oder maximale Variation und Bandbreite der Fälle sowie ihre Tiefe und Intensität ausgeschöpft werden.

> Als Regel für die Bestimmung des qualitativen Samples kann daher gelten: je weniger Interviews oder Fälle vorliegen, desto intensiver muss das Auswertungsverfahren der Fälle (Falltypik) ausfallen. Eine enge Auswahl der Untersuchungsgruppe sollte eine breite Variation innerhalb der Gruppe beinhalten. Um bei der Interpretation die Aussagekraft einzugrenzen, ist die Definition der Stichprobe zu verengen und zu klären.

Qualitative Forschungsmethoden stellen in ihrer Ausrichtung auf die Subjekte der Forschungssituation und ihres subjektiv gemeinten Sinns eine adäquate Möglichkeit dar, das Soziale nicht nur zu erfassen, sondern zu verstehen und den Befragten im Dialogcharakter gerecht zu werden. Die offene Strukturierung, Situationsflexibilität, relative Spontaneität und Dynamik erlaubt es, besonders die Prozesshaftigkeit des Sozialen zu erfassen und zu unterstreichen. Einige Definitionen qualitativer Sozialforschung machen die Besonderheiten und Nuancen dieses empirischen Ansatzes deutlich. So stellt Marie Jahoda in ihren Lebenserinnerungen die Lebensnähe ins Zentrum ihrer sozialpsychologisch geprägten Arbeits- und Sozialforschung:

> „Im Unterschied zu der zumindest in den Vereinigten Staaten dominierenden Richtung stammt die Themenwahl einer lebensnahen Sozialpsychologie nicht von abstrakten Theorien, sondern aus der Problematik der sozialen Gegenwart. Sie sucht nicht nach zeitunabhängigen Antworten, sondern erkennt die Zeitgebundenheit sozialen Geschehens und menschlichen Verhaltens. Sie will nicht beweisen, sondern entdecken; sie will das Unsichtbare sichtbar machen. Weil im sozialen Geschehen Dinge zählen, die nicht gezählt werden können, sind hier qualitative Methoden ebenso am Platz wie quantitative (…)." (Engler/Hasenjürgen 1997: 101)

Und in Verbindung mit der Geschlechterforschung stellen Behnke und Meuser auf den erweiterten Zugriff qualitativer Methoden ab:

Probleme und Potenziale qualitativer Sozialforschungsmethoden 67

„Eine Stärke offener qualitativer Verfahren gegenüber standardisierten quantitativen liegt gerade darin, anhand der Darstellungen der Erforschten rekonstruieren zu können, wie soziale Strukturen dadurch reproduziert werden, dass den Handelnden die Einsicht in die Mechanismen der Reproduktion wie in die eigenen Anteile daran verstellt ist. Standardisierte Interviewfragen, die auf manifeste Einstellungen zielen, vermögen dies nicht. Aber auch qualitative Verfahren können diese Dimension nur dann erreichen, wenn sie über den subjektiv gemeinten Sinn hinaus latente Sinngehalte erfassen." (Behnke/Meuser 1999: 37)

Um sich die Unterschiedlichkeit und Zusammenführung quantitativer und qualitativer Sozialforschung bewusster zu machen, bietet sich die im ersten Kapitel vorgestellte Studie zur Arbeitslosigkeit von Jahoda et al. (1975) an. Sie gilt als Meilenstein der Sozial- und Arbeitsforschung und wurde 1988 als bislang einzige Studie empirischer Sozialforschung in einem Dokudrama verfilmt. Die folgende Übung dient der Veranschaulichung und Vertiefung.

Übung: Filmanalyse und Erkennen unterschiedlicher Methodenzugänge

Der 90-minütige Film „Einstweilen wird es Mittag" (1988) von Karin Brandauer ist mit künstlerischen Interpretationsfreiheiten zu betrachten und eignet sich dabei zum Beispiel in einem Lehrforschungsprojekt oder empirischen Kurs zur Arbeits- und Organisationssoziologie als Vorbereitung auf den Feldforschungseinsatz und zum Verständnis von Sozialforschung. Dazu werden zu Beginn drei Beobachtungsgruppen gebildet, die unterschiedliche Fragen bei der Filmbetrachtung und -analyse verfolgen sollen:

Gruppe A: Was fällt Ihnen in der Beziehung des Forschungsteams untereinander auf?
Gruppe B: Was fällt Ihnen in der Beziehung des Forschungsteams zu den Untersuchten auf?
Gruppe C: Welche qualitativen und quantitativen Methoden werden eingesetzt?

Einige Beispielantworten seien hier angeführt:
Gruppe A: Das Forscherteam ist mit einem leitenden Professor, einer Assistentin und den Mitarbeitern unterschiedlich hierarchisch und sozialstrukturell besetzt. Namentlich: Prof. Dr. Robert Bergheim, Dr. Ruth Weiß, Herr Strauss (wird Sozialarbeiter), Herr Schrader. Bei mehrmaligen gemeinsamen Projektbesprechungen werden folgende Fragestellungen verhandelt:

- Klärung des Forschungsanliegens: Die ergebnisoffene Studie will die psychischen Auswirkungen und Reaktionen auf lang anhaltende Arbeitslosigkeit erforschen und versucht Typologien zu bilden. Die Betroffenen und Beteiligten werden zwischen Distanz und Empathie ermittelt. Die Kontakte zu Informanden und Multiplikatoren müssen aufgebaut werden (Betriebsrat, Bürgermeister, Gewerkschaft, Händler, Wirt, Friseur, Metzger u. a.).
- Die Akzeptanz des Umfelds für die Studie muss argumentativ gesichert werden (fundierte Analysen, Argumente für gesellschaftspolitische Diskussion der Gewerkschaften und Parteien etc.).
- Der Auftrag muss gegenüber politischen, sozialen und gesellschaftlichen Erwartungen abgesichert werden.
- Die Informationsbeschaffung und Sichtung vor dem Feldkontakt umfasst Dokumentationsmaterial über das Dorf, die Sichtung von Statistiken, Filmen, Artikeln etc.

Gruppe B: Das Untersuchungsteam nimmt die Arbeit im Feld auf und versucht, Vertrauen aufzubauen:
Es nimmt aufmerksam am Gemeindeleben teil, beobachtet und notiert seine Beobachtungen.

Versucht wird, die Bedürfnisse der Betroffenen zu ermitteln.
- Die Zurückhaltung mit eigenen Statements wird dabei wichtig.
- Die Forscher geben Auskunft über sich, versuchen Transparenz herzustellen und die Untersuchung zu erklären.
- Der Versuch, sensibel gegenüber der Lebenslage der Untersuchten zu bleiben, gelingt nicht immer und endet in einem Fall mit dem Abbruch des Interviews und Aggression eines der Befragten: *„Was glaubt's Ihr denn, wer Ihr seid? Daherkommen und depperte Fragen stellen? Sind wir eure Versuchskaninchen?"*
- Eigene Emotionen und Verstrickungen werden bewusst gemacht. Man erlebt Situationen von Hilflosigkeit. Die eigene Herkunft, Einstellungen, Bildung und Habitus spielen in die Situation und ihr Erleben hinein.
- Es besteht eine Grundspannung von distanziertem Verstehen und spontaner Hilfeleistung (Versteckte Beobachtungen zur Gehgeschwindigkeit, Kleider-, Schulungs- und medizinische Hilfsaktionen).

Gruppe C: Verschiedene quantitative und qualitative Methoden kommen gleichermaßen zum Einsatz
Folgende teilstandardisierte Fragen werden u. a. gestellt zu/zum:

- Tagesstruktur
- Arbeitsplatz
- Arbeitsformen
- Aktivitäten zur Beendigung der Arbeitslosigkeit
- Mahlzeiten, Haushaltsgeld
- Alkoholkonsum
- Freizeitaktivitäten und Wünsche von Kindern (Schulaufsätze)

Im Anschluss an diese Auswertung können die im Film erkennbaren Probleme einer Forschung im Feld besprochen und Regeln für den Umgang mit den Untersuchten geklärt werden. Zudem können die in der Studie „Die Arbeitslosen von Marienthal" angeführten Anhänge vertiefend betrachtet werden. Jahoda et al. stand eine in der Sozialforschung eher selten gegebene einmalige Forschungssituation offen: Sie untersuchten eine relativ geschlossene Gemeinschaft, sodass nahezu ethnologische Feldforschungsbedingungen vorhanden waren. Dieser Fall ist in der soziologischen Forschung eher selten, denn man nimmt häufig nur partiell am Geschehen der Untersuchten teil, ist auf die Artefakte und Symbole ihrer Lebenswelt angewiesen (Sutterlüty/Imbusch 2008). Gerade in einer prozessorientierten Perspektive sind zudem längere Zeiträume zu berücksichtigen, will man nicht bei reinen Zustandsbeschreibungen oder Momentaufnahmen stehen bleiben und langfristige Entwicklungen rekonstruieren. Einen solchen Versuch unternimmt die Prozesssoziologie, die im Folgenden komprimiert vorgestellt wird. Eine ausführliche Einführung bietet u.a. Annette Treibels Buch *Die Soziologie von Norbert Elias* (2008).

5. Prozesstheoretische Forschungs- und Methodenzugänge

„Rein empirische Untersuchungen, also Untersuchungen ohne Theoriebezug sind wie Seereisen ohne Karte und Kompass – durch Zufall findet man manchmal einen Hafen, aber das Risiko des Scheiterns ist groß. Theoretische Untersuchungen ohne Empiriebezug sind im Grunde meist Elaborationen vorgefasster dogmatischer Ideen; die Dogmen sind dann glaubensmäßig festgelegt und durch keine empirischen Belege, durch keine Detailuntersuchungen zu widerlegen und zu korrigieren. Allenfalls sucht man sie a posteriori durch ein paar empiriebezogene Argumente zu festigen. So mögen dann wohl gelegentlich auch wenig geglückte Einzelideen wie ein paar Fettaugen auf einer dünnen philosophischen Suppe schwimmen."

(Norbert Elias 1978)

Diesen Anspruch an die empirisch-theoretische Forschung habe Elias in seiner Prozess- und Zivilisationstheorie selbst zu wenig eingelöst und u. a. vielmehr eurozentristisch argumentiert und Quellen fehl interpretiert, lautete noch die vielfache Kritik in den 1980er und -90er Jahren (Gleichmann/Korte 1979; Duerr 1998, 1990, 1993). Betrachtet man das *Gesamtwerk*, dann wird jedoch deutlich, dass die Prozesstheorie über die hinlänglich bekannte Analyse von Manieren- und Etikettebüchern hinausgeht, worauf an anderer Stelle zurückzukommen sein wird. Inzwischen ist der rekonstruktive Zugang der Prozess- und Figurationstheorie zu einem international anerkannten Ansatz geworden, der die soziologische Theoriebildung um die sozio- und psychogenetische Dimension sozialer Prozesse bereichert hat (Dunning 1999; Goudsblom/Mennell 1997; Klein/Liebsch 1997; Treibel 2008; Wouters 1999). Die Prozesstheorie ist insbesondere auch für die empirisch-theoretische Arbeits- und Organisationsforschung anschlussfähig gemacht worden (vgl. Iterson et al. 2002; Mastenbroek 1993, 2002, 2007; Ernst 1999).

5.1 Methodische und erkenntnistheoretische Grundlagen

Anhand der Entwicklungslinien der Arbeits- und Organisationsforschung lässt sich verdeutlichen, dass empirische Forschung immer in einem theoretischen Bezug stehen sollte, wenn sie mehr beitragen will als ein Sammelsurium von Einzel- oder

Massenmeinungen. In einer vor allem auf Gegenwartsgesellschaften konzentrierten Soziologie steht die Eliassche Prozesstheorie mit ihrer Rekonstruktion der Sozio- und Psychogenese, d. h. des ‚Gewordenseins' unserer Gegenwart vor besonderen Herausforderungen:

> „Langfristsynthesen, selbst wenn sie nur kurz skizziert sind, rücken, (...) durchaus nicht nur Probleme vergangener Gesellschaften schärfer umrissen ins Licht. Auch Gegenwartsprobleme treten mit ihrer Hilfe deutlicher ins Bewusstsein als zuvor und vor allem auch mögliche Zukünfte." (Elias 2006b: 407)

Aus prozesstheoretischer Perspektive plädiert Elias für eine Überwindung der „Quali-/Quanti-Debatte" (Baur 2009) und für den Blick auf langfristige Prozesse. Dies geht auf sein Anliegen zurück, sowohl dem „Rückzug der Soziologen auf die Gegenwart" (Elias 2006b) entgegenzuwirken als auch zu vermeiden, dass theoretische und empirische Forschung auseinander driften. Real- statt Idealtypen, figurations- und prozesssoziologische, dynamische Forschung statt statischer Zustandsbeschreibungen sind das Programm einer Forschung, die Elias v. a. mit seiner soziologischen Gemeindestudie über *Etablierte und Außenseiter,* seiner *Theorie über den Prozess der Zivilisation* (1997b), den Arbeiten zur *höfischen Gesellschaft* (1990a) und nicht zuletzt mit seinen Überlegungen zu einer Theorie der Macht ausführt. Die Prozesstheorie will sich zunächst einmal den klassischen Dichotomien von Verstehen und Erklären, Induktion und Deduktion, Subjekt-Objekt entziehen und sucht eine fruchtbare Synthese für einen integrativen Ansatz in der Soziologie.

Dabei ist zwischen allgemeinen Sozialtheorien und Theorien mittlerer Reichweite zu unterscheiden. Ähnlich der Grounded Theory befürwortet Elias Hypothesen generierende Vorgehensweisen, sodass Theorien mittlerer Reichweite auf den im Feld gewonnenen Daten aufbauen und diese in Wechselwirkung mit weiter reichenden Theorien fortentwickeln (vgl. Baur/Ernst 2010).

Gerade für das „Verständnis sozialer Strukturen, die gleichzeitig über lange Zeiträume *stabil* und doch in unvorhersagbarer Weise *wandlungsfähig* sind, weil sie durch soziales Handeln konstituiert werden, welches sich zwar an Strukturen orientiert, aber nicht von ihnen determiniert wird" (Kelle 2008: 76), bietet sich die interpretativ, sowohl induktiv als auch deduktiv verfahrende Prozesstheorie an. Arbeits- und organisationssoziologische Phänomene wie etwa die Subjektivierung von Arbeit, die Lebensführung in der Arbeitslosigkeit, Organisationsentwicklung u. a. können so in ihrem jeweils wechselseitigen Bedingungsverhältnis von Struktur und Handlung empirisch-theoretisch vielfältig analysiert werden.

Elias kann überdies nicht nur als ein früher Vertreter eines Methodenmixes betrachtet werden, noch bevor er so benannt wurde, sondern nähert sich mit seiner rekonstruktiven und Hypothesen generierenden Vorgehensweise der grounded theory und Theorien mittlerer Reichweite an. Die Bezugspunkte seines theoretisch-empirischen Ansatzes sind zunächst v. a. Theoretiker des 19. Jahrhunderts, Marx und Weber, später dann aber auch Parsons, während die Systemtheorie Luhmanns nicht mehr von ihm einbezogen wurde.

„Die Schwäche", so schreibt er am Bielefelder Zentrum für interdisziplinäre Forschung, vieler theoretischer und empirischer Arbeiten, liege darin, „dass sie sowohl den Zusammenhang mit der Vergangenheit wie mit möglichen Zukünften verloren haben" (Elias 2006b: 400). Es fehle mithin eine Zentraltheorie, die sowohl die so genannten Bindestrich-Soziologien umfasse als auch einen Bezug zur „angewandten Soziologie in der Praxis" herstellt. Sich selbst als „theoretisch-empirisch eingestellten Wissenschaftler" (ebd.: 375) und ‚Mythenjäger' begreifend, weist Elias aktions- wie systemtheoretische Konzepte aufgrund ihres Ideologiegehalts entschieden zurück: Während die, wie er es nennt, systemtheoretische ‚Bewerbung' daran scheitere, dass „die Anwendungsmöglichkeiten in der Praxis relativ beschränkt, wenn nicht gar unmöglich sind" (ebd.: 378), unterliege die marxistisch inspirierte Anstrengung „politischer Parteinahme" (ebd.: 379). Letztere liefere gegenüber der liberal-konservativen Systemtheorie zwar immerhin „ein noch immer kaum überholtes Rahmenwerk für bestimmte Aspekte" der Soziologie und versuche „aus den statischen Zentraltheorien der Gesellschaftslehre eine Prozesstheorie zu entwickeln" (ebd.). Beide versteckten aber mit ihrem zugespitzten Abstraktionsniveau und „Geheimcode" letztlich ihre Parteinahme.

Für Elias repräsentiert daher auch der soziologische ‚Ahnherr' Max Weber anders als vielfach unterstellt keine rationale, wissenschaftlich distanzierte Vorgehensweise. Webers Grundbegriffe seien bereits „tief ideologisch gefärbt und bewusst anti-marxistisch", indem z. B. der Herrschaftsbegriff nicht mit dem Monopol auf physische Gewaltanwendung oder dem Steuermonopol verbunden werde. Weber selbst, so Elias, war „in einer ganz merkwürdigen Art und Weise an das Kaisertum gebunden" und „hatte etwas Charismatisches" (ebd.: 381). Seine Herrschaftstheorie sei mit seiner „tiefen Gefühlsbindung an den Herrscher" zu verstehen und „passt nicht mehr zu unseren Erfahrungen" (ebd.: 382). Vielmehr müssten Distanz und Engagement reflektiert und die gefühlsmäßige Trübung unseres Blicks abgestreift werden, um die „gesellschaftlichen Strukturen" und Verflechtungsmechanismen herauszuarbeiten (ebd.: 387). Weber arbeite sich letztlich aber an Marx ab, um seiner Theorie sozialen Handelns „ein bürgerlich-individualistisches Argumentiersystem" gegenüberzustellen, sodass dies „schon bei Weber selbst oft zu einem Auseinanderfallen der ideologischen Theorie und soziologisch-empirischen Forschung führte" (ebd.: 389).

Die Folge sei, dass „viele der Gedankengebilde, die gegenwärtig als soziologische Theorien vorgestellt werden", so konstruiert sind, „dass sie diese Grundfunktionen einer wissenschaftlichen Theorie nicht erfüllen können" (ebd.: 391). Marx' Theorie sei dagegen mit „Prophezeiungen über die zukünftige Gestalt der Menschheit" (Elias 2005: 229) überladen, vernachlässige in ihrer Teleologie langfristige Entwicklungen, reduziere „allen sozialen Wandel auf ökonomische

Bedingungen" und weise dem Wissen den „ontologischen Status eines bloßen Überbaus" (ebd.: 308 f.) zu.

Damit stößt man auf Elias' erkenntnistheoretische Prämissen, die sein Verständnis der Soziologie weiter explizieren. Während es Habermas (1975) etwa um die Aufdeckung der Erkenntnis leitenden Interessen der Forschung geht, spielt auch in der Prozesssoziologie die Grundspannung von Engagement und Distanzierung eine Schlüsselrolle. „Engagierte Formen des Denkens bleiben auch in Gesellschaften wie den unseren ein integraler Bestandteil der Naturerfahrung" (Elias 1987: 16) und sind an die jeweiligen gesellschaftlichen Verflechtungsketten gebunden, sodass die Beteiligten „ihrem begrenzten Standort" unterliegen und „zu tief involviert [sind, S.E.], um sich selbst von außen zu sehen" (ebd.: 21). Löse man wissenschaftliche Forschung von ihren „philosophischen Verkrustungen", könne man entdecken, „wie und warum wahrgenommene Ereignisse untereinander zusammenhängen" (ebd.: 24). Für die Soziologie sind es die „Zusammenhänge von Menschen", die es in ihren „sich wandelnden Muster(n)", in ihrer Natur und Struktur „verständlich zu machen" (ebd.) gilt.

Mit Referenz zu den älteren, vermeintlich analytisch distanziert verfahrenden Naturwissenschaften beobachtet Elias in den Sozialwissenschaften ein ‚formalistisches' Bemühen, exakte physikalische Meßmethoden zu kopieren, Kausalitätsannahmen aus ihrem Gegenstandsbereich herauszulösen und auf die Sozial- oder Menschenwissenschaften zu übertragen, was zu unzulässigen Verallgemeinerungen und mechanistischen Erklärungsmodellen führe. Mehr noch werde der Untersuchungsgegenstand in „Erwartung, dass Forschungsprobleme jeder Art allein durch Messungen von Quantitäten befriedigend gelöst werden können" (Elias 1987: 40), den Methoden angepasst, „anstatt Methoden zu entwickeln, die sich zur Lösung relevanter Probleme eignen" (ebd.: 36). Die Forscher unterliegen dabei einem Dilemma: Sie müssen sich um eine distanziert-analytische Außensicht bemühen und weitestgehend von den Zwängen und Positionskämpfen der Gesellschaft zurücknehmen, wollen sie ihre Prämissen und Analysen anschlussfähig machen. Zugleich benötigen sie Insiderwissen und müssen sich emphatisch am Forschungsprozess beteiligen und engagieren. Dabei würden Tatsachenfragen oft mit „Sollfragen" (ebd.: 52) vermischt. Soziologen, die nicht prozesstheoretisch denken, so führt er aus, bliebe letztlich nur „die Wahl zwischen zwei gleich misslichen Alternativen, zwischen einem atomistischen und einem hypostasierenden Ansatz" (ebd.: 55), der strikte Dichotomien wie etwa Individuum und Gesellschaft fortschreibe.

Der ‚Teufelskreis' von leidenschaftsloser Betrachtung und engagierter Parteinahme sei so nicht zu durchbrechen. Empirisch-theoretische Wissenschaften verlangten daher „eine ständige Steuerung empirischer Einzeluntersuchungen durch zusammenfassende Theorien und eine ständige Überprüfung dieser Theorien durch empirische Untersuchungen" (ebd.: 63). Weder ‚wahr-unwahr' noch ‚richtig-falsch' seien die tragfähigen Codierungen der empirisch-theoretischen Forschung, sondern ein „relatives Weniger und Mehr an ‚Wahrheit' oder besser: Adäquatheit" (ebd.: 64), ist Wissen doch „relativ offen und unabgeschlossen" (ebd.). Zwar habe sich inzwischen neben der Fülle theoretischer Ansätze ein „Reichtum an empirischen soziologischen Untersuchungen" entwickelt; allein der überstarke Gegenwartsbezug ließ jedoch die Soziologie in Empirie und Theorie zerfallen:

> „Die Verengung des soziologischen Forschungsinteresses auf die Gegenwart stellt ganz gewiss einen merklichen Fortschritt in der Entwicklung der Soziologie dar. In weit höherem Maße als je zuvor fanden nun Soziologen Mittel und Wege zur wissenschaftlichen Erforschung akuter Tagesprobleme; die Konzentration auf die Gegenwart fand einen markanten Ausdruck in einer kaum übersehbaren Fülle empirischer soziologischer Untersuchungen, und zwar durchaus nicht allein statistischer Art." (Elias 2006b: 390)

Empirische Untersuchungen ohne Theoriebezug, Theorien ohne empirischen Bezug und eine auf die Lösung von Gegenwartsproblemen fixierte soziologische Planungspraxis seien das Ergebnis dieser Entkoppelung. Mit einer empirisch-theoretischen Wissenschaft jedoch, die auch die langfristige Genese gegenwärtiger Prozesse einbezieht, will Elias jenseits der eher linear verfahrenden Geschichtswissenschaften und einer auf Zustandsbeschreibungen reduzierten, statischen Soziologie neue Wege begründen. Dazu zählt auch ein anderes Verständnis der Methoden der Sozialforschung, der Aktions- und Systemtheorien.

Zunächst ist für ihn dabei eine „statische Subjekt-Objekt-Beziehung (…) völlig unbrauchbar", denn im Forschungsprozess „ändert sich die Erkenntnis, ändert sich das Subjekt selber, auch der Mensch ändert sich" (Elias 2006a: 383). Plädiert wird dagegen für eine Soziologie, die so gebaut sein sollte, „dass sie (…) als Leitfaden für empirische Untersuchungen bestätigt, korrigiert oder widerlegt werden könne" (Elias 2006b: 391).

Über das Gegensatzpaar *quantitativ-qualitativ* hinaus schlägt er zudem „als Alternative zu dem in der Soziologie unbrauchbaren Terminus – qualitativ – Ausdrücke wie figurations- und prozesssoziologische Untersuchungen vor" (ebd.: 390). Damit sollen Theorien entwickelt werden, die „den diachronischen Charakter, den Wandel der Gesellschaften, statt von ihm zu abstrahieren, vielmehr in die theoretische Synthese einbeziehen" (ebd.: 393). Seine von quantitativer Prozessdatenanalyse zu unterscheidende Prozesssoziologie kommt dabei „mit den traditionellen, philosophisch geheiligten Kategorien, die ja zumeist den Bedürfnissen der Naturwissenschaftler entsprechen, in vielen Fällen nicht" (Elias 2005: 189) aus:

> „Soziologen haben daher gegenüber den lang etablierten und respektierten Kollegen vom anderen Fach und deren hartnäckigen Widerstand erhebliche Schwierigkeiten, die Notwendigkeit und zugleich auch die Möglichkeit systematisch vergleichender Verfahrensweisen und der auf ihnen basierenden Synthesen auf hoher Ebene zu

demonstrieren. Sie haben Schwierigkeiten, verständlich zu machen, dass die Vergangenheit der Menschheit nicht einfach den Charakter einer struktur- und richtungslosen Geschichte besitzt, deren Erforschung eben wegen dieser Struktur- und Richtungslosigkeit theorielos bleiben muss, sondern den einer strukturierten und jeweils so oder so gerichteten Entwicklung, die sich symbolisch durch überprüfbare und konsensfähige theoretische Modelle darstellen lässt." (Elias 2006b: 403)

5.2 Die empirische Erforschung langfristiger Prozesse

Mit dem Ansatz, langfristige Wandlungen als strukturierte Prozesse statt statischer Gegebenheiten begreiflich zu machen, wird eine empirisch-theoretische Vorgehensweise favorisiert, die diachronisch und dynamisch, induktiv und deduktiv verfährt. Die bei Elias anklingende Skepsis gegenüber allein quantitativen Verfahren bedeutet dabei nicht, dass die Wahl von Daten und von Methoden in der Prozesssoziologie willkürlich oder assoziativ ist. Nina Baur schlägt vor, mindestens drei verschiedene Aspekte einer Figuration zu berücksichtigen: das Makroniveau (Figuration), das Mikroniveau (Einzelpersonen) und die soziologische Genese der Figurationen als Ganze.

Abbildung 10 Aspekte prozessorientierter Methodologie (vgl. Baur/Ernst 2010)

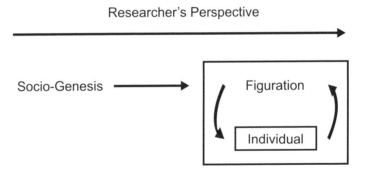

Innerhalb der Prozesstheorie besteht dabei eine Affinität zwischen bestimmten theoretischen Problemen und bestimmten Methoden beispielsweise soziologische Inhaltsanalysen, rekonstruktive und Hypothesen generierende Verfahren wie etwa in Gruppendiskussionen oder Einzelinterviews aber auch Clusteranalysen. Elias verwendet *prozessproduzierte* Daten, weil für jede Epoche bestimmte Datenarten existieren. Qualitative Interviews ermöglichen dabei Forschern, Phänomene mittlerer Reichweite zu analysieren, die noch im Gedächtnis mehr oder weniger jeder Einzelperson explizierbar sind.

Eine erste Aufgabe einer Methodenlehre, die für die Prozesssoziologie verwendbar wäre, besteht darin, das Makroniveau und das spezifische Interdependenzgeflecht zu bestimmen und zu analysieren (vgl. Baur/Ernst 2010). Elias verwendet zwei Hauptdatenquellen für die Beschreibung von Figurationen in ihrer Gesamtheit. Ähnlich der frühen *Chicago-School* und den Historikern Fernand Braudel (1996) und Georges Duby (1981), analysierte er neben Briefen und anderen biografischen Zeugnissen zum Beispiel, welche Rückschlüsse Landschaften, Gebäude und Diagramme auf Sozialstrukturen und versteckte Normvorstellungen erlauben. Im Prozess der Zivilisation formuliert er anhand des Wandels von Verhaltensidealen in Erziehungs- und Anstandsbüchern beispielsweise zu Tischmanieren, zum Umgang zwischen Eltern und Kindern oder Eheleuten die These des vorrückenden Scham- und Peinlichkeitsempfindens und der allseitigeren Gefühlskontrollen zwischen den gesellschaftlichen Schichten.

Ein einprägsames Beispiel ist seine Analyse des Raumplanes des Versailler Schlosses in *Die Höfische Gesellschaft* (Elias 1990): Menschen gestalten Gebäude und ihre natürliche Umwelt, um tägliche Abläufe zu erleichtern und ihre Position zu repräsentieren. So zeigen auch die Wohn-Räume der Ober- und Unterschichten die „Gleichzeitigkeit von ständiger räumlicher Nähe und ständiger sozialer Ferne, von innigem Kontakt in der einen Schicht und strengster Distanz in der anderen." (Elias 1990: 78). Bezogen auf die weit in den Gebäudeflügeln separierten Gemächer von König und Königin bemerkt er:

> „Herr und Dame haben beide anschließend ihr Schlafzimmer, ihr eigenes Kabinett, in dem sie bei oder nach der Toilette Besuch empfangen können, beide anschließend daran ihr eigenes Antichambre und beide selbstverständlich ihr eigenes Garderobenzimmer." (Elias 1990: 79)

Betrachtet man vor dieser Folie ausgewählte empirisch-theoretische Studien jenseits seines populären Prozessbuches, bei dem die Wandlungen der Machtbalancen und Verhaltensideale u. a. anhand von Manieren- und Anstandsbüchern nachgewiesen werden, dann fällt auf, dass Elias zuweilen einen soziographischen Methodenmix ähnlich der Marienthalstudie bei der Gemeindestudie *Etablierte und Außenseiter* benutzt. Im jüngst wieder entdeckten und aufgrund methodologischer Differenzen abgebrochenen *Young-Workers- Projekt*[3] (Goodwin/O'Connor 2006) oder in seinen Abhandlungen zur Technisierung und Zivilisierung greift er dabei auch vielfach auf statistische Daten und quantitative Erhebungsmethoden zurück. Verkehrsstatistiken verschiedener Länder liefern hier zum Beispiel Indikatoren

---

[3] Das Young-Wokers-Projekt war an „interview-based survey of the school to work transition experience of nearly 900 young adults in Leicester, UK" (Goodwin/O'Connor 2006: 161) und entwickelte die ‚Schockthese'.

für die unterschiedlich weit entwickelte „Effektivität von sozialen Standards der Selbstregulierung" (Elias 2005: 206).

5.3 Figurationsanalysen

Die Methodik und Forschungsstrategie einer komplexen Prozess- bzw. Figurationsanalyse und -synopse lässt sich vor diesem Hintergrund so zusammenfassen, dass:

- die Figuration als Ganze mit ihren Positionen, Regeln und Normen sowie Werten identifiziert wird,
- zwischenmenschliche Spannungen und Konflikte begreifbar werden,
- das spezifische Interdependenzgeflecht als Handlungsrahmen der Einzelnen einbezogen wird,
- die soziogenetische Entwicklung der Figuration analysiert wird, d. h. langfristige Wandlungen der Gesellschafts- und Persönlichkeitsstrukturen „ohne vorwegnehmende Dogmatik" (Elias 1977: 142) betrachtet werden,
- die Formalisierungs- und Informalisierungsspanne sowie der Formwandel der Selbstregulierung in Bezug zu den Mitteln der Befriedigung elementarer physischer und sozialer Bedürfnisse aufgezeigt wird,
- die jeweils zentralen Orientierungs-, Steuerungs- und Kommunikationsmittel der Gesellschaft untersucht werden,
- eine systematische Beobachtung der Einzelnen in ihren sich wandelnden Verflechtungen erfolgt und damit
- Machtbalancen und funktionale Äquivalente in ihrer Veränderung aufgezeigt und das „Spiel und Widerspiel von langfristigen dominanten Trends und Gegentrends" (Elias 1977: 150) erkannt werden (vgl. Treibel 2008).

Ziel ist es somit, soziologische Hypothesen und Synthesen von Einzelbefunden für eine „Theorie der zunehmenden sozialen Differenzierung" (Elias 1977: 536), geplanter und ungeplanter sozialer Prozesse sowie der Integrierung und Funktionsteilung zu bündeln und fortzuentwickeln. Obgleich Elias, wie Michael Schröter meint, v. a. in den 1940er bis 1960er Jahren „keine große empirisch-theoretische Untersuchung mehr zustande" (1997: 241) gebracht habe und „soziologische Miniaturen" (ebd.: 286) aus eigenen Beobachtungen im lockeren, manchmal unendlichen Assoziationsprozess gefertigt habe, galt er Vielen als „Meister narrativer Soziologie und qualitativer Methoden" (ebd.: 245). Diese Vereinnahmung habe er jedoch mit „spitzbübischem Vergnügen" (ebd.: 241) zugunsten eines höheren Syntheseniveaus zurückgewiesen, um eine neue empirisch-theoretische Soziologie zu formulieren, die ein „Denken in flux" (ebd.: 249) beherzigt.

Eine Sättigung erfahrungsgeleiteter Wissenschaft kann dabei methodisch und systematisch erreicht werden, indem die spannungsreiche Balance zwischen Engagement für den Untersuchungsgegenstand und distanzierter Analyse konstruktiv genutzt wird. Der auf Dauer gestellte relationale Ansatz der Prozesstheorie scheint dabei nicht nur zum Leidwesen seiner Assistenten und Kollegen „jede Fixierung" (ebd.: 249) von Befunden nahezu unmöglich zu machen. Dieses anspruchsvolle Anliegen methodisch-empirisch weiter umzusetzen kann auch heute noch als Aufgabe einer prozessorientierten Sozialforschung gelten, die es aushalten muss, auch relativ relationale und kontextuelle Befunde zu produzieren.

6. Zugänge und ausgewählte Studien

6.1 Methodenbestimmung und Datengewinnung

Kehrt man zur Betrachtung der Konzeption und Durchführung eines empirisch-theoretischen Forschungsprojektes in der Arbeits- und Organisationsforschung zurück, dann steht man zunächst vor der Aufgabe, den Forschungsgegenstand einzugrenzen und bearbeitbar zu machen.

Dazu zählt neben der Auswahl der Methoden und des Umfangs der Erhebung, die Forschungsfrage zunächst einmal zu operationalisieren (s. Abb. 11).

Abbildung 11 Forschungsprozess

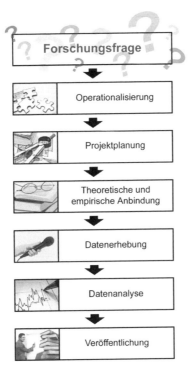

Gesetzt sei im folgenden Beispiel das Thema „Arbeitshandeln in neuen Beschäftigungsfeldern: zwischen Marktförmigkeit und experimenteller Vielfalt". Die Frage, wo und wie mögliche Antworten auf die Fragestellung ermittelt werden können, ist zunächst zu klären und kann sich mitunter im Forschungsprozess, der von Sabine Bartholomeyczik (1997) als Insel der Forschung visualisiert wurde, komplex und widerständig darstellen.

Abbildung 12 Insel der Forschung (Bartholomeyczik 1997: 68)

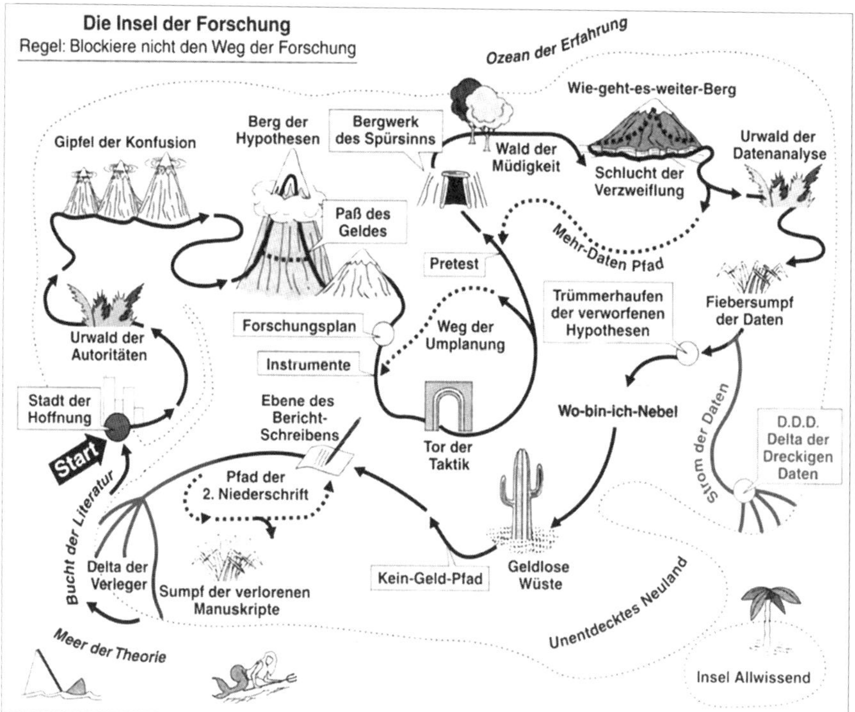

Die folgende Übung soll eingesetzt werden, um die Bestimmung des Forschungsgegenstandes und der Methoden zu erleichtern.

Mit einer Kartenabfrage in parallel diskutierenden Teams wird die Forschungsfrage zunächst untergliedert. Dazu tauschen die Studierenden sich in ihren Teams zu den folgenden Fragen aus:

1. Was sind wichtige Punkte, zu denen ich Auskunft erhalten will (Themen sammeln)?

2. Was ist	direkt/ manifest	was	indirekt/ latent	beobachtbar/ feststellbar?

3. In welcher Reihenfolge sind die Forschungsfragen sinnvoll anzuordnen?
4. Welche Methoden können Auskunft auf die Forschungsfrage geben (Interview, Fragebogen o. a.)?
5. Womit sollte begonnen werden, was steht am Ende, was im Mittelteil z. B. einer Befragung?
6. Welche Einstiegsmerkmale (Alter, Geschlecht etc.) sollen erfasst werden?
7. Welche Fragen werden wie (offen oder geschlossen) in welchem Abschnitt gestellt?

Bevor die Studierenden die Indikatoren spezifizieren, wird der Forschungsstand zum Untersuchungsgegenstand zusammengetragen, wie die tabellarische Übersicht verkürzt und lediglich exemplarisch verdeutlichen soll.

Dabei ist die Sichtung der Fachliteratur an folgenden Aspekten orientiert.

- Sind der Titel des Werkes/Textes und der Inhalt des Textes stimmig oder nicht?
- Worum geht es im Text? Welche Thesen werden aufgestellt?
- Werden die Probleme klar definiert?
- Welche Methode wird verwendet?
- Wie groß ist das Sample?
- Was sind die Ergebnisse der Arbeit?
- Wie überzeugend ist die Arbeit?

Exemplarische Forschungsübersicht zum Thema „Arbeitshandeln in neuen Beschäftigungsfeldern: zwischen Marktförmigkeit und experimenteller Vielfalt"

Autor, Titel, Fragestellung	Sample	Ergebnis, These, Sonstiges
Leicht/Philipp 2005: Die wachsende Bedeutung von Ein-Personen-Unternehmen in Deutschland: Fragestellung: Welche selbständigen Personen arbeiten, mit welchen Ressourcen in welchem Umfeld? Quantitative Studie	Daten 1982-2002 Datengrundlage: Mikrozensus 2002 (370.000 Haushalte) Scientific use file 2000 Grundgesamtheit 3,6 Mio, davon > 50 % Alleinselbständige	4 Typen: Selbstangestellte (Outsourcing), Tagelöhner (gering qualifiziert, wechselnde Arbeitgeber), Abhängig Selbständige (Outsourcing), Spezialisierte Problemlöser (wechselnde Arbeitgeber)/Ursachen von Alleinselbständigkeit: Outsourcing, Staatl. Lenkung, Bürokratie, Kostendruck/Preisgünstigere Heimarbeit, Arbeitsmarktproblem/Flexibilisierungsdruck, Externalisierung haushaltsnaher Dienste/Neue Technologien, Wunsch nach Unabhängigkeit (Familie + Beruf)/Anstieg der Selbständigen ab Anfang der 80er Jahre; jährlich ca. 25 % Neugründungen/Überproportionaler Anstieg der Alleinselbständigen ab 1994/Teilw. „Notselbständigkeit" aus Arbeitslosigkeit
Manske 2007: Prekarisierung auf hohem Niveau: Fragestellung: wie arrangieren sich akademisch ausgebildete Alleinunternehmer mit prekären Beschäftigungs- und Lebensverhältnissen und welche Praxisformen bilden sie aus? Welche Wandlungsdynamik der Arbeitsgesellschaft ist allgemein damit verbunden?	27-37 Jahre alte soloselbstständige oder arbeitgeberselbständige Webarbeiter in Berl.n, New York 19 Männer und Frauen, in Partnerschaft kinderlos oder mit 1 Kind	Freelancer in qualifizierter aber prekärer Webarbeit, komplexe Arbeitsbedingungen/Hybride zwischen formalisierten und informalisierten Arbeitsbedingungen/Typologien: kämpferische Unternehmer, pragmatische Dienstleistende, zweckfreie Künstler
Wixforth 2004: Neue Medien – alte Muster? Fragestellung: Profitieren bestimmte Personengruppen von der Branchenkrise stärker als andere oder verteilen sich die Chancen und Risiken im Arbeitsmarkt der Neuen Medien entlang bestimmter Segmentationslinien ungleich?	Standardisierte Online-Unternehmensbefragung unter den Hamburger Unternehmen der Neuen Medien Auswertung der Arbeitslosenstatistik von Juni 2002 der ehemaligen Bundesanstalt für Arbeit Interviews mit Beschäftigten und Unternehmensverantwortlichen aus Hamburg Befragung N = 1000 Hamburger Unternehmen Reduzierung wegen Nichterreichbarkeit auf 830 Tatsächliche Beteiligung von 274 Unternehmen	Über 35 J.: doppelt so häufig arbeitslos wie unter 25 Jährige/ hohe Zeitanforderungen, wenig familienfreundlich, benachteiligt Frauen und Ältere, partriarchale Denkmuster bestehen fort/Lernfähigkeit, Kreativität wird Älteren nicht zugetraut/ Frauen in Führungsebene marginal (Chancen sinken im Alter überproportional)/Diskriminierung nach Alter u. Geschlecht/ Neue Arbeitsformen lösen gesellschaftliche Muster nicht auf, Rollenmuster wirken. Arbeitsmarkt ist nicht „innovativ angesteckt".

Die Untersuchungen zur bislang noch wenig erforschten Lebenslage alleinselbstständig Arbeitender in den expansiven Feldern der Kultur- und Medienbranche ist von einigen wenigen sowohl quantitativ als auch qualitativ vorgehenden Studien geprägt und damit ausbaufähig. In diesem exemplarischen Lehrforschungsprojekt soll ein prozesssoziologisch inspirierter Blick auf die subjektiven Deutungen von allein- bzw. soloselbstständigen Dienstleistenden geworfen werden. Dabei interessiert ihr besonderes Selbstverständnis zwischen „privilegierten klassischen Professionen und den abhängig Beschäftigten verberuflichten Arbeitnehmern" (Bamberg/Johann 2009: 71).

Mit der folgenden Übung sollen die Fähigkeiten der Studierenden, feld- und gegenstandsspezifische Indikatoren zu entwickeln, weiter vertieft werden.

Übung: Modifizierung der Indikatoren für die Analyse subjektiven Arbeitshandelns

Arbeitshandeln ist von der zeitlichen, ökonomischen, sozialen und räumlichen Dimension geprägt. Subjektives und objektives Arbeitshandeln sind dabei zu unterscheiden. Während sich im objektiven Arbeitshandeln die zielgerichtete, effiziente und oft kooperative Erledigung einer Aufgabe vollzieht, die fachliche und überfachliche Qualifikationen erfordert, setzt das subjekte Arbeitshandeln am Individuum an. Im Unterschied zum relativ plan-, rationalisier- und standardisierbaren objektiven Arbeitshandeln sind dagegen subjektive, persönliche Potenziale des Arbeitshandelns wie etwa Engagement und Identifikation wenig berechen- und messbar. Sie entziehen sich organisationalen Verwertungslogiken. Aus der Debatte um Subjektivierung des Arbeitshandeln sind dabei besonders die Dimensionen *Selbstkontrolle, Selbstrationalisierung* und *Selbstökonomisierung* bekannt (vgl. Voß/Pongratz 1998). Tragen Sie weitere Punkte zusammen, an denen das Arbeitsverständnis- und handeln erkannt werden kann und im Spezifischen die neuen Anforderungen deutlich werden. Das Ergebnis kann wie folgt aussehen:

- Erwerbsmotive: Vergangenheit, Gegenwart, Zukunft (Werdegang, aktuelle Situation, Visionen)
- Selbstkonzept, Selbstvertrauen, Gelassenheit, Ambiguitätstoleranz, aktiv aneignende oder passiv erduldende Haltung
- Erwartungshaltungen, Loyalität, Kooperationsgrad und -formen (intern, extern)
- Arbeitsauffassung, Qualitätsanspruch
- Formen der Zeit- und Arbeitsgestaltung, Arbeitsorte

- Planungssicherheit, Langzeitplanung, Lebensführung (betriebl., rationalisiert-methodisch oder situativ)
- Tagesablauf, Arbeitsorganisation, beständige oder punktuelle Selbstkontrolle, Stressabbau, Arbeit an innerer Einstellung (Gefühlsarbeit, Selbstemotionalisierung)
- Euphorie/Spannung/Aufregung/Angst/Sorge/Ohnmacht/Prekarität
- Ggf. Ekel/Peinlichkeits- und Schamgefühle (Gefühlsarbeit, Selbstemotionalisierung)
- Umgang mit schwierigen Situationen (z. B. Zeitdruck, Stress, Konflikte, Kunden)
- Handlungsoptionen
- Erfahrungsmuster
- Zugang zu Ressourcen
- Einbindung in Kommunikationsnetzwerke, Konnektivität

6.2 Einnahme der Innenperspektive

Gegenüber der vergleichsweise leichteren und quantitativ umfassenderen Erfassung manifester Verhaltensweisen und Meinungen, steht in der qualitativen und prozessorientierten Sozialforschung die Erfassung des subjektiv gemeinten Sinns der Untersuchten, ihrer latenten Sinngehalte im Vordergrund der Analyse.

„Qualitative Forschung kann und will aber mehr: Sie zielt auch auf die bereits erwähnten latenten Sinngehalte, und sie will anhand dessen, was die Erforschten ‚von sich geben' – verbale Äußerungen in Interviews oder Gruppendiskussionen, in (teilnehmender) Beobachtung protokollierte Verhaltensbekundungen, Spuren sozialen Handelns, die in Gestalt von Texten hinterlassen werden u. a. –, rekonstruieren, von welchen sozialen Strukturen das individuelle Handeln bestimmt ist und im Rahmen welcher kulturellen Deutungsmuster subjektive Sinndeutungen stattfinden. Qualitative Sozialforschung zielt also auch auf Sinnschichten, die mit dem subjektiv gemeinten Sinn nicht notwendig übereinstimmen, und es ist vielfach die Diskrepanz zwischen den subjektiven Perspektiven und der ‚objektiven' Bedeutung einer individuellen Handlung, die Aufschluss gibt über Bedingungen sozialen Handelns sowie über die Grenzen von Handlungsspielräumen. Die Absage an objektivierende Methoden ist – entgegen einem gängigen Missverständnis – gerade kein Kennzeichen qualitativer Methodologie. Wollte die qualitative Forschung sich auf ein Nachzeichnen der subjektiven Erfahrungen begrenzen, verschenkte sie wichtige kritische Potentiale." (Behnke/Meuser 1999: 35 f.)

Einnahme der Innenperspektive 85

Unsichtbares sichtbar zu machen, Abläufe, Deutungsmuster und Strukturmerkmale zu begreifen sowie das Unerwartete, Fremde und Abweichende als Erkenntnisquelle zu nutzen, sind weitere Grundsätze dieser Forschung und der Interaktion zwischen Forschenden und Untersuchten. Dieses allmähliche Vordringen in die einzelnen Tiefenschichten bis hin zu Grundüberzeugungen, Normen und Werten illustriert auch die folgende Abbildung:

Abbildung 13   Tiefenschichten der Forschung

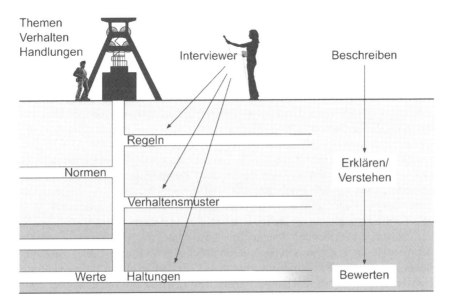

Die systematische Einnahme dieser Innenperspektive ist dabei sowohl schwierig zu erlangen als auch ein vergleichsweise adäquater Weg, um sich dem ‚subjektiv gemeinten Sinn' der Akteure anzunähern. Die Datengewinnung ist als kommunikative Leistung zu verstehen, bei der umgangssprachliche Äußerungen und Alltagshandlungen nur aus dem Gesamtkontext begriffen werden können. Es bestehen vielfältige Methoden der qualitativen Forschung wie etwa Gruppendiskussionen, leitfadengestützte, narrative oder fokussierte Interviews sowie unstandardisierte Beobachtung (teilnehmende Beobachtung), die im Folgenden knapp dargestellt werden.

6.3 Formen der Beobachtung in der Sozial- und Organisationsforschung

Die *Teilnehmende Beobachtung* beinhaltet eine Vielzahl methodischer Vorgehensweisen, in denen der Forscher *selbst eine Rolle* spielt. Sie wird angewendet, wenn keine Sekundäranalysen und Dokumente zum Feld bzw. Thema vorhanden sind und die Erhebung nur durch Teilnahme möglich ist. Will man zum Beispiel die Variable „soziale Kontakte" oder Arbeitshandeln in repetitiv organisierter Industriearbeit (s. Hawthorne Experiment) ermitteln, bietet sich eine teilnehmende Beobachtung an. Durch versteckte Beobachtung wurde z. B. bei der Marienthal-Studie der Indikator „Gehgeschwindigkeit" entdeckt. Erkennbar wurde so die von Männern und Frauen unterschiedlich praktizierte Zeitstrukturierung. Dabei werden die Variablen mehreren Messungen unterzogen, um die Validität zu steigern. Die Hypothesenformulierung erfolgt hier im Feld als Prozess analytischer Induktion, der vom Einzelfall auf Verallgemeinerbares schliesst. Es besteht die Möglichkeit, Standardisierungen vorzunehmen: z. B. alle verhalten sich gemäß Typ X, niemand verhält sich gemäß Typ Y. Die Hypothesen werden auf Gegenevidenzen überprüft und unter der Reflexion ihrer Bedingungen formuliert (Formulierung der Differenzierungen von Hypothesen).

Der Beobachter sollte das Geschehen im Feld verfolgen und informelle Gespräche führen, um den sozialen Zwang der Erhebung zu reduzieren und seine eigene Situation und sein Erleben reflektieren, um annähernd auszuschließen, dass seine Interpretation die Ergebnisse präjudiziert. Dazu zählt auch, alle verfügbaren Dokumente zu analysieren, die im Kontext der untersuchten Gruppe/Einheit stehen. Ziel der teilnehmenden Beobachtung ist die *analytische Deskription*, die sich mehrerer Herangehensweisen bedient. So drücken etwa Propositionen gegenüber Elaborationen oder Formulierungen (s. Kap. 7.3) den in einem Satz geäußerten Sachverhalt präzise aus und helfen, die aus dem Lebenszusammenhang der Untersuchten geäußerten spezifischen Probleme zu verstehen und zu erklären. Obgleich die teilnehmende Beobachtung gewiss stärker als andere Methoden „mit dem Problem der Repräsentativität zu kämpfen" hat (Bachmann 2009: 267), fragt man nach empirisch Verallgemeinerbarem. Dabei geht es um systematische Beschreibung und Abstraktion statt um die Aneinanderreihung von Fakten. Es gilt, eine wissenschaftliche Ebene der Verallgemeinerung und Nachvollziehbarkeit zu finden.

„Teilnehmende Beobachtung von Kommunikation wird erst sinnvoll, wenn die gemachten Aussagen und Verhaltensweisen so interpretiert werden, dass sie versteh- und nachvollziehbar sind!" (Lamnek 1995b: 256)

Vorausgesetzt wird bei der teilnehmenden Beobachtung zum einen, dass das Feld der Forscherin zugänglich und die optimale Position ggf. bereits im Feld durch Mitgliedschaft vorhanden ist. Die Beobachtung sollte die gewöhnliche Interaktion nicht stören und man sollte über Rückzugsmöglichkeiten verfügen. Dabei sollte die oft schwierige Doppelrolle als Teilnehmer und Beobachter in Nähe und Distanz zum Feld reflektiert werden. Hervorragende und überraschend offene Einsichten liefert in diesem Zusammenhang der von Ferdinand Sutterlüty und Peter Imbusch herausgegebene Sammelband „Abenteuer Feldforschung" (2008). Darüber hinaus sollte das Beobachtungs- und Forschungsvorhaben im Sinne der Untersuchten ethisch gerechtfertigt und von allen Betroffenen akzeptiert werden (Friedrichs 1985: 288 ff.). Die geplante und umfassende Beobachtung liefert vielfältiges Material, das systematisiert werden sollte, um eine Exaktheit zu ermöglichen. Dabei kann ein Konflikt zwischen der Selektivität und Totalität von Daten bestehen:

„Angst vor der *Wiederbegegnung mit dem Material* vermischt sich mit Skrupeln, das Falsche daraus zu machen, und dem Unwillen, die Kohärenz des Materials zu zerreißen." (Bachmann 2009: 259)

Vorzuziehen ist daher die exakte Beobachtung, um ihre Überprüfbarkeit bzw. Vergleichbarkeit zu erleichtern. Die Beobachtungseinheit ist der kleinste nötige Bestandteil der Untersuchung, z. B. das Verhalten, und meint eine räumlich-zeitliche Einheit (konkrete Situation(en)). Hilfsmittel bieten hier ein Protokollbogen und teilweise auch der *Pretest*. Je nach Ausrichtung nimmt die Beobachterin verschiedene Rollen ein, die mit Vor- und Nachteilen verbunden sein können. Diese sind in Anlehnung an Lamnek (1995: 239 ff.) in der folgenden Abbildung gegenübergestellt. Sie können in der Praxis der Arbeits- und Organisationsforschung vermischt auftreten.

Vor- und Nachteile der Beobachtungsrollen

Aus der Sicht des Forschenden	Aus der Sicht der Untersuchten
a) Sozialforscher als reiner Beobachter	
- Wenig interne, sensitive und nicht-beobachtbare Informationen - Wenig korrigierende Zusatzinformationen aus anderen Beobachtungsquellen - Kontakte sind formalisiert - Kaum Spannung aus Interaktionen	- Beobachtung wird als wenig bedrohlich empfunden - Beobachter gilt nach kurzer Zeit als ‚normal' und wird in den Alltag der Gruppe integriert - Wenig Verpflichtungen, Informationen abzugeben, die über die Beobachtung hinausgehen

b) Beobachter als Teilnehmer	
- Besserer Zugang zu heiklen Informationen und Interna - Verschiedene Methoden der Datensammlung - Reicheres Datenmaterial - Bessere Beurteilungsmöglichkeiten durch Eigenerfahrung im Feld - Größere psychische Anspannung, weil Rolle des Beobachters mit der des Teilnehmers auszubalancieren ist. - Mehr Konfliktmöglichkeiten in der Anfangsphase, aber durch Außenseiterposition geringere Belastung.	- Die Gruppe wird weniger bereit sein, einem Beobachter, der selber teilnimmt und als eingeweiht gilt, Informationen zu geben. - Die Möglichkeit ‚naive' Fragen zu stellen, verringert sich. - Aber es wächst die Möglichkeit, eine Vertrauensposition einzunehmen und größere Akzeptanz zu erfahren. - Damit besteht zugleich die Gefahr der Kooptation.

c) reiner Teilnehmer	
- Optimaler Zugang zu allen Informationen als Insider, der wenig Misstrauen erfährt Gleichzeitig Ausschluss von Ergänzungsmethoden der Datensammlung. - Erhöhte Konfliktgefahr und hohe psychische Belastungen erwachsen durch ethische Erwägungen der Beobachtung. - Ein hohes zeitliches Engagement ist erforderlich. - Die Gefahr des going native kann zur kritiklosen Überanpassung an das Feld, zum Distanzverlust und damit zum Validitätsverlust der Daten führen.	- Beobachtung ist einfach, da man als Forschender unerkannt bleibt.

In organisationssoziologischen Untersuchungen stellen sich bei der Beobachtung besondere Anforderungen, denkt man etwa an Fragen der Geheimhaltung von Betriebs- und Personaldaten. Götz Bachmann improvisiert daher auch in seiner Beobachtungsstudie in deutschen Kaufhausketten Varianten der Beobachtung und verbindet die nachträgliche Rekonstruktion zuvor erlebter Beobachtungssequenzen mit separat geführten Feldtagebuchnotizen:

„Manche lesen die Tagebücher wieder und wieder und erproben dabei Schritt für Schritt ihre Thesen. Andere tippen es ab und verschlagworten es systematisch oder visualisieren und clustern das Material, um es zu quantifizieren." (Bachmann 2009: 259)

Die Unterscheidung naiver versus wissenschaftlicher Beobachtungsformen meint in diesem Kontext, dass Beobachtung dann wissenschaftlich wird, wenn wiederholte Prüfungen und Kontrollen hinsichtlich *Gültigkeit, Zuverlässigkeit und Genauigkeit* erfolgen und eine systematische Planung und Aufzeichnung der zweckgebundenen Beobachtung statt einer Sammlung von Merkwürdigkeiten erfolgt.

Strukturierte und unstrukturierte Beobachtung[4]
Nicht der Grad der Wissenschaftlichkeit zeigt hier die Unterschiede dieser Beobachtungsart an, sondern die Herangehensweise bzw. Vorbereitung. Charakteristisch für die strukturierte Beobachtung ist das Vorliegen festgelegter Beobachtungskategorien vor Beginn der eigentlichen Beobachtung. Der herangetragene Kategorienapparat erschwert somit eine Offenheit für die Hypothesenbildung. Daher wird im qualitativen Untersuchungsdesign mit einem graduell offeneren oder engeren Kategoriensystem gearbeitet, das im Feld modifiziert wird. Im Unterschied dazu zeigt die unstrukturierte Beobachtung allgemeine Richtlinien sowie grobe Kategorien des Forschungsgegenstandes auf.

„Manche Autoren meinen, bei der ‚unstrukturierten teilnehmenden Beobachtung' und anderen qualitativen Verfahren wäre die Validitäts- und Zuverlässigkeitskontrolle gar nicht möglich (…). Dabei wird der unstrukturierten teilnehmenden Beobachtung bzw. anderen Methoden der qualitativen Sozialforschung latent so etwas wie Unwissenschaftlichkeit vorgeworfen, was falsch ist, ganz im Gegenteil: Es ist entscheidend für die Gültigkeit – und folglich auch für die Zuverlässigkeit –, dass man versucht, die empirische soziale Welt so darzustellen, wie sie für die Untersuchten (!) tatsächlich existiert, und nicht so, wie der Forscher sie sich vorstellt." (Girtler 1988: 30)

Verdeckte, aktive und passive Beobachtung
Bei der *verdeckten Beobachtung* wird die Identität als Forscher im Gegensatz zur *offenen* Beobachtung der beobachteten Gruppe vorenthalten, was je nach Fall sinnvoll oder unmöglich ist. Bei der *aktiven und passiven teilnehmenden* Beobachtung bestehen spezifische Rollenausformungen, die von totalem Aufgehen im Feld bis hin zum Verzicht auf Interaktion im Feld reichen können. Auch hier zeigen sich in der Praxis Mischformen: in der Marienthal-Studie und in Bachmanns Kaufhausbeobachtungen machen sich die Beobachter im Untersuchungsfeld nützlich, sie intervenieren sogar zum Teil, was eine starke Beeinflussung der Untersuchungseinheit bewirkt, zugleich aber auch Legitimität und Akzeptanz auf Seite der Untersuchten erzeugt. Die Trennung von teilnehmender und nicht-teilnehmender Beobachtung

---

[4] Eine im übrigen seminartaugliche und nahezu tragikomische Karikatur der Fallstricke teilnehmender Beobachtung im Feld liefert der norwegische Film „Kitchen Stories" von Bent Hamer (2003), bei dem in den 1950er Jahren Marktforscher die ideale Küche des Junggesellen kreieren wollen und ihre Mitarbeiter auf Erkundungstour in die unliebsame Einöde entsenden, was zu abstrusen Verwicklungen führt.

kann in der Praxis also nicht immer so strikt vorgenommen werden und zeigt Mischformen „mit mehr oder weniger Teilnahme" (Bachmann 2009: 266 f.).
Die *direkte und indirekte* Beobachtung bezieht sich auch auf das Verhältnis von Beobachtungsmaterial und Wirklichkeit. D. h. der Forscher ist im Vorgang der Beobachtung um eine Dimension weiter von der Wirklichkeit getrennt, der Forscher ist für die Beobachteten nicht erkennbar und die zeitliche oder räumliche Trennung vom Untersuchungsgegenstand erfordert indirekte Beobachtung. Hier sei etwa an Laborsituationen zum Eltern-Kind-Verhalten, Einstellungsgesprächen oder Ähnlichem sowie an Film- und Videoaufzeichnungen gedacht.

> Im organisationssoziologischen Setting ist prototypisch die unstrukturierte offene, teilnehmende tendenziell aktiv teilnehmende, direkte und im Feld erfolgende Beobachtung zu bevorzugen. Optimal ist es „die Selektivität jeder Beobachtung durch eine Standardisierung der Beobachtungsinhalte weitgehend zu verringern, ohne damit den Rollenerwartungen und Interaktionsverpflichtungen des Beobachters im Feld ein solches Maß an Restriktionen aufzuerlegen, dass er ständig in Rollenkonflikte gerät." (Friedrichs 1985: 289)

Teilnehmende Beobachtung ist, so lässt sich *abschließend* festhalten, zumeist unstrukturiert und erfolgt gegenüber einer Laborsituation in face-to-face Interaktionen. Sie ist offen und flexibel, natürlich und authentisch, basiert auf kommunikativen Kontakten und hat Kommunikation und Verhalten zum Gegenstand. Die teilnehmende standardisierte Beobachtung wird dort angewendet, wo keine Sekundäranalysen, Dokumente oder erfragbares Verhalten ausreichen, um Probleme zu ergründen und dort, wo die Teilnahme an Interaktionen der Personen und an ihrem Tagesablauf nötig ist. Seit den ersten kulturanthropologischen Studien findet teilnehmende Beobachtung u. a. in Gemeindestudien/Stadtteiluntersuchungen, Organisationen (z. B. im Betrieb, Verein, Krankenhaus, Strafanstalt, Militär, Jugendfreizeitheim) und subkulturellen Milieus statt. Studien über Devianz und Konformität standen zu Beginn etwa im Zentrum der *Chicago School of Sociology*, die in den 1920er Jahren den Anspruch erhob, Sozialforschung nicht aus theoretischer Entfernung oder spekulativer Erhabenheit, sondern in der unmittelbaren Auseinandersetzung mit der Wirklichkeit selbst zu betreiben (Street Corner Society, s. o.).

Bei wenigen Vorinformationen zum Feld sind erste Beobachtungsfragen eine Richtschnur, die sich im Verlauf weiterer Beobachtungen modifizieren. Dies können sein:

- Was geschieht während einer räumlich-zeitlich begrenzten Beobachtungseinheit (z. B. Arbeitssitzung, Beratung, Unterricht, Versammlung, Spiel, Pause etc.)?
- Wie ist die Beteiligung an der Veranstaltung, wer macht was und wie?

Formen der Beobachtung in der Sozial- und Organisationsforschung

- Wer steht mit wem, wie in Beziehung?
- Sind bestimmte Interaktionsmuster und Orientierungen erkennbar?
- Was passiert mit mir als Beobachterin währenddessen?

Übung zur Teilnehmenden Beobachtung

Mit der folgenden Übung zur Beobachtung einer alltäglichen Kommunikationssituation erhalten die Studierenden die Möglichkeit, sich niedrigschwellig einem Feld anzunähern und eigene Alltagsbeobachtungen von reflektierten, systematischen Beobachtungen zu unterscheiden. In der U-Bahn, im Zug, beim Sport oder Marktbesuch etc. sollen die Studierenden eigene Beobachtungen mit folgendem Bogen zusammentragen und im Kurs gemeinsam auswerten.

Gruppe: _____ Datum: _____ Dauer: _____

Indikatoren/ Thema	Was passiert? (Gesprächsthemen, Zitate)	Wie wird dies erreicht? Wie gelingt die Situation?	Persönliche Anmerkungen/ Eindrücke

Wie häufig in der Organisationsforschung praktiziert, steht auch im folgenden Anwendungsbeispiel die teilnehmende Beobachtung als eine von verschiedenen gemischt angewandten Erhebungsformen im Kontext weiterer face-to-face Befragungen:

„Fast alle Organisationsforscher, die mit der Methode der teilnehmenden Bebachtung arbeiten, setzen in irgendeiner Form andere Methoden wie themenzentrierte Interviews, Aktenanalyse, Analyse der Artefakte, Mind-Maps oder Gruppendiskussionen ein." (Bachmann 2009: 266)

6.4 Anwendungsbeispiel: Methodenmix in der Forschung zur Arbeitslosigkeit

Im hier vorgestellten Projekt in Unternehmen der Sozialwirtschaft wurden im Anschluss an die teilnehmende Beobachtung von Qualifizierungsmaßnahmen und Beratungsgesprächen nachfolgend 15 Einzelinterviews mit gering qualifizierten Erwerbslosen und Beratern, den so genannten Fallmanagern, durchgeführt. Im quantitativen Teil der Studie wurden sodann Indikatoren eines Empowerments durch teilstandardisierte Befragungen zum einen überprüft und modifiziert. In der zweiten Phase des Projektes wurden dann zum anderen Vorher-Nachher-Vergleiche zu Maßnahmebeginn und -ende unternommen, bei denen 271 Arbeitslose an zwei Projektstandorten befragt wurden.

Forschungskontext
Mit der vielfach festgestellten Umwandlung des (traditionell männlich geprägten) Normalarbeitsverhältnisses nehmen sowohl atypische und prekäre[5] Beschäftigungsverhältnisse als auch dequalifizierte und deregulierte Formen der Erwerbsarbeit zu. Zugleich steigen spätestens seit der 2005 eingeführten so genannten ‚aktivierenden' Arbeitsmarktpolitik aber auch die Qualifikationsanforderungen von Arbeit immer rascher, sodass gering qualifizierte Erwachsene, ältere Arbeitnehmer, Jugendliche ohne Schulabschluss sowie leistungsgeminderte Menschen mit geringem kulturellen Kapital nahezu als „Überzählige" (Castel 2000: 348) aus der Gesellschaft abgekoppelt zu werden drohen. Sie scheinen als ‚Leistungsgeminderte', die sich

---

[5] Prekär ist Arbeit, „wenn die Beschäftigten aufgrund ihrer Tätigkeit deutlich unter ein Einkommens-, Schutz- und soziales Integrationsniveau sinken, welches in der Gegenwartsgesellschaft als Standard definiert und mehrheitlich anerkannt wird" und „subjektiv mit Sinnverlusten, Anerkennungsdefiziten und Planungsunsicherheit in einem Ausmaß verbunden ist, das gesellschaftliche Standards deutlich zuungunsten der Beschäftigten korrigiert" (Dörre 2005: 182 f.). Zusätzlich ist der Begriff auch auf Beschäftigungsfelder und -gruppen anzuwenden, die sich bewusst gegen die Kultur und Form des männlichen Normalarbeitsverhältnisses entschieden haben wie etwa Soloselbstständige, Freelancer etc.

den Zwängen der Lohnarbeit nicht anpassen können oder wollen, gar sukzessive ihr „simples Recht auf Fürsorge" (ebd.: 374) und auf Eingliederung zu verlieren. Von welchen Arbeitslosen in diesem besonderen Segment aber eigentlich die Rede ist und wer von den ‚leistungsgeminderten' und mehrfach benachteiligten Arbeitslosen überhaupt Adressat aktiver und *aktivierender* Arbeitsmarktpolitik sein soll und kann, ist weitestgehend noch unklar. Numerisch lässt sich zwar ein Bestand von 300.000 bzw. 555.000 Personen in der Bundesagentur für Arbeit ausmachen, für den ein so genanntes *Creaming* und *Profiling* zur Bestimmung der Beschäftigungsfähigkeit und Arbeitswilligkeit ‚offeriert' und öffentlich geförderte Beschäftigungsmöglichkeiten bereitgestellt werden (vgl. Koch/Kupka 2007: 4). Die (einmalig) befristeten Arbeitsgelegenheiten richten sich dabei an Erwerbslose, die nicht in reguläre Beschäftigung oder Ausbildung vermittelt werden können und keine Eingliederungsmaßnahmen mehr durchlaufen sollen – in der Sprache der Bundesagentur für Arbeit so genannte ‚marktferne' Kunden.

Dennoch sollen – neben der Überprüfung der Arbeitsbereitschaft – schwer vermittelbare Personen durch Arbeitsgelegenheiten wieder an den Arbeitsmarkt herangeführt werden.

Vermehrt sind die leistungsgeminderte Arbeitslosen auch in ihrer Lebensführung davon betroffen, Selbstorganisationsvermögen, Kommunikationsfähigkeiten und Wissen zu erwerben. Sie werden in dieser Arbeitsmarktordnung institutionell unter mehr oder minder subtiler Strafandrohung als Gestalter und Manager ihres Projektes *Beschäftigungs- und Wissensfähigkeit* angerufen. Ein Arbeitsvermittler der ARGE oder BA hat in diesem Geflecht durch seine hierarchisch höhere Machtposition für die Arbeitslosen eine strukturell höhere Bedeutung als der einzelne Arbeitslose für den Vermittler. Ziele werden vereinbart, aber nicht ausgehandelt, Meilensteine und Maßnahmen formuliert, kurzum alles, was das *management by objectives* bietet, wird auf eine Wirklichkeit übertragen, die als betriebswirtschaftlich gedachtes Verhältnis von *Leistung* und *Gegenleistung* konstruiert wird.

Wenn durch die Logik des *Fordern und Förderns* aber eine neue Form der Zielerreichung und Mitwirkung aktivierter Agierender suggeriert wird, impliziert dies das Paradoxon, die analytisch unverzichtbare strukturell aber tabuisierte Frage nach Macht in einer rationalisierten Organisationslogik zu stellen. Dysfunktionale Maßnahmenprogramme, institutionell verankertes Nicht-Wissen und Misstrauen gegenüber einem von dieser Norm abweichenden Verhalten, der Verdacht des Sozialmissbrauchs und überkommene geschlechterstereotype Beratung prägen den Entwicklungsverlauf der Langzeitarbeitslosigkeit, die nicht auf einen Zustand oder eine kurze Momentaufnahme zu reduzieren ist.

Bislang noch weitestgehend unerforscht sind in diesem Kontext die *qualitativen* Prozesswirkungen im Geflecht der Arbeitslosigkeit und die Wirksamkeit sogenannter ‚weicher Faktoren', wie beispielsweise Empowerment, Entwicklung von Beschäftigungsfähigkeit und Ressourcen der Lebensführung, die eine weitere

Exklusion verhindern helfen (vgl. Koch/Kupka 2007; Ernst et al. 2008; Ernst/ Pokora 2009). Im Projektbeispiel geht es insbesondere darum, innovative Instrumente zur Messung des Beratungs- sowie Qualifizierungserfolges zu entwickeln und die Ergebnisqualität in Form einer Wirkungsevaluation (Untersuchung der Effizienz, Wirksamkeit und Nachhaltigkeit angebotener Maßnahmen und Programme) jenseits des Nachweiszwangs durch ‚harte' Integrationsquoten aufzuzeigen. Intensive Betreuung und Begleitung sowie gezielte Kompetenzerweiterung[6] sollen dabei in Form eines *Empowerments* als zentraler Baustein die Integrations- und Teilhabechancen Arbeitsloser steigern helfen. Zu erkennen sind die Vergemeinschaftungs- und Teilhabedimension durch Beschäftigung, aber auch Prekarisierungsprozesse und Anerkennungsverluste sowie eine hohe Erwerbsorientierung. Sie stehen für eine Subjektivierung, indem Arbeitslose zur Stärkung der Lebensführungskompetenzen ermuntert, aber auch angehalten werden, und einen durchaus nicht immer konstruktiven Druck aktivierender Arbeitsmarktpolitik.

Im folgenden Anschauungsbeispiel sind exemplarische Sequenzen von drei teilnehmenden teilstrukturierten Beobachtungen aus insgesamt 80 Beobachtungseinheiten bei den Sozialwirtschaftsbetrieben angeführt, die sich der Beratung und Qualifizierung von Langzeitarbeitslosen annehmen: Beobachtungseinheit ist das regelmäßig stattfindende ‚Beratungsgespräch'. Vergleichbare Indikatoren sind zum einen die *Begrüßungs- und Verabschiedungssequenz*, zum anderen die Frage der *Arbeitssuche* sowie die Frage, ob der Arbeitslose seine *Beschäftigungsfähigkeit* erhält. Zudem wird der aktuelle *Handlungsbedarf* aktualisiert. Im Anschluss daran werden Sequenzen aus den Interviews sowie Teile der quantitaiven Befragungsergebnisse angeführt, die sowohl inhaltliche als auch methodische Einblicke (Methodenmix und Typologienbildung) in das Projekt verschaffen sollen.

---

[6] Der Begriff des Kompetenzerwerbs war zu Projektbeginn von der Durchführungsorganisation bereits in Basis- und Kernkompetenzen untergliedert und als Lernkompetenz, Arbeitstugenden, Organisationskompetenz, sozialkommunikative Kompetenz, Sprachkompetenz, Leistungskompetenz sowie Fachkompetenz operationalisiert worden. Die Studie dient zunächst auch der Überprüfung der Gültigkeit und Tauglichkeit dieser Indikatoren.

Anwendungsbeispiel: Methodenmix in der Forschung zur Arbeitslosigkeit 95

Teilstrukturierte teilnehmende Beobachtungen (B1-3) einer Beratungssituation

Indikatoren/ Thema	Was passiert? (Gesprächsthemen, Zitate)	Wie wird dies erreicht? Wie ‚gelingt' die Situation?	Persönliche Anmerkungen/Eindrücke
Begrüßung	B1: Fallmanager (FM) begrüßt Teilnehmer (Tn, ca. 30 J., männl. dt.), Tn korrigiert seinen Namen	Direkte Ansprache, aber falsche Aussprache des Namens/ Tn behält Jacke und Mütze an	Düstere Stimmung im Raum, es regnet, im Büro brennen nur 2 Lampen
	B2: FM begrüßt Tn (ca. 24 J., männl. dt.) freundlich und erkundigt sich nach seinem Befinden.	Ich werde kurz vorgestellt u. bedanke mich für die Einwilligung zur Beobachtung.	Heller Raum, FM sitzt hinter Schreibtisch, Tn davor, ich sitze rechts hinten in der Ecke.
	B3: TN (Ca: 50 J., männl. dt.) FM: „Sie haben eine Mappe dabei?" Tn: „Falls ich was mitschreiben muss." FM: „Oh, das hat man selten."	FM scheint erstaunt zu sein.	Fraglich ist, wie andere in das Gespräch gehen.
Stellensuche/ Ausbildungs- platz/Qualifi- kationen	B1: Es ist noch kein Platz im Sozialbetrieb frei, FM zeigt Alternativen (Küchenarbeit) und weitere Schritte auf, Tn fragt, „wie sind denn meine Beurteilungen?" und erfährt dass „alles ok" ist.	Tn reagiert einsilbig, wippt mit dem Fuß, FM schaut unbeeindruckt in Unterlagen u. nicht zum Tn.	Tn bewegt angestrengt seinen Unterkiefer.
		Ich staune, dass er das von sich aus fragt.	
	B2: FM fragt nach Vorstellungsterminen, was vermeint wird. Tn: „Warum werde ich so schnell in eine Maßnahme gedrückt, wo doch hier die guten Schulungen laufen und ich viel lerne?" FM: „Das ist kostenbedingt und nicht auf unserem Mist gewachsen!" Tn hofft, dass er es „nicht lange machen muss". FM: „Wie gefällt es Ihnen denn sonst so? Tn führt Kritik an „sinnlosem" Zusammenbauen von Schränken an und FM erwidert: „Ja, das höre ich öfter, da ist es weniger attraktiv zu arbeiten." FM erkundigt sich nach laufenden Bewerbungen, informiert über Kostenerstattung. Tn bejaht und spricht vom Job am Hafen, fürchtet, dass es nur Zeitarbeit sein wird. FM: „Also bewerben Sie sich gar nicht auf Zeitarbeit?" Tn: „Ne, ich bewerbe mich nur auf Stellen, die fachlich und längerfristiger sind!"	FM erklärt die Lage FM kommt aus der Reserve, geht auf Tn ein, schaut ihn an.	FM zeigt Mitgefühl aber auch Unbehagen. Immerhin ein Dialog, obwohl bei Durchgang des Fragebogens zu schnell für den Tn Kreuzchen, Häkchen im Fragebogen gemacht werden, ohne dass Tn alles begreifen kann: Routine wird ‚abgerissen'. Ich denke an unsere Betriebsbesichtigung, sehe die Werkstätten vor meinem geistigen Auge. Tn fürchtet Dequalifizierung, auf Normalarbeitsverhältnis orientiert. FM wirkt etwas rat- und hilflos.

Aktueller Handlungsbedarf/Konflikte?	B3: FM: „Sie haben sich, was Ihre Kompetenzen betrifft, ja eher mittelmäßig eingestuft." FM: „Wie Sie sehen, hat Ihre Anleiterin Sie durchweg als gut motiviert und lernbereit eingestuft."	TN ist ruhig, gelassen. Blickt den FM direkt an. TN nickt. TN nickt.	
	B1: das Telefon klingelt mehrfach, FM geht ans Telefon, spricht, legt auf. Fragt dann nach Lebensweise und finanziellen oder Suchtproblemen: Tn: „was heißt problematisch?", Tn beschwert sich über Öffnungszeit der Bibliothek: „die Herrschaften haben da ja nie Zeit"	weist Suchtprobleme entschieden von sich	FM entschuldigt sich nicht für Unterbrechung, Tn stoisch. FM spricht wie über das Wetter, wohl um die Intimität der Fragen zu überspielen?! Tn regt sich darauf, gestikuliert mit den Armen. Anspannung löst sich, FM regungslos
	B2: FM fragt: „Haben Sie Schulden?", Tn bejaht und gibt 5000 € Schulden an, lebt in Wohnheim, weil Geld für Wohnung nicht reicht.	Wohnungs- und Schuldenprobleme werden detailliert angesprochen: Tn bekommt nur späte Termine bei Schuldnerberatung.	„die klassische Problematik" Kreislauf
	B3: FM: „...Gibt es Probleme bei Ihnen?"/TN: „Naja, ne Wohnung hab ich. Aber die anderen Mieter nerven. Wenn man nen Job hat, dann kann man sich auch ne größere Wohnung leisten." FM: „...Brauchen Sie eine Schuldnerberatung?" TN: „Ich hab keine."	TN weiterhin ruhig, FM auch TN lächelt.	
Ende	B1: FM klappt Akte zu und verabschiedet den Tn.		
	B2: Tn schüttelt mir und dem FM die Hand. FM: „Gut dann auf Wiedersehen!"		Im Anschluss drückt FM sein Bedauern und die Hoffnung aus, dass der TN mit diesem seltenen und „interessanten Beruf" eine Arbeit findet. Er vermutet, dass seine Fahrertätigkeit nicht so das richtige für TN ist, denn diese sei fachlich zu weit von seinem Beruf entfernt.
	B3: FM: „...Das war's auch schon. Sie kommen dann zur internen Arbeitsagentur, die betreuen Sie dann weiter." FM erklärt ausführlich, dass die unterschiedlichen Kooperationspartner unterschiedlich hohe Beträge an die TN zahlen. TN unterbricht FM: „...Wie viele Euros ich wo bekomme, ist mir erst mal egal."	TN guckt FM an, kneift kurz die Augen zusammen.	Der FM berichtet nach dem Gespräch, dass das insofern kein typisches Gespräch gewesen sei, als der TN so abgeklärt war. Dies liege wohl daran, dass er schon die eine oder andere Maßnahme hinter sich habe und wisse, wie er sich „zu benehmen" hätte. FM kann eigentlich nicht verstehen, warum der TN noch arbeitslos sei, da er Abitur und eine abgeschlossene Ausbildung habe. „Interessant" sei noch, dass es einen „Knick" im Lebenslauf gegeben habe. Die erste Zeit seines Berufslebens habe der TN lückenlos gearbeitet, danach begannen Arbeitslosigkeit, Zeitarbeit und wieder Arbeitslosigkeit.

Schon auf den ersten Blick wird erkennbar, wie sehr das Interaktionsgeschehen von der Art und Weise der gegenseitigen Ansprache und der Kommunikationskompetenz beider Gesprächspartner geprägt ist. Während der Fallmanager im zweiten und dritten Beispiel (B2 und B3) über gewisse kommunikative und Beratungskompetenzen verfügt und durch Einfühlsamkeit den Teilnehmer aufzufangen versucht, zeigt sich in der ersten Beobachtungssituation eine regelrecht unfreundliche Umgangsweise, die frappierend ist und Gegenreaktionen heraufbeschwört. Da in der Forschung bislang noch kaum systematische Einblicke darüber gewonnen wurden, wie sich unter der *neuen* Gesetzgebung Beratungsprozesse und der Umgang mit Erwerbslosen gestalten, erhielt das Forschungsteam hier wertvolle Hinweise für das weitere Vorgehen im Feld. In anschließenden leitfadengestützten Interviews wurden Fallmanager und Arbeitslose auch zu diesem Themenkomplex befragt. Deutlich wurde, dass ein extrem gestiegener Zeitdruck, auf 15 Minuten verkürzte Beratungszeiten und permanent sich ändernde Rahmenbedingungen sowie damit einhergehend gestiegene Qualifikationsanforderungen das Beratungsgeschehen und auch den Prozessverlauf der Arbeitslosigkeit stark beeinflussen. Eine der befragten Fallmanager spricht zum Beispiel den resignativen Aspekt der neuen Gesetzeslage an, wenn die starke Konfrontation mit der negativen Stimmung der Teilnehmer beschrieben wird:

„Also womit man doch ganz stark konfrontiert wird, das ist diese Resignation der Teilnehmer und Teilnehmerinnen. Und das ist irgendwo, ist nachvollziehbar, wenn man sich so die Arbeitsmarktlage ansieht. (Seufzend) Da wieder so 'n bisschen Resignation auch aufzubrechen und wieder so Mut, Mut zu machen, das ist, hört sich vielleicht ein bisschen platt an, aber das ist wichtig!" (Fallmanagerin: 110–122).

Bezogen auf die Lern- und Entwicklungsprozesse stellt sie auch eine gewisse Zufriedenheit fest, wenn sie erkennt, dass einige Teilnehmer von den angebotenen Qualifizierungsmaßnahmen profitieren können:

„… was so in einigen Fällen auch schon gar nicht mehr der Fall ist, wo es immer auch wieder Personen gibt, die kommen zu uns und sind so was von isoliert und möchten eigentlich auch gar nicht raus. So wirkt es zumindest … in ihrer Isolation, haben sich da eingerichtet irgendwie, haben denn so ihre, haben es sich kuschelig gemacht und, äh, trotz alle dem merkt man, dass ihnen da ganz viel fehlt auch so … an Lebenslust und … Aber die haben richtiggehend Angst, sich auf andere zu zu bewegen und so auch Angst vor dem Arbeitsalltag. Und es ist unglaublich, wie denn zu beobachten, dass bei vielen, dass sich abbaut, so diese Hemmnis sich dann auch … Dass sie auch zunehmend stabiler werden … Und trotz alldem, also wünschte ich mir da auch mehr Zeit, um mich zu engagieren." (Fallmanagerin: 117–121)

Im Sozialunternehmen wird eine – wenn auch deutlich auf „Verteilerfunktion" (FM: 331–336) reduzierte – Hilfe zur Lebensbewältigung und eine Stütze der sozialen

Integration sichtbar, wenn festgestellt wird, dass die gestiegenen Anforderungen auf dem allgemeinen Arbeitsmarkt, etwas sind,

> „was sehr stark belastet und wo auch wirklich nur immer mehr so *ganz starke Persönlichkeiten dem standhalten können* und es irgendwo Menschen sind, die *da labiler sind, die halten das nicht mehr aus*. Und für die dann irgendwie dann doch noch so was zu schaffen, wo sie sich gesellschaftlich zugehörig fühlen, also bei einer Organisation oder einem Arbeitsmarkt, wo sie auch ihre Anerkennung bekommen, ihre Bestätigung, irgendwie ihr Zugehörigkeitsgefühl entwickeln können oder *aufrecht* erhalten können, [ist schwierig, S.E.]." (FM: 303–312)

Die befragten Langzeiterwerbslosen[7] sehen dies unterschiedlich. Bislang lassen sich in unserem laufenden Projekt zunächst grob zwei Typologien ausmachen: *Pragmatiker* auf der einen und *Entmutigte* auf der anderen Seite.

Die *Pragmatiker*, sind seit ca. ein bis 15 Jahren arbeitslos, verfügen über eine Berufsausbildung, Haupt-, Realschul- oder Gymnasialabschluss, sind deutscher oder ausländischer Herkunft und meist allein lebend bzw. allein erziehend. Für sie ist teilweise das Überleben in der Arbeitslosigkeit quasi ‚Lebenskunst', sie zeichnen sich durch eine positive Lebenseinstellung und Erwartungshaltung, hohes Durchhaltevermögen, aktive und selbständige Lebensführung wie auch eine gute Alltagsorganisation aus, bei der „Ordentlichkeit, Korrektheit" und kontinuierlicher Wissenserwerb Halt geben. Vor allem die unterstützende Seite der Maßnahmen wird hervorgehoben, Arbeitsgelegenheiten (AGHs) werden eher als Chance denn Zumutung gesehen. Sie versuchen, sich zu arrangieren und fallen durch eine hohe berufsfachliche Arbeitsorientierung und Freizeitaktivitäten auf (Typ I).

Durch die Qualifizierungsmaßnahme Sozialkontakte knüpfen und eine regelmäßige Lebensführung mit festem ‚Tagesrhythmus' aufnehmen zu können, wird in Gruppe I ebenso genannt wie das Gefühl, aus der (häuslichen) Isolation herauszukommen. Neben den gewonnenen Sozialkontakten sind es auch die berufsfachliche Orientierung und das Tätigsein an sich, die die klassische berufliche Identität und den Effekt der Maßnahme ansprechen.

Die *Entmutigten* (Typ II), haben dagegen überwiegend *kein* berufsfachliches Selbstverständnis, was auf abgebrochene Berufsausbildungen oder fehlende Schulabschlüsse zurückzuführen ist. Ihre Arbeitslosigkeit besteht zwischen 14 Monaten und 9 Jahren, sie sind verheiratet, verpartnert oder allein lebend. Hohe Erwartungen, fehlende Netzwerke und das Gefühl, ausgeliefert zu sein, prägen ihre entmutige Sicht. Sie zeigt sich auch darin, dass die AGHs als Zwang, Überforderung und Entwürdigung erlebt werden. Ihre Lebensführung lässt sich eher

---

[7] Zur besseren Veranschaulichung werden die Arbeitslosen unserer Stichprobe mit Namen tituliert, die aber als Pseudonym zu verstehen sind.

als fremd bestimmt beschreiben, was eine Alltagsorganisation partiell schwierig macht und wenig Eigeninitiative erlaubt.

Besonders in Abgrenzung zu ‚ausbeuterischen' Tätigkeiten wird dabei ein teils hoch aufgeladenes Berufs- oder Erwerbsideal gleichsam als Selbsterhaltungsstrategie wiederholt von den Befragten *beider* Gruppen enaktiert. Gerade vor dem Hintergrund, dass der Staat ‚Arbeitslosigkeit bezahle', sehen sich etliche Befragte in der Pflicht, eine Gegenleistung in einem gewissermaßen würdigen Rahmen zu erbringen, ohne als „drittklassige Arbeiter in der Gesellschaft" (Herr Pereira: 650–652) ausgenutzt zu werden (vgl. Herr Mosshavi: 728–732).

Bezogen auf die Aspekte der Teilhabe und Integration durch Arbeit und Beschäftigung stellen die Befragten der Gruppe I zum einen fest, dass sie mit der Maßnahme wieder „etwas zu tun (...) haben", eine Tagesstruktur finden, sich an einen gewissen Arbeitsrhythmus gewöhnen und „wieder festen Fuß fassen" (Frau Gleichmann: 222 ff.) können. Andere weisen dabei aber keine Orientierung am Normalarbeitsverhältnis mehr auf und suchen „die Erfüllung (...) eher in der Freizeit und im Privatleben" (Herr Meier: 570) oder in der Selbständigkeit (vgl. Frau Zimmer).

Die Befragten aus Gruppe II setzen dagegen auf eine „Festeinstellung" (Herr Ypsen: 121), die wichtiger ist als der Arbeitsinhalt. Sie grenzen sich stark von anderen Maßnahmeteilnehmern ab, die in ihren Augen ein „Drückebergertum" (Herr Carstens: 448 ff.) verkörpern, sich „echt die Zeit totzuschlagen" (Herr Eligmann: 294) versuchen, besser Deutschkurse bräuchten, statt wie „Bettler" (Herr Mosshavi: 594 f.) aufzutreten.

Die in der Maßnahmenwelt durch bestimmte Betreuungs- und Förderstufen enaktierte Ungleichheitsordnung zwischen ‚ordentlichen' und ‚unordentlichen' Arbeitslosen setzt sich hier eigentümlich individualisierend und ethnisierend fort. ‚Ordentliche', pragmatische Arbeitslose grenzen sich gegenüber dem zweiten Typus der Entmutigten ab, indem sie ihnen Motivation und Arbeitswillen absprechen und sich in der Bewilligungspraxis oft benachteiligt und unfair behandelt fühlen, da sie sich ja mehr engagierten (vgl. Ludwig-Mayerhofer et al. 2009: 189 ff.).

Der aller Aussichtslosigkeit zum Trotz bestehende starke Wunsch aller Befragten nach einer festen Stelle verweist auf die hohe Relevanz von Arbeit im Selbstbild und in der individuellen Gewissensbildung schlechthin. Die als ‚marktfern' titulierten ‚Betreuungskunden' haben hier ein feines Gespür dafür, was *sinnvolle* Tätigkeiten sind und was die Grundlage von Identität und Teilhabemöglichkeiten ausmacht.

Hier offenbart sich der Widerspruch zwischen dem normativen Druck bzw. der gesellschaftlichen Gewissensbildung, ein geregeltes Leben führen zu müssen, und der Erfahrung, dass die Zeitstrukturierung sich in der Arbeitslosigkeit stark verändert. Deutlich wird damit auch, dass arbeitsmarktpolitische Rahmenvorgaben im Figurationsgeflecht der Arbeitslosigkeit die individuellen Lebens- und Alltagserfahrungen sowie Bewältigungsmuster maßgeblich prägen. Die Möglichkeit, eine längerfristige Lebens- oder gar Arbeitsplanung zu entwickeln, wird in dieser prekären Lebenslage schlichtweg ad absurdum geführt, stellt sich im Anforderungsprofil an den subjektivierten potenziellen Arbeitskraftmanager der Hartz-IV-Utopie aber als selbstverständlicher Referenzpunkt dar.

Bei der hier im *Methodenmix* gewiss nur auf einen kleinen Ausschnitt bezogenen quantitativen Betrachtung, ob und inwiefern positive Wirkungen der angebotenen Maßnahmen festzustellen sind, zeigen sich weiterhin interessante Befunde, die auf die Funktion der Sozialwirtschaft verweisen, in der Transformation der Arbeitsgesellschaft marginalisierte Gruppen einzubinden, die sonst von gesellschaftlicher Teilhabe und Integration durch Wissensvermittlung abgekoppelt zu werden drohen. So zeigen die Auszählungen zur Wirkung ausgewählter Empowermentmaßnahmen anhand der für den Bereich der Basis- und Kernkompetenzen (s.o.) operationalisierten Indikatoren ‚Integration', ‚Stressbewältigung', ‚Teilhabe', ‚Sozialkontakte', ‚Alltagsorganisation', ‚Tagesstruktur' und ‚unter Leute kommen' weitgehend positive Steigerungen auf.

Tabelle 2   Wirkung ausgewählter Empowermentmaßnahmen

Item	Standort I t1 und t2: n = 104	Standort II t1 und t2, n = 86
Soziale Integration	Steigerung um 2,5 % auf 87,5 %	Gleich bleibend bei 54,5 %
Stressbewältigung	Steigerung um 12 % auf 72,5 %	Steigerung um 6 % auf 31 %
Teilhabe	Steigerung um 2,5 % auf 90 %	Steigerung um 14 % auf 92 %
Sozialkontakte	Steigerung um 5 % auf 67,5 %	Steigerung um 5 % auf 73 %
Alltagsorganisation	Steigerung um 5 % auf 75 %	Steigerung um 25 % auf 65 %
Tagesstruktur	Steigerung um 7,5 % auf 85 %	Steigerung um 7,5 % auf 85 %
Unter Leute kommen	Steigerung um 23 % auf 73 %	Steigerung um 15 % auf 88 %

6.5 Qualitative Inhaltsanalyse

Nach diesem kurzen Auszug über die Verbindung teilnehmender Beobachtung und der Durchführung von Interviews im Feld der Arbeitslosigkeitsforschung soll im Folgenden die qualitative Inhaltsanalyse zunächst dargestellt und ebenfalls an einem ausgewählten Anwendungsbeispiel illustriert werden. Die qualitative Inhaltsanalyse dient der Auswertung komplexen sprachlich fixierten Materials wie etwa Protokolle, Dokumente, Transkripte, Essays, Ratgeberliteratur etc., das nicht in direkter Interaktion ermittelt werden kann, „weil die Zielpersonen nur schwer oder auch gar nicht mehr erreichbar sind" (Mayring 1995: 47). Philipp Mayring stellt dabei auch zwanzig Jahre nach der Erstauflage seines Lehrbuchs Qualitative Inhaltsanalyse fest, dass bislang immer noch „keine systematische, umfassende Anleitung zur Auswertung" dieser spezifischen Materialform entwickelt worden ist, aus der man „klare Interpretationsregeln ableiten könnte" (2008: 10). In der Sozialforschung wird die qualitative Inhaltsanalyse zumeist in Kombination mit narrativen, biografischen oder Experteninterviews sowie mit teilnehmender Beobachtung und Dokumentenanalyse verwendet. Diverse Softwarelösungen erleichtern es inzwischen, transkribierte und andere Textdokumente aufzubereiten und systematisch zu analysieren (vgl. Gläser/Laudel 2006; Mayring 2008).

Die *Häufigkeitsanalyse* (Frequenzanalyse) ist eine der Grundformen inhaltsanalytischer Methodik, bei der bestimmte Elemente des Textmaterials miteinander verglichen werden. Von Interesse sind etwa die Häufigkeit bestimmter Themen, manifester und latenter Inhalte, Assoziationen, Kontexte und Erklärungsansätze, die im Material vorgefunden werden. Festgelegt wird zum Beispiel, ab wann ein bestimmtes Thema als behandelt gilt. Eine systematische Herangehensweise erlaubt, „größere strukturelle Zusammenhänge" (Früh 1991: 153 ff.) zu erkennen, Tendenzen sichtbar zu machen und mit einem formalen und inhaltlichen Vergleich Gemeinsamkeiten der Quellen hervorzuheben. Die *Analyse von Stilmittel- und Argumentationsebene* hilft dabei, latente Sinngehalte oder subtile Deutungsmuster zu erforschen und sich gegenüber einer „platten, vordergründigen" (ebd.: 211) Inhaltsbeschreibung der Texte abzusichern. Während explizite Argumente ein eindeutiges Pro und Contra zu einem bestimmtem Thema verdeutlichen und Tendenzen leicht erkennen lassen, kann die Betrachtung stilistischer Elemente wie Ironisierungen, Präsuppositionen, Konnotationen, Euphemismen, Suffixe, Adverbien, Komparative, Superlative, Wiederholungen, Redundanzen, allgemeingültige Aussagen und Assoziationsketten auf implizite Aussagen eines Textes aufmerksam machen. Der Verweis auf den Status einer Quelle kann Auskunft über die Tendenz und den Standort des Textes und seines Verfassers erteilen (vgl. ebd.: 222 ff.). Mayring (1995) schlägt am Beispiel der Analyse von Schulunterricht eine neunstufige Abfolge von Analyseschritten vor, die hilft, das umfangreiche Material sukzessive zu verdichten.

Es bestehen verschiedene Formen der Inhaltsanalyse wie die *zusammenfassende Inhaltsanalyse*, die sich auf die rein inhaltliche Ebene des Materials und Überschaubarkeit konzentriert. Sie reduziert das Textmaterial bis auf die wesentlichen Inhalte und einen überschaubaren Kurztext. In einzelnen Analyseschritten werden dann differenziert die Auslassungen, Generalisierungen, Konstruktionen, Selektionen und Bündelungen der Texte betrachtet. Die *explizierende Inhaltsanalyse* verfolgt dagegen das systematische Sammeln von Explikationsmaterial und einzelnen, unklaren Textbestandteilen, die durch zusätzliches Material (vom Textumfeld bis zur Zielgruppe und soziokulturellem Hintergrund u. a.) verständlich gemacht werden. Bei der *strukturierenden Inhaltsanalyse* entsteht durch genaue Formulierung von

Definitionen, typischen Textpassagen und Kodierregeln ein Kodierleitfaden, der die Strukturierung des Materials präzisiert. Bestimmte Aspekte werden unter festgelegten Ordnungskriterien herausgefiltert, als Querschnitte an das Material gelegt oder nach bestimmten Kriterien eingeschätzt (formale, typisierende und skalierende Vorgehensweisen). Geklärt werden sollte bei der Entscheidung für eine Inhaltsanalyse zunächst auch, ob der Text selbst, der Textproduzent, der Objektbereich, die Zielgruppe oder der Textgegenstand mit seinem soziokulturellen Hintergrund untersucht werden sollen.

Abbildung 14   Ablaufmodell qualitativer Inhaltsanalyse

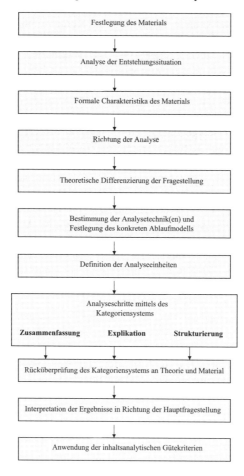

Die Analyse *historischen* Textmaterials stellt sich dabei als besondere Herausforderung für eine *prozessorientierte* rekonstruktive Sozialforschung dar. Wenn zudem, wie im folgenden Anwendungsbeispiel, literaturhistorische Dokumente soziologisch auszuwerten sind, scheint sich zunächst kaum ein spezifisch soziologischer Zugang zu ergeben. Der methodologische Nutzen einer rekonstruktiven Inhaltsanalyse, die langfristige Prozesse sukzessive nachzeichnet, besteht wie in diesem Fall von Ratgebertexten allerdings darin, bestehende hegemoniale Konstruktionen zeitgenössischer Texte in ihrer langfristigen Genese und gesellschaftlichen Verflechtung aufzuspüren. Am Beispiel der gerade auch außerwissenschaftlich geführten Debatten um Wissenschaft, Beruf und Geschlecht können die Wurzeln der bipolar konstruierten, ungleichen und vergeschlechtlichten westlichen Wissenschafts- und Geschlechterkulturen freigelegt werden.

6.6 Anwendungsbeispiel: Inhaltsanalyse in der Professions- und Geschlechterforschung

Forschungskontext
In der organisationssoziologischen Forschung zur Aufrechterhaltung von Geschlechterungleichheiten in hochqualifizierten Professionen werden u. a. Aspekte sozialer Schließung, der ‚tokenism' (Kanter 1977), die geschlechtsspezifische Arbeitsmarktsegregation und Sozialisationsprozesse, die so genannte ‚Gläserne Decke' und die prinzipielle ‚Vergeschlechtlichung' (Wetterer 1992) von Professionen angeführt. Im vorliegenden Fall wird insbesondere der Frage nachgegangen, wie sich diese Vergeschlechtlichungsprozesse in einer langfristigen Perspektive auf sozio- und psychogenetischer Ebene darstellen und sich gruppensoziologisch vollziehen. Damit wird unweigerlich die Frage des Zusammenhalts von Gruppen und der Inklusion sowie Exklusion von Individuen in Organisationen als „Spiel und Widerspiel von langfristigen dominanten Trends und Gegentrends" (Elias 1977: 539) wichtig. Ein weiteres Kennzeichen der hier vorgestellten prozessorientierten Analyse ist dabei, dass im Kontext der sozioökonomischen Bedingungen überprüft wird, wie sich der Zugang von Frauen in diese gesellschaftlich privilegierten und monopolisierten Positionen gestaltet und ob sich dieser Prozess als ein Verhältnis von *Etablierten und Außenseitern* beschreiben lässt. Das zugrunde gelegte empirisch-theoretische Analysemodell der *Etablierten-Außenseiter-Beziehung* (Elias/Scotson 1994) wurde 1965 in einer Gemeindeuntersuchung entwickelt, um raum-zeitliche Strukturen sozialer Ungleichheit und ihrer Aufrechterhaltung zu analysieren. Es basiert auf der wechselseitigen Dynamik von Unterordnung und Überlegenheit: *Lobklatsch* gegenüber der eigenen, *Schimpfklatsch* gegenüber den Außenseitern dienen dazu, ein machtvolles Selbstbild der etablierten Gruppe zu kreieren. Auch in sozial *gleichen* Formationen werden Lob- und Schimpfklatsch

in einem langfristigen, interdependenten Prozess verinnerlicht. Eingerahmt in die Analyse von sich wandelnden Machtbalancen wird beobachtbar, dass Frauen häufig Adressatinnen von Schimpfklatsch und Vorurteilen sind, wenn sie sich beruflich in traditionellen Männerdomänen bewegen. Sie sind im spezifischen Verflechtungsgefüge beruflicher, politischer und wissenschaftlicher Spitzen- und Führungspositionen gleichsam relative Neulinge und Außenseiterinnen.

Die inhaltsanalytische Auswertungsmethode bezieht sich in diesem Fallbeispiel der Geschlechter- und Professionsforschung auf einen Ausschnitt aus n = 86 als Grundgesamtheit z. T. schwer zugänglicher ausgewählter Sittenlehren, Anstands- bzw. Benimmbücher und moderner (Frauen-)Ratgeberbücher. Die Untersuchung sozialer Deutungsmuster zu Geschlecht/Berufung und Beruf geht auf quellenkritische Aspekte ein und fragt nach dem Adressatenkreis, der Milieubindung des Verfassers, der Themenwahl, dem historischen und gesellschaftlichen Kontext, in dem die Texte entstanden sind und dem Bildungsgrad einer Gesellschaft. Als ein Teilbereich wird dabei die Geschlechterbeziehung herausgegriffen und auf die Frage konzentriert, wie das Thema der Erwerbstätigkeit, Wissensfähigkeit und Wissenschaftstätigkeit von Frauen aufbereitet und diskursiv anschlussfähig gemacht wird.

Die Auswertung der hier betrachteten Literatur als einem bestimmten zentralen Orientierungs- und Kommunikationsmittel der Gesellschaft ist in die zivilisationstheoretische Prämisse eingebettet, dass sich in den normativen Aussagen von Ratgeberliteratur soziale Figurationen der Macht zwischen den Geschlechtern mit ihren besonderen und ambivalenten Regeln, Normen und Werten explizieren. Dabei geht es über die symbolische Ebene hinaus um die soziologische Funktion, um den spezifischen sozialen Eigensinn geschlechterstereotyper Vorstellungen im Prozess gesellschaftlicher Entwicklungsschübe. Der dauerhaft zu beobachtende Rückgriff auf Stereotype über Mann und Frau kann in diesem Zusammenhang als Versuch begriffen werden, das gesellschaftlich komplexe Spannungs- und Konfliktgefüge der Geschlechter zu balancieren und für den sozialen Alltag funktional äquivalent anschlussfähig zu machen.

Bestimmung des Textmaterials
Der boomenden Ratgeberliteratur kommt eine hohe soziale Relevanz zu, die umso signifikanter wird, als stetig steigende Auflagenhöhen und Differenzierungen innerhalb dieser Textgattung zu beobachten sind. Diese spezifische Literaturform gewährt besonders in Zeiten des gesellschaftlichen Umbruchs und der sozialen und räumlichen Mobilität Einblicke in die vielfältigen Antwortmöglichkeiten und Orientierungen über das geforderte, gewünschte und sanktionierte Verhalten. *Freiherr Adolph von Knigge* (1752–1796), der als Prototyp der Gattung von Umgangslehren im Umbruch des 18. und 19. Jahrhunderts gilt, die zwischen

höfischer Abhängigkeit und aufklärerischer Emanzipation zu vermitteln suchen, fasst 1788 seine folgenreiche Schrift *Über den Umgang mit Menschen* ab, die bis 1922 allein 20 Neuauflagen erzielt. Knigge dient bis heute als Namensgeber für zahlreiche Formen von Ratgebertexten, die mit dem Originalwerk jedoch kaum noch verwandt sind. Durch Knigges Umgangsbuch ist ein Literaturtypus entstanden, der sich von den vorhergehenden Sittenlehren unterscheidet, indem nun für nahezu ‚Jedermann', insbesondere aber ambitionierte soziale Aufsteigerinnen und Aufsteiger geschrieben wird und innerhalb einer „Flut populärer und populärwissenschaftlicher Schriften (…) gesellschaftspolitische und ethische Fragen der Zeit" (Döcker 1994: 32) kritisch aufgegriffen werden.

Gegenstandsbereich
Die Frage der Geschlechterdifferenzen ist ein zentrales, vielfach rezipiertes Thema im gesellschaftlichen Entwicklungsprozess, das unterschiedliche Deutungsangebote evoziert (vgl. Döcker 1994: 219 ff.). Die Formen wie auch Inhalte der Ratgebertexte haben sich zwar im historischen Verlauf geändert, das anhaltende Bedürfnis nach Orientierung, der lukrative Markt wie auch das Erfolgsversprechen zeichnen die Sittenlehren des 18., die Anstands- und Manierenbücher des 19. wie auch die moderne Ratgeberliteratur des 20. und 21. Jahrhunderts nach wie vor aus. Die auktoriale Erzählerin, der erfahrene Freund und der fiktive Dialog, geschmückt mit vermeintlich wahren Begebenheiten, laden zur Identifikation ein. Suggeriert wird, am gesellschaftlichen Leben teilzuhaben und sich mit einem zusehends als individuell zugerechneten Problem gut aufgehoben zu fühlen. Berücksichtigt man zum Beispiel den sozioökonomischen Kontext der höfisch-absolutistischen Gesellschaft, dann zeigen sich in dieser Epoche ein fünffacher Anstieg der Schriftstellerzahlen und ein extensives Lektüreverhalten (vgl. Kiesel/Münch 1977: 78 ff., 167). Denkbar ist, dass vor allem *adelige* Schriftstellerinnen als Konkurrenz für die ohnehin in einer prekären Wirtschaftslage existierenden *bürgerlichen* Schriftsteller gesehen werden. Die vielfach in der damaligen Bildungsdiskussion geäußerte Sorge um eine vermeintliche Überforderung der geistigen Kräfte der Frau findet bei Knigge ihren starken Ausdruck.

Textinterpretation
Höhepunkt seiner Schilderung ist die drastische Skizzierung des *Gelehrten Frauenzimmers*, das beim Autor nicht nur „Fieberfröste", sondern Ekel und schließlich Mitleid auslöst: Sich um Bildung zu bemühen, wahrt in Knigges Verständnis noch die Grenzen weiblichen Anstands, sich jedoch zu ‚erkühnen', ‚umherzuschweifen', entschieden aufzutreten und sogar Machtsprüche zu wagen, brächte nicht nur die Ordnung der Geschlechter ins Wanken. Vielmehr gilt dieses ‚unweibliche' Betragen

einer Frau wenn nicht als Anmaßung, so doch als Verstoß gegen die zeitgenössische Vorstellung von Normalität. Indem dieses Verhalten zudem als mitleiderregend dargestellt wird, zeigt sich die Reichweite eines überhöhten Gruppencharismas, das Knigge seinen Geschlechtsgenossen zuordnet. Beispiele für das anmaßende Betragen einer Frau stecken den Negativhorizont der Darstellung ab und werden als Schimpfklatsch eingesetzt. Vielfach geäußertes Argument und Auslöser männlicher Unterlegenheitsgefühle ist der Vorwurf des bürgerlichen Abstiegs durch eine vom ‚gelehrten Frauenzimmer' zerstörte Haus- und Geschlechterordnung:

> „Dann sieht sie die wichtigsten Sorgen der Hauswirtschaft, die Erziehung ihrer Kinder und die Achtung unstudierter Mitbürger als Kleinigkeiten an, glaubt sich berechtigt, das Joch der männlichen Herrschaft abzuschütteln, verachtet alle anderen Weiber, erweckt sich und ihrem Gatten Feinde, träumt ohne Unterlass sich in idealische Welten hinein; Ihre Phantasie lebt in unzüchtiger Gemeinschaft mit der gesunden Vernunft; Es geht alles verkehrt im Hause; Die Speisen kommen kalt oder angebrannt auf den Tisch; Es werden Schulden auf Schulden gehäuft; der arme Mann muss mit durchlöcherten Strümpfen ein herwandeln (...)." (Knigge 1788: 196)

Texteditionen im Vergleich
Um den langfristigen Wandel der Argumentations- und Konstruktionsarbeit zur weiblichen Intellektualität nachzuvollziehen, werden die Folgeauflagen von Knigges *Umgang mit Menschen* analysiert. Sie zeigen bemerkenswerte Veränderungen in Duktus und Inhalt. Bereits die Vorrede der dritten Auflage von 1790 beinhaltet Zusätze, die auf die große Resonanz des Umgangsbuches aufmerksam machen sollen. Die Veränderungen des Kapitels *Über den Umgang mit Frauenzimmern*, insbesondere mit *Gelehrten Frauenzimmern* lassen nach etwaigen Erweiterungen, Verstümmelungen, Glättungen oder grundsätzlichen Änderungen fragen, wie Thomas Pittrof (1989: 64), Ulrike Döcker (1994: 33) und Katherina Mitralexi (1984: 131, 140ff.) für das Gesamtwerk konstatieren. In Karl Gödekes 13. und 20. Knigge-Ausgabe von 1853 und 1922 zeigen sich in der Tat auch im Kapitel über den Umgang mit Frauenzimmern erhebliche Veränderungen des Textes, die über rein grammatikalische oder orthographische Aktualisierungen weit hinausgehen.

Als Abschwächung und Verstärkung zugleich kann die von Gödeke veränderte Passage über die Gelehrte verstanden werden: Der Autor wird nicht mehr unmittelbar von einem ‚Fieberfrost' geplagt. Der durch ein anonymes ‚man' ersetzte Ich-Erzähler weiß aber von einer allgemeinen „Abneigung gegen so genannte Gelehrte Frauen" (Knigge 1853: 190) zu berichten. Der Verweis auf die Nutzlosigkeit des weiblichen Unterfangens, mit Männer konkurrieren zu wollen, fällt hier zudem gänzlich weg, was zeigt, dass Frauen gleichwertige Bildung nicht mehr eingeräumt wird. Ebenfalls weniger beschönigt als vielmehr auf eine gleichbleibende Misogynie reduziert ist das Argument der sogenannten ‚Alibigelehrten' (token) als einer Minorität der Schlechtesten. Wenn überhaupt, dann seien es einige wenige Frauen, deren Belehrung, Unterhaltung, Trost und Bildung durchaus annehmbar seien, und – da geht Gödeke über Knigge hinaus – durch die es in Kauf genommen werden müsse, dass der Haushalt vernachlässigt werde. Eine Frau, die sich hervortun will, „wie ein Mann das Wort an sich reißt" und die „Bescheidenheit des Weibes in sich erstickt hat, ohne die Fähigkeiten des Mannes erwerben zu können" (Knigge 1853: 199), wird in der Gödeke-Ausgabe zwar nach wie vor gescholten. Nun wird jedoch in Kauf genommen, dass die häuslichen Pflichten leiden:

> „Geschieht es, was liegt daran! Was ist an der Unbequemlichkeit einiger wenigen Menschen gelegen, wenn Tausende und aber Tausende aus den Schriften einer Frau Erheiterung, wahres Vergnügen, Belehrung, Trost, Warnung und Bildung schöpfen." (Knigge 1853: 192)

Während in der Erstauflage noch davor gewarnt wird, dass eine Frau über mittelmäßige Bildung hinaus aus der Literatur ein „Handwerk" mache und „in allen Teilen der Gelehrsamkeit" umherschweife (Knigge 1788: 195), wird in der 13. Auflage den Ansprüchen an die weibliche Bildung soweit entgegen gekommen, dass zumindest die Schriftstellerei für ein geeignetes Betätigungsfeld begabter Frauen gehalten wird. Bemerkenswert ist, dass hier die Argumentation der Erstauflage durchbrochen wird und geschlechtliche Bestimmung und Begabung entkoppelt werden: „Das Geschlecht macht den Unterschied nicht", ist da zu lesen, „sondern die vom Geschlecht unabhängige Begabung des Individuums" (Knigge 1853: 191). Und abschwächend wird eingeräumt, dass, wenn manche dieser Frauen „durch die Art und Weise dieses Schreibens aus der weiblichen Sphäre heraustreten" (ebd.), doch ebenso Männer anzutreffen sind, „die durch ihr lyrisches Liebesgewinkel ohne Kraft und Haltung aus den von der Natur bestimmten Grenzen gehen" (ebd.: 192). Nichtsdestotrotz wird gegenüber ‚gewöhnlichen Frauenzimmern' derselbe Umgang empfohlen wie in der Vorlage von 1788. Insgesamt lässt sich in der Überarbeitung Gödekes eine ebenso ambivalente Haltung gegenüber gelehrten Frauen beobachten wie in der Ursprungsfassung. Bei Gödeke wird jedoch eine andere Gewichtung vorgenommen, die insofern im zeitgenössischen Kontext als progressiv zu beurteilen ist, als der Frau die Fähigkeit zugesprochen wird, unabhängig von ihrer Geschlechtszugehörigkeit intellektuell tätig sein zu können. Die 13. Auflage ist jedoch als ebenso konservativ zu verstehen, wenn der Frau nur als Schriftstellerin, nicht aber als Wissenschaftlerin diese Qualifikation zugesprochen wird. Auch die 20. Ausgabe von 1922 bringt hier keine Klarheit. Gegenüber den sonstigen erheblichen Umstellungen und Kürzungen, die bereits bei der 13. und 20. Ausgabe vorgenommen wurden, zeigen sich im Abschnitt über die Gelehrte keinerlei Änderungen.

Verallgemeinerung und Prozesse im Vergleich
Verschiedene Themen des Wandels von Verhaltensidealen, so sollte gezeigt werden, können in dieser langfristigen Prozessanalyse sichtbar gemacht werden. Knapp zusammengefasst sind zwei besonders markante Tradierungen in der Geschlechterdebatte bis heute erkennbar. Zunächst fällt der konstruierte, bis heue wirksame als schier unauflösbar geltende Gegensatz der außerhäuslicher Tätigkeit von Frauen und dem Familienleben auf. Er ist zwischen den Geschlechtern, in ihren Selbstbeschreibungen angelegt und bis zur heutigen Gesetzgebung wirksam geworden.

Horst-Volker Krumrey (1984) stellt für die Zeit von 1870 bis 1970 eine allmähliche Erweiterung weiblicher Handlungsspielräume fest, die in Machtverschiebungen des gesellschaftlichen Interdependenzgeflechtes zwischen Vorgesetzten und Untergebenen eingebettet ist. Während in den 1870er Jahen deutlich auf eine unterschiedlich starke Affektbeherrschung gesetzt wird, die mit der (beruflichen) Positionshierarchie verknüpft ist, zeigt sich im weiteren Verlauf, besonders im Nachkriegsdeutschland eine Aufwertung der sozial unterlegenen Gruppen: Schichtwechsler und soziale Aufsteiger sind weniger stigmatisiert und im wirtschaftlich und gesellschaftlich noch unstrukturierten Deutschland vielmehr umworbene Arbeitskräfte (vgl. Krumrey 1984: 404–464). Weitere Fallbeispiele aus zusätzlichen Vergleichstexten verdeutlichen dies. So meint etwa die Juristin und Historikerin *Marianne Weber,* dass Frauen und Männer außer „auf dem Gebiete der historischen Kulturwissenschaften" über „gleichartige(), aber nicht spezifisch verschiedene() geistige() Fähigkeiten" verfügen. Die „eigenartigen seelischen Fähigkeiten" der Frau, helfen ihr vielmehr, die „Gefühlswelt Anderer" besser zu verstehen (Weber 1906: 22 f.).

Nach dem Zweiten Weltkrieg treten vermehrt arbeitende Frauen in den Fabriken und Büros ins Zentrum der Ratgeberliteratur: besonders das burschikose „Mannweib" wird in Fortführung des Kniggeschen Topos als ‚Monster' skizziert, das die tradierte Geschlechterordnung irritiert. Indem diese Frauen sich „offensichtlich bemühen, ihren männlichen Kollegen nicht nur leistungsmäßig, sondern auch in der äußeren Form des Benehmens gleichzukommen" und einen „mehr als burschikosen Ton" (Oheim 1955: 386) verkörpern, drohen klassische betriebliche und Geschlechterhierarchien erschüttert zu werden.

Um zudem etwaige Ängste zu nehmen, die sich besonders auf Frauen in vorgesetzter Position beziehen, schlägt Annemarie Weber vor, dass die Chefin besonders ihren männlichen Untergebenen „gegenüber eine ganz bestimmte Art von Liebenswürdigkeit" entfalten und die „große Chance" nutzen sollte, ein „besonders angenehmer und beliebter Vorgesetzter zu sein" (1955: 189). Geschlechterdifferenzen werden hier als Vorteil genutzt, so die Konstruktion, um ein effektives Betriebsklima und damit höhere Arbeitsproduktivität zu erzielen, ohne sich männliche Attitüden anzulegen und damit gegen Geschlechtergrenzen zu verstoßen. Durch die Betrachtung dieser langfristigen Prozesse können leicht Parallelen zwischen den Verhaltensidealen des 18. Jahrhunderts und der heutigen, jedoch positiv umgedeuteten Alltagsüberzeugung von besonderen weiblichen Fähigkeiten in Führungspositionen nachvollzogen werden. Auch moderne Karriereratgeberbücher teilen diese Stereotype und machen sich explizit ehemals stigmatisierte weibliche (Differenz-)Defizite zu nutzen. Vielmehr noch werden sie in Zeiten besonderer globaler Anforderungen, ökologischen und ökonomischen Gefährdungslagen diskursiv genutzt, um die Welt dort zu retten, wo die „Männer-Bastionen der wirtschaftlichen Machtzirkel ins Schwanken" geraten, wie etwa der Ratgeber „Kurs auf den Erfolg" (Henes-Karnahl 1989: 139 f.) vorschlägt.

6.7 Interviews und Befragungen

Ein weiterer Komplex von Erhebungsmethoden ergibt sich mit Interviews und Befragungen, die sowohl qualitativ als auch quantitativ ausgerichtet sein können und spezifische Ausprägungen zeigen.

Das *standardisierte* Interview dient dabei zunächst der Messung relevanter manifester Merkmale. Beispiele sind etwa Verbraucherumfragen oder Wahlbaromter. Hier ist der Antwortspielraum eng gefasst (Ja/Nein/weiß nicht/keine Angabe). Es ist zeitlich, inhaltlich begrenzt, kann aber durch Abwandlung situationsflexibel aufgewertet werden. Der Nachteil kann sein, dass die festgelegten Fragen gleichsam ‚abgespult' werden. Es können lediglich manifeste Einstellungen und Sinngehalte erforscht werden. Die Vorteile bestehen darin, dass eine bessere Vergleichbarkeit der Antworten und mithin eine höhere Zuverlässigkeit erreicht werden können. Dadurch und durch die Einhaltung einer bestimmten Reihenfolge werden Fehler reduziert. Die Durchführung standardisierter Interviews ist vergleichsweise einfach. Die Antworten können schneller und preiswerter ausgewertet werden. Über die Konstruktion von Fragebögen und Forschungsdesigns finden sich reichhaltige Angaben und Beispiele bei Helmut Kromrey (2006) und Andreas Diekmann (2009).

Das *qualitative* Interview liefert demgegenüber Zusatzinformationen, die über den Relevanzrahmen des Beobachtens und der Inhaltsanalyse hinausgehen und Einblicke in die Innenperspektive sozialer Sachverhalte durch individuelle Schilderungen in face-to-face-Interaktion verschaffen. Es gibt mehrere Ausprägungen qualitativer Interviews, die durchaus quantitativen Sozialforschungsmethoden ähneln. Ziel ist es, die „Aktualisierung von alltäglichen Handlungskontexten zu erreichen" (Lamnek 1995b: 236 ff.). Das offensichtlichste Problem besteht in dem Misslingen der Befragung als „Pseudo-Exploration" (Hopf 1978), die zum einen ein starres Festhalten am Fragenkatalog meint, bei dem der Relevanzrahmen des Befragten verloren geht oder zum anderen im gegenteiligen Extrem besteht: dem Aufgehen in der Offenheit und Empathie für den Befragten, sodass die minimale Aufgabe des Interviewers, zu orientieren und lediglich das Gespräch anzustoßen, in unterschiedlich weitem Maß aufgegeben wird.

Oft sind es *explorative narrative* oder *Intensivinterviews*, die den Verzicht auf ein enges Fragenschema oder Fragen-/Antwortvorgaben zeigen. Narrative Interviews sind flexibel aber langwierig in der Durchführung und es erfolgt keine *Prädetermination* durch den Forscher. Damit erlauben sie dem Befragten weitestgehend, sich spontan und eigen gesteuert selbst darzustellen und besonders viel Zeit und Flexibilität zu beanspruchen. Das meint aber nicht, dass diese Befragungsform unsystematisch oder ungeordnet ist, hier sind eher Bedeutungen und Sinn standardisiert, d. h. was bestimmte Bewertungen für den Befragten meinen („Was meinen Sie mit freundlich?" etc.). Diese Interviewform steht dem *symbolischen Interaktionismus* und der *Phänomenologie* nahe und wurde von Fritz Schütze (1976) entwickelt. Um Entwicklungen von ihrem Anfang und Ende zu begreifen, wird das, was der Befragte für erzählenswert hält, zu entdecken versucht. Es geht um das, was außerhalb der Routine steht und sich vor allem in Krisen, Umbrüchen und Transformationen abspielt und zugleich mit Sinn versehen wird. Der Befragte wird dabei durch einen Erzählimpuls zu Beginn des Interviews ermutigt, spontane und lebensnahe Antworten zu geben und auf Abstraktionen zu verzichten, um möglichst unverzerrt, die Relevanzstrukturen der Befragten zu erfassen. Der Interviewer beschränkt sich darauf, Anstöße und Redeimpulse zu geben und schöpft die erzählerische Kompetenz des Befragten aus. Man versucht dabei eine egalitäre Kommunikation herzustellen, was zugleich voraussetzt, dass die alltagsweltlichen und kulturellen Kommunikationsregeln von allen Beteiligten beherrscht werden. Ziel dieser Interviewformen ist es, genauere Informationen vom Befragten mit besonderer Berücksichtigung seiner Sprache, Perspektiven und Bedürfnisse zu erhalten. Bestimmte Vorkenntnisse über die Situation, über die gesprochen wird, sind Voraussetzung und können zusätzlich durch teilnehmende Beobachtung erlangt werden (Kontextwissen). Die Herausforderung dieser Interviewform liegt darin, dass die Rolle von Interviewer und Befragten verwischt werden kann. Verwendung finden narrative Interviews eher selten in Organisationsstudien, aber häufig in der Biografieforschung, z. B. bei der Analyse von Statuspassagen oder Berufsbiographien. Exemplarisch zeigt Ursula Holtgrewes Call Center-Studie organisationssoziologische Verwendungskontexte auf.

> „Wo es also auf subjektive Erfahrungen und das Handeln von individuellen Akteuren ankommt und wo die Organisation ihnen und sie selber sich Handlungen zurechnen, bietet das narrative Interview (oder auch schon eine narrative Perspektive auf das Material) die Möglichkeit, Handlungsspielräume und -kapazitäten, aber auch Betroffenheiten, Verstrickungen und Fiktionen von Handlungsvermögen aufzufinden und zu überprüfen." (Holtgrewe 2009: 73)

Das *fokussierte Interview*, oft auch in Gruppendiskussionen der Markt- und Meinungsforschung verwendet, setzt dagegen das *gemeinsame Erleben* zwischen dem Forscher und Interviewtem voraus, z. B. werden offene Fragen auf einen gemeinsam gesehenen Film gestellt. Diese Befragungsform tendiert zum quantitativen Interview und dient häufig der Hypothesenprüfung.

Bei *leitfadengestützten* Interviews wird gegenüber dem narrativen Interview zwar auf ein enges Fragenschema verzichtet, gleichwohl strukturiert ein Leitfaden lose das Gespräch. Die Befragung wird so angelegt, dass in jeder Phase des Gesprächs wichtige Aspekte aus verschiedenen Perspektiven vertieft und erkundet werden. Es beansprucht aber, wie das narrative Interview, viel Zeit sowie Flexibilität.

Angesichts unterschiedlich offener Interviews ist die Frage schwer zu beantworten, wie weit man das Gespräch steuern und wie weit man sich zurückhalten muss. Die einmalige Chance des Interviewens bleibt dabei zu nutzen und man sollte

„einerseits die verschiedenen Elemente einer Hypothese vor seinem inneren Auge rotieren lassen, sie andererseits zum richtigen Zeitpunkt in einer Deutung auf den Punkt bringen. Es gibt so etwas wie ein ‚Timing' des Deutungsprozesses, bei dem man zu früh, aber auch zu spät sein kann: zu früh, weil noch nicht alle relevanten Verweisungszusammenhänge eruiert sind, und zu spät, weil sich die Assoziationen in einer schlechten Unendlichkeit verlaufen." (Bude 2000: 572)

6.7.1 Zuhören und Fragen im Interview

Eine elementare Voraussetzung für die Durchführung von Befragungen ist damit die Bereitschaft, aufmerksam und genau zuzuhören sowie ein reflexives Einfühlungsvermögen in den Interviewprozess einfließen zu lassen. Um diese Haltung einzuüben, werden zunächst einige Wahrnehmungs- und Gesprächsübungen vorgestellt, bevor wieder Anwendungsbeispiele zum Einsatz von leitfadengestützten Interviews illustriert werden. Bei der Kontaktaufnahme mit dem Feld und den Befragten sollten die Zielsetzung, Hintergründe und Verwendung der Studie und der Ergebnisse besprochen werden. Der Ort, die Dauer sowie die Interviewer und Interviewten sind im weiteren Verlauf zu bestimmen. Der Einsatz und die Ausstattung mit technischen Hilfsmitteln sollte bei einer frühzeitigen Terminvereinbarung geklärt werden. Die Entscheidung über die Art der Notizenführung Kurzprotokoll, Gedächtnisprotokoll, Transkript oder Mitschnitt sollte entsprechend dem Verwendungszusammenhang (z. B. Praxistransfer) und der Zielstellung des Projektes getroffen worden sein. Während ein Kurz- und Gedächtnisprotokoll eher weniger Aufwand mit sich bringt und unmittelbare Fokussierungen auf den Untersuchungsgegenstand sowie Rückmeldungen zum Beispiel an eine beauftragte Organisation erlaubt, sind der Mitschnitt und die Transkription gemessen an den wissenschaftlichen Anforderungen deutlich aufwendiger und höher, machen aber die erhobenen und umfassend aufbereiteten Daten nachvollziehbar und objektivierbar.

Übungen zur Schulung der Wahrnehmung und Gesprächsführung

Übung 1: Bildbetrachtungen
Anforderung: 4 Freiwillige (A, X,Y,Z), Publikum als Beobachter
X,Y,Z verlassen den Raum, ohne das Bild zu sehen.

1. Das Publikum betrachtet ein buntes Bild, das aus abstrakten und konkreten Elementen besteht.
2. Danach schaut A sich ca. 2 Minuten lang intensiv das Bild an:
3. X wird in den Raum gebeten.
4. Frage der Leitung an A: „Was haben Sie gesehen? Berichten Sie bitte X, was Sie auf dem Bild gesehen haben.". A schildert X seine Eindrücke.
5. Danach schildert X der aufgerufenen Person Y, was er über das Bild gehört hat. Y schildert Z, was ihr berichtet wurde usf. Z versucht ggf., das Bild zu zeichnen. Am Ende wird klar, dass von dem, der zuerst das Bild gesehen hat, am Ende sukzessive Abweichungen in der letzten Wiedergabe festzustellen sind, die auf die Wahrnehmung des Gehörten zurückzuführen sind. Lernziel ist zu erleben, dass und wie unterschiedlich wahrgenommen, gesehen und gehört wird.

Varianten:
A: Das gesamte Seminarpublikum betrachtet ein Bild zwei Minuten lang und schreibt dann einzeln auf, was gesehen wurde. Die Auswertung erfolgt durch die Dozentin und die Studierenden.
B: Die Seminarteilnehmer zeichnen aus der Erinnerung, was sie gesehen haben und das Seminar nimmt gemeinsam die Auswertung der Bilder vor.

Übung 2: Innere Vorstellungen
Die Seminarteilnehmer bilden Zweierpaare.
Jedes Paar erhält eine markante, gegenständliche schwarz/weiß Postkarte, die jeweils verdeckt wird. Anweisung: „Zeichnen Sie blind, das nach, was Ihnen ihr Gesprächspartner gleich beschreibt". A beginnt mit der Schilderung des vor ihm liegenden Bildes, um die Skizze von B vorzubereiten. Nach der Schilderung zeichnet B das Bild. Es darf kein Einfluss auf die Zeichnung des Partners genommen werden und der Blick ist verdeckt. Danach wechseln die Partner ihre Rollen mit einer neuen Karte. Jede Runde dauert 6 Minuten und am Ende decken alle Teilnehmenden ihre Zeichnungen auf, die mit den Originalen verglichen werden.

Interviews und Befragungen 113

> **Übung 3: Kontrollierter Dialog**
> Es werden drei Gruppen gebildet: In jeder Gruppe wird eine Erzählperson A, ein Befragender/Interviewer B und ein Beobachter C bestimmt. Pro Runde stehen sechs Minuten Redezeit zur Verfügung, danach erfolgt eine vierminütige Reflexion, sodass nach jeweils 10 min. die Rollen getauscht werden.
> Erzählperson A berichtet darüber, was sie gestern erlebt hat. Der Interviewer fasst nach 3–4 Sätzen zusammen, was er gehört hat (Paraphrase): Hier achtet Beobachterin C auf verwendete Begriffe, Auffälligkeiten. A darf korrigieren. Erst wenn die Wiedergabe/Begriffe stimmig sind, erzählt A weiter.
>
> *Auswertungsfragen:*
> Was wurde vermisst, was musste nachgetragen werden?
> Warum hat B Bestimmtes bei der Paraphrase ausgelassen etc.?
> Wie gut konnte man sich auf das Gespräch konzentrieren?

6.7.2 Fragetechniken

Spezielle Fragetechniken helfen bei der Interviewführung, sich einem Thema anzunähern, es einzukreisen und zu zentralen Aussagen zu kommen, die für den Erhebungsprozess relevant sind. Man verfährt dabei nach dem so genannten *Circle-Concept*. Die Hypothesenbildung und -prüfung im Interview läuft über das Aufdecken und Erkunden von Inkonsistenzen und ist abgeschlossen, sobald ein konsistentes Bild entstanden ist.

Abbildung 15   Fragen im Circle Concept

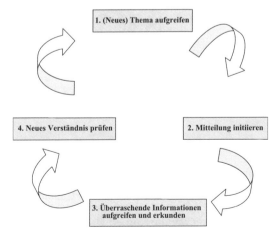

Auch wenn es Ziel der unterschiedlichen Methodenansätze ist, sich bei mündlichen Befragungen weitestgehend zurückzuhalten und den Befragten viel Raum für die Ausbreitung ihrer Vorstellungen und Meinungen zu geben, können Interviewende nicht ganz auf leitende Fragen und Frageformen verzichten, um dem Gespräch je nach Gesprächsgattung eine mehr oder weniger vorformulierte Struktur zu geben. Oft sind Befragte überfordert, wenn Sie völlig ohne Leitfragen des Interviewers bzw. der Interviewerin ‚Rede und Antwort stehen' sollen. Dabei gilt es, die einmalige Chance des Interviews umfassend anzugehen:

> „Der Interviewer gleicht einem Mitreisenden auf der Zugfahrt, dem man sein ganzes Leben erzählt. Die Begrenztheit des Kontakts scheint die Bedingungen für die besondere Wahrheitsfähigkeit dieser Beziehung darzustellen. Man vertraut dem [Interviewer, S. E.] Dinge an, die man einer nahe stehenden Person möglicherweise niemals sagen würde." (Bude 2000: 573)

Im Interview ist man dabei bemüht, sowohl in den Gesprächsverlauf einzutauchen als auch distanziert und analytisch den Gesprächsablauf zu verfolgen, ggf. zu steuern. Man hat gleichsam eine doppelte Brille auf:

Abbildung 16 Die doppelte Sicht der Interviewerin

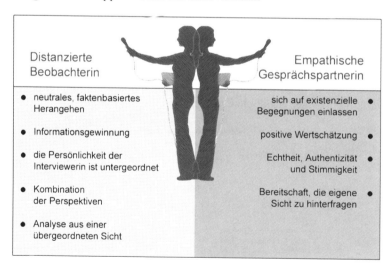

Gegenüber standardisierten Interviews ist in offenen Interviews eine andere Grundhaltung erforderlich. Das Gespräch sollte es ermöglichen, die Inhalte in Ruhe und umfassend zu entwickeln sowie Kontakt aufzubauen. Durch bestimmte verstärkende Redewendungen und eine zugewandte Körperhaltung wird dem Interviewpartner

Wertschätzung und Aufmerksamkeit entgegengebracht (vgl. Helfferich 2005). Eine Offenheit und Sensibilität gegenüber den Gefühlen des anderen drückt Empathie aus. Als Interviewerin sollte man möglichst authentisch auftreten. Je mehr Übung man hier hat, desto einfacher fällt es schließlich, sich souverän und wie in einer alltäglichen Gesprächssituation zu verhalten. Insbesondere bei Intensivinterviews besteht die Gefahr der bewussten oder unbewussten Manipulation, indem der Wechsel von Reflexion und Reden die Meinung des Interviewpartners verändert und auf die Mimik oder Gestik des Interviewers geachtet wird. Man sollte daher seine nonverbale Kommunikation kontrollieren. Aussagen, die nicht die eigenen Vorannahmen stützen, sollte man diskutieren und bewusst Gegenhypothesen gedanklich durchspielen. Oft hilft ein Projektteam oder eine zweite Person im Interview, um hier Verzerrungen oder Fehlinterpretationen zu vermeiden.

Das hier angeführte Beispiel besteht aus Frageformen, die neben Forschungsinterviews u. a. auch in der lösungsorientierten Gesprächsführung, angelehnt an dem amerikanischen Therapeuten *Steve de Shazer* (1940–2005) und der Methode des reflektierenden Teams des norwegischen Psychologen *Tom Anderson* (1936–2007), zum Einsatz kommen. Sie sind gerade in einem prozessorientierten rekonstruktiven Zugang hilfreich, um Entwicklungen und Figurationsgeflechte, in denen die Einzelne steht, nachzuzeichnen.

Beispielhafte Frageformen

„Hebammentechnik": wird bei Gesprächsstockungen verwendet, indem zum Beispiel Satzanfänge eingeleitet oder Überleitungen formuliert werden:
„Nämlich wie …?"   „Weil …?"   „Und andererseits …?"

Emotionales Spiegeln: wirkt emotional unterstützend, um den Standpunkt zu finden und Empathie herzustellen:
„Und das macht Sie … froh, ärgerlich …?"   „Das kann ich gut verstehen."
„Mhm, ja, sicherlich …"

Konkretisierung: wird zur Präzisierung und Klärung eingesetzt:
„Woran erkennen Sie das?"   „Wie oft, wie lange?"
„Öfter als, häufiger, weniger als …?"   „Können Sie ein Beispiel nennen?"
„Was genau ist da passiert?"

Auch durch skalierte Fragen sind Konkretisierungen zu ermitteln:
„Auf einer Skala von 1–10, 10 ist optimal, wo würden Sie sagen, steht z. B. das Betriebsklima gerade?"
„Prozentual gesehen, wie viel an der aktuellen Situation von 100 % liegt in der Organisation, wie viel im Umfeld begründet?"

Zirkuläre Fragen: lassen Zusammenhänge, Beziehungen des Sachverhaltes klarer werden:
„Was meinen Sie, würde Herr X dazu sagen?"
„Wie sieht die Zusammenarbeit von Herrn X und Frau Y aus?"

Rekontextualisierung: hilft, festsitzende Meinungsbilder zu evozieren und Ausnahmen zu erkunden:
„Wie kommen Sie darauf, dass ...?" „Haben Sie es schon einmal versucht?"
„Woher kennen Sie das?" „War das immer schon so ...?

Hypothetisches Fragen: eröffnet einen Perspektivenwechsel:
„Was wäre, wenn Sie allein entscheiden könnten ...?"
„Stellen Sie sich vor, es wäre 5 Jahre später, wie würde die Situation für Sie/ Ihre Organisation aussehen?"
„Was könnten Sie tun, um die Situation zu verschlimmern oder zu verbessern?"

Szenario Technik: macht neue Perspektiven greifbarer:
„Ich bin jetzt mal Herr X., was wollen Sie mir sagen?"
„Wenn Sie das mal aufzeichnen würden, wo wäre dann Herr Y?"

Reframing: lässt neue Bewertungen zu und eröffnet neue Sichtweisen:
„Können Sie sich vorstellen, wozu das auch gut sein könnte oder Sinn macht?"
„Zeigt das nicht auch, wie wichtig und unverzichtbar Ihre Arbeit ist?"

Provokation: lockt aus der Reserve durch Zuspitzung oder Übertreibung:
„Was meinen Sie mit ...? Heißt das jetzt, Sie sind künftig bereit mehr zu übernehmen?"
„Kann man sagen, wenn hier jetzt nichts passiert, stirbt das Ganze?"

Abschließende Fragen
Am Ende sollten sich die Interviewer neben ihrer Wahrnehmung explizit vergewissern, ob das Gespräch auch von Seiten der Befragten beendet werden kann, indem z. B. gefragt wird:
„Was konnte nicht mehr besprochen werden und muss aber zum Schluss noch einmal erwähnt werden?"
„Was sollte in Ihrer Organisation auf keinen Fall verändert werden?"

Gesprächsabschluss
Hier werden weniger offene und mehr geschlossene Fragen gestellt. Eine Zusammenfassung des Gesprächs kann gegeben werden. Man spricht seinen Dank an den Gesprächspartner aus und wechselt zu allgemeinen Gebieten (Freizeit, Politik, Sport o. Ä.), um die intensive Gesprächsatmosphäre aufzulockern. Nächste Schritte (ggf. Datenaufbereitung, Organisation des Feedback etc.) werden vereinbart.

Vertiefungsübung: Spezielle Fragetechniken
Aufgabe: Die Studierenden bilden nun Dreier-Teams mit der Rollenaufteilung Beobachter, Sprecher, Interviewerin (s.o.) und bestimmen in ihrem Team ein denkbar *heikles* Thema ihres Untersuchungsfeldes. Dann werden in 15 Minuten jeweils die Konkretisierungstechnik, die zirkuläre Technik, die Szenariotechnik und die Provokationstechnik für die beteiligten Ebenen (z. B. Leitung, Mitarbeiter etc.) eingesetzt. Die Runden werden so lange fortgeführt, bis jeder Studierende jede Rolle einmal eingenommen hat. Im Plenum werden die Erfahrungen ausgetauscht.

6.7.3 Anwendungsbeispiel Methodenmix in der Schul- und Organisationsentwicklung

Forschungskontext
Schulen sind mit vielfältigen gesellschaftlichen Rahmenbedingungen konfrontiert, die eine selbstkritische Überprüfung und Weiterentwicklung des eigenen fachlichen Handelns nicht nur lohnend erscheinen lassen, sondern inzwischen auch zu gesetzlichen Verpflichtungen geführt haben. Die moderne Gesellschaft weist eine schwer zu überschauende Komplexität und Pluralität und einen damit einhergehenden Bedeutungsverlust traditioneller Bildungsmilieus auf. Für die schulische Praxis bedeutet dies, dass der Unterricht den vielfältigeren Lebenslagen und Erfahrungswelten der Schüler Rechnung tragen sollte, wenn Schule ihren Erziehungs- und Bildungsauftrag sinnvoll erfüllen will. Parallel dazu ist der Orientierungsbedarf Jugendlicher in einer heterogenen Welt mit ihren pluralen Werten gewachsen. Lehrer und Schüler sind mehr denn je gefordert, neue und angemessene Formen der selbständigen Wissensaneignung zu vermitteln bzw. zu erproben und über Basiskompetenzen hinaus soziale Kompetenzen zu verstärken. Auch die Mitarbeit im Unterricht wird wichtiger, sodass die traditionelle Autorität des Lehrers dem Bedürfnis nach Mitsprache und Partizipation der Schüler und auch Eltern gewichen ist. Für die gemeinsame *Schulentwicklung* wird die Zusammenarbeit zwischen den jeweiligen Interessengruppen wichtiger und stellt alle Beteiligten vor neue Herausforderungen. Schulen sind darüber hinaus beständig mit gesellschaftspolitischen Ansprüchen Dritter konfrontiert, die nach der erfolgreichen

Erfüllung des Bildungs- und Erziehungsauftrages fragen. Sie richten sich im Kontext rückläufiger Schülerzahlen infolge des demografischen Wandels und sich verschlechternden Rahmenbedingungen v. a. auf den Dienstleistungscharakter von Schule und damit auch auf ökonomische Aspekte des effizienten Einsatzes von Ressourcen. Forciert wird dabei die systematische Suche und Erarbeitung eines spezifischen Profils und Selbstverständnisses der jeweiligen Schulen, die dafür mit den jüngsten bildungspolitischen Weichenstellungen mehr Gestaltungsfreiheit und Selbstverantwortung erhalten haben. Die im Zuge der Qualitätsdebatte indizierte systematische Entwicklung von Schulprogrammen und die Evaluation der schulischen Praxis beinhalten neben dem Wunsch nach Selbstvergewisserung auch eine gesetzliche Verpflichtung.

Externe und *interne* Evalaution sind hier verbreitete Analyseinstrumente. Während die interne Evalaution der Überprüfung des eigenen fachlichen Handelns aus Sicht der Betroffenen dient, werden bei einer externen Evaluation systematisch Perspektiven von außen eingeholt, um eine distanziertere Betrachtung zu ermöglichen (vgl. Ernst 2008).

Die im hier vorgestellten Fall begleitete und beratene Schule befindet sich zum Zeitpunkt der *externen Evaluation* in einer besonderen Aufbauphase, die Raum für innovative Entwicklungen und Gestaltung bietet. Seit ihrem fünfjährigen Bestehen hat die Einrichtung einen starken Zuwachs von Schüler- und Lehrerzahlen zu bewältigen. Diese Expansion soll auch in Zukunft kontinuierlich anhalten und nahezu zu einer Verdoppelung des Lehrerkollegiums und der Schülerschaft führen. Das junge Kollegium setzt sich aus einer Mehrzahl motivierter und engagierter Lehrer zusammen, die mit einer aktiven Eltern- und Schülerschaft vielfältige Projekte durchführen. Das in einer internen Evaluation entwickelte Schulprogramm enthält ein gesundheitsorientiertes Leitbild und konkrete Projektvorhaben, die sich bis hin zu langfristigen Verhaltensänderungen erstrecken.

Über die tatsächliche Verankerung des Schulprogramms im Kollegium und in der Schüler- und Elternschaft herrscht trotz dieser intensiven und dokumentierten Vorarbeit zu Beginn der externen Evaluation im vielschichtigen Beziehungsgeflecht der Schule Unklarheit. Auf der Führungsebene wird vermutet, dass sich eine häufig zu beobachtende Aufteilung der Beschäftigten in Organisationen in die veränderungsorientierten ‚Gestalter', die ‚zurückhaltenden Unentschlossenen' und ‚passiven bis aktiven Bremsern' abzeichnet. Die Euphorie der Gründungsphase droht durch eine Gegenbewegung abgelöst zu werden, die zu einer Stagnation in der Schulentwicklung führen kann. Der Zeitpunkt für eine externe Bewertung ist auch deshalb günstig, weil die Schule nicht nur die schwierige Aufbauphase überwunden hat, sondern auch über entsprechende gemeinsame Erfahrungen verfügt, über die bislang in einem relativ kleinen Kollegium ein guter Austausch stattfinden kann. Gleichwohl sind erste Anzeichen dafür erkennbar, dass die Informationsqualität sinkt, die mit den sich verfestigenden Fraktionierungen im Kollegium in Zusammenhang gebracht werden. Die Leitfragen (s. exemplarischen Interviewleitfaden Kap. 8) der externen

Evaluation richten sich vor allem darauf zu ermitteln, was die gemeinsamen Ziele der Beteiligten und Betroffenen sind und wie sich die Organisationsstrukturen angesichts der zunehmenden Größe verändern müssen. Eng damit verknüpft ist die Frage nach der adäquaten Führungskonzeption, um eine klarere Orientierung für die Zukunft und die Integration neuer Kolleginnen und Kollegen zu bieten.

Es wurden insgesamt siebzehn Gespräche[8] mit Lehrern, Eltern und der Leitung geführt und aufgezeichnet sowie in Gedächtnis- und Kurzprotokollen zusammengefasst. Eingeflochten in das qualitative Interview waren Passagen mit quantitativen Anteilen, die separat ausgewertet wurden. Für die Erstellung einer wissenschaftlich gebotenen Transkription fehlten sowohl personelle als auch zeitliche Ressourcen, sodass ein *pragmatisches Sampling* gewählt wurde, bei dem alle Betroffenen, alle Funktionsebenen und Alters- sowie Geschlechtsgruppen berücksichtigt wurden.

Übung zur Bearbeitung von Interviewmaterial
Um die folgende Übung zur exemplarischen Bearbeitung von Interviewmaterial vorzubereiten, läuft ein Tonbandmitschnitt. Dann bietet sich die transkribierte Interviewsequenz zur Diskussion und Analyse an.

Interviewauszug: „Vom Denker zum Lenker eines Prozesses"
„I: Wie würden Sie denn angesichts der Unterschiedlichkeit des Kollegiums, die Stimmung im Kollegium einschätzen?
Y: (Pause) Es macht sich eine Zweiteilung breit. Ähm, und zwar, solch eine, ich nehme mal ein Schlagwort, solch eine *Pioniertruppe*, Pioniertruppe im Sinne von Wildwest hätte ich bald gesagt. Also das sind die, die was Neues schaffen, was Neues entwickeln wollen, die Neuland betreten wollen, die sich darauf einlassen wollen, auf Risiken, die aber auch immer bereit sein müssen, sich auf die Nachbarpersonen zu verlassen und auf sie zu hören. Wo Hierarchien nicht eine so große Rolle spielen, sondern mehr Kompetenzen. (Pause) Und es gibt die, ähm, Abwartenden, ähm, kritisch Blickenden, die meinen, da wird zu viel umgeschichtet, zu viel erneuert, verändert ... die also da so ein bremsendes Element rein bringen. Ich halte die für wichtig. Aber es läuft jetzt ein bisschen sehr auseinander, wir hatten lange Zeit nur die Pioniertruppe und jetzt kommen so die Bremser dazu. Wichtig ist bei deren Beitrag, dass sie sichtbar machen: „die Belastbarkeit eines Systems, des Gesamtsystems ist nicht unendlich groß".

---

[8] Die Interviews mit drei Schülerinnen und Schüler wurden nicht ausgewertet, weil sie nicht freiwillig entstanden waren, wie erst in der Rekonstruktion des Prozessgeschehens deutlich wurde. Über diese falltypische Problematik im Kontext der auch in Abb. 12 angeführten so genannten dreckigen Daten siehe Ernst 2003.

I: Wem gegenüber soll das jetzt deutlich gemacht werden?
Y: Ja denen, die treiben, ja mir. Die auch manchmal die Belastbarkeit nicht richtig abschätzen wollen, nicht können, *wollen*. Also, das meine ich zu meiner Person. Wenn ich von einer Sache überzeugt bin, schone ich mich und andere nicht. Ähm, und das ist manchmal zu viel. Und das macht das Problem, dass dann Widerstand auftaucht, auf einer Ebene, die mit der Sache nichts zu tun hat. Sondern auf einer Ebene, die emotional ist, oder irgendein Nebenkriegsschauplatz, der sich hier aber gerade mal günstig platzieren lässt. Das ist eine Gefahr und wenn jetzt die Bremser da sind und die Bremser aber *immer* noch sagen dürfen, was sie denken, dann kann man den realistischeren Belastungsblick entwickeln. Also ich empfinde die nicht nur als negativ, sondern das ist eine Gruppe, die für mich als *Korrektiv* wirkt. Hinsichtlich der Belastbarkeit des Kollegiums und der Erreichbarkeit der Ziele in geeigneter Zeit. Ich weiß, dass ich immer die Neigung dazu habe, immer alles zu schnell zu wollen und durchaus die Belastung zu hoch treibe. Aber die Gefahr ist, dass, man dann dadurch auch die Sache schon unmöglich macht ...
I: Wenn man es zu schnell treibt?
Y. Ja, ja. Ich weiß um diese Schwäche oder um diese Eigenschaft, und deswegen habe ich da eine Sicherung, versuche ich immer, die arbeitet nicht immer, also die Bremsen ziehen nicht immer an, weil ich mich nicht immer beherrsche. Aber wenn es so Situationen gibt, in denen etwas besonders schwierig wird, oder die Signale besonders kritisch sind, dann sehe ich das, dann ziehe ich die Bremsen.
I: Welche Signale sind das?
Y. Ähm, (seufzt). Es gibt da welche, die dann ärgerlich reagieren. Äh, meist über die Belastung, aber gibt es auch welche, die sagen, dass andere es sagen. Die mögen es mir nicht direkt sagen, die sagen das dann einem Kollegen, dem Stellvertreter zum Beispiel oder der Frau X oder der Frau M. Das sind so Personen aus der Frühzeit der Schule.
[...., S. E.]
I: Aus welcher Schule kommen Sie?
Y: Ich bin 10 Jahre in G gewesen am hmh am äääh XY-Gymnasium. Ich war äääh sieben Jahre in M.
Und zwar äääh zuerst am X-Gymnasium in X, dann 5 Jahre, 5 Jahre war ich da. Dann war ich 6 Jahre am Gymnasium in M in der Innenstadt und bin dann nach G gegangen. Ich bin erst, komm selbst gebürtig aus dem Y-land, deswegen bin ich erst mal hierhin gegangen, zufällig G, es hätte auch was anderes ... und dann vor – es sind jetzt 5 ½ Jahre, habe ich dann hier diese Stelle übernommen und war von Anfang Schulleiter dieser Schule. Habe allerdings vorher keine Leitungserfahrung gehabt. Habe aber immer Systeme leiten wollen. Das heißt, ich habe im Grunde immer Führung übernehmen wollen.
I: Das war für Sie ein besonderer Reiz, dieses Gymnasium?
Y: Immer.

Interviews und Befragungen

I: Im Aufbau dann?
Y: (lauter werdend) dieses sowieso. Als man mich anrief, ich dürfe mich bewerben, ich hatte das nicht getan, weil ich dachte, ich hätte die beamtenrechtlichen Voraussetzungen nicht, hatte gerade 'nen Prozess mit der Bezirksregierung darüber, über 'ne Bewerbung um eine Stellvertreterstelle und da habe ich gedacht, fäng'ste nicht noch mal einen Streit an, also wenn ich (lauter werdend). Die haben mich dann angerufen und dann war das für mich klar, das ist ein traumhafter Job. Also das kriegt man im Leben eines Schulleiters oder eines Lehrers, der leiten will, einmal, oder auch nie. Aber das ist eine Lebensaufgabe hier. In dem Sinne ist es für mich mehr als nur Tätigkeit. Das ist kein, kein Job, sondern das ist für mich äääh bis in die Details hinein eine *Herausforderung*. (lauter werdend) Macht mich natürlich auch, ich sag mal äääh angreifbarer, weil ich äääh emotionell viel stärker an dieser, an diese Schule gebunden bin, in allen Teilen. In Baukonzeptionen bis hin zu, zu jedem einzelnen Raum. Aber ich habe inzwischen zum Glück eine gewisse Distanz entwickelt, damit ich auch nicht mehr krank werde.
I: Ja, das ist auch ganz schnell gegeben, wenn man sich sozusagen überidentifiziert.
Y: Ja, das ist die Gefahr. Das habe ich eine Zeit lang auch getan, habe ich gemerkt. Weil ich nicht mehr ... konnte, war nicht mehr frei im Handeln.
I: Hmh, also das hört sich so an, als gäbe ... hätte es da schon von Anbeginn sozusagen so'ne Differenzierung gegeben, die so sehr, sehr motiviert, sehr mit Zielen auch versehen ...
Y: (seufzt) Ja.
I: Sie kommen in die Schule, aber da gibt es dann auch noch welche, die haben nicht ganz ihr Verständnis und Ihr Engagement.
Y: Ja, ja, das weiß ich, ja. Das ist so.
I: Das hat sich schon am Anfang so ..
Y: Das hat's von Anfang an natürlich gegeben.
I: angedeutet? Haben Sie sich denn oder fühlen Sie sich denn im Kollegium auch wohl (...) dabei?
(Nach einer Pause)
Y: Ja, ja, ich mach den Job gerne. Also, äääh, es gibt zwar manche Tage, an denen das konditionell sehr belastend ist, weil es zeitbelastend ist und ich meine Arbeit wieder umorganisieren muss. Das ist auch ein Problem, diese Schule wächst und wächst ununterbrochen und ich muss meine Arbeit darunter ändern. Von dem *Alleskönner* am Anfang mit jedem Detail muss ich zu einem ganz anderen *Lenker* eines Prozesses werden. Das verlangt von mir viel. Dass ich mich auch in meiner eigenen Rollenvorstellung ändere. Das kann ich gar nicht so leicht, weil ich dazu neige, alles äh, an mich zu ziehen.
[....]
Y: Ja, und es ist eine Voraussetzung, die Aktion ist Voraussetzung. Ich musste also erst einmal die Voraussetzung in meinem Inneren schaffen, Anderen die Verantwor-

tung *und* Entscheidungsbefugnis zu geben. Das heißt nicht, so zu sagen, hier, „das ist, ha'm wer einen, der das macht", sondern der muss es auch wirklich dürfen. Das heißt, auch wenn er Entscheidungen trifft und in den Details mir das nicht so ganz gefällt, dann sage ich meine Vorstellung, aber ich nehme ihm die Arbeit nicht weg. Das ist an anderen Stellen auch so, mein Stellvertreter macht seine Arbeit nicht so, wie ich es mir vorstelle. Das habe ich ihm klar gesagt und ich bin sicher, da kommt der Crash. Ich habe ihm aber auch gesagt, wo der Crash kommt. Ich bin sicher, er kommt. Das dauert gar nicht lange. Aber er meint, das äääh müsse man anders machen. Er sieht das sehr effizient ääh und das wird auch immer noch effizient funktionieren, aber es bauen sich in der Effizienz Emotionen auf, die nicht berücksichtigt werden, wenn nicht die Transparenz groß genug ist und da wird's kommen. Aber, ich hab's ihm gelassen, kurz davor gestanden, es ihm wegzunehmen.
I: Wie hat er denn darauf reagiert, außer jetzt mal durch die inhaltliche Kritik, also welche Emotionen hat er gezeigt? Wie war, wie war da die Spannung da, die Stimmung, als Sie ihm das so deutlich sagten? Und Sie auch sagten, ich sehe da schon den Konflikt heraufkommen?
Y: Äääh, sieht ihn ja überhaupt nicht, nicht.
I: Aha.
Y: Er sagt, er kommt nicht. Das ist ja alles perfekt geregelt. Es ist, es ist kein Konflikt zu sehen, weil alles immer gelöst ist. Äääh, und zwar hmh, hmh, in informellen Vorgesprächen, aber es ist nicht transparent, was wirklich geschieht. Also das Haupt, äääh, das Hauptproblem wird die fehlende Transparenz der Entscheidung. Das heißt, es wird Geld äääh ausgegeben und den Anderen ist nicht buchstäblich klar, warum eine Entscheidung so oder so läuft. Und das führt auf Dauer bei Geld dazu, dass man das Gefühl hat, hier gibt es persönliche Präferenzen und die kriegen alles und ich krieg nichts.
I: Hmh, was hat er dann da vorgebracht?
Y: Äääh, er sieht, er sieht, dass meine Methode, ich sag mal, diesen Konflikt auf den Tisch zu legen und gemeinsam drauf zu gucken, ja immer zum Konflikt führt. Wenn er aber informell das regelt und auch äääh so einige Dinge nicht so transparent macht. Dann gibt es erst mal gar keinen Konflikt. Das heißt, er hat im Augenblick mehrere Jahre, jetzt schon zwei Jahre, ein fast völlig nach außen hin konfliktfreies System. Es ist alles Friede, Freude, Eierkuchen. Sieht gut aus. (lauter werdend) Sieht besser aus als wenn ich es machen würde. (Pause). Optisch. Es gibt keinen Konflikt. Alle nehmen das so an. Nur irgendwann glaube ich, werden diese universitätsausgebildeten selbstbewussten Fachvorsitzenden das Verfahren nicht mehr akzeptieren und zwar in dem Augenblick, wo das Geld enger wird, in drei Jahren.
I: Das verstehe ich nicht ganz. Wer sind diese universitätsausgebildeten selbstbewussten Fachvertreter. Meinen Sie jetzt das Kollegium?
Y: Ja, meine Kollegen, meine Kollegen, die haben Abitur. Die haben Hochschulstudium. Die kommen hierhin. Denen kann man doch nicht sagen, was sie äääh,

dies und das müsst ihr machen. Die kann man doch nicht gängeln. Die werden irgendwann sich in dieser Enge, so lange sie noch genug Geduld haben …
I: Also, ich muss jetzt ein bisschen mitkommen! Sie sagen, Sie haben den Eindruck, dass der Vertreter die Neuen in dem Punkt auch gängelt, indem er also Intransparenz pflegt?
Y: Er macht es erst einmal effizienter.
[…]
I: Hmh. Was sehen Sie denn da für Möglichkeiten für sich, also was kann man da machen? Um diesen Konflikt nicht eskalieren zu lassen und, um auch die Neuen nicht zu sehr zu brüskieren? Das kann ja die Gefahr sein, so wie ich das jetzt verstehe.
Y: Ja, also, ähm, es gab zwei Möglichkeiten. Entweder nehme ich dem Stellvertreter diese Kompetenz weg und sage:, „das geht so nicht!". Ich hab ihm gesagt, „ich hab ein Verfahren festgelegt im Kollegium, in der Lehrerkonferenz, in der Schulkonferenz, das, nach dem das, nach dem zu verfahren ist".
[…]
Y: Ich habe dann in den Konferenzen, in den Lehrerkonferenzen, das *Prozedere* der Haushaltsverwaltung detaillierter festgelegt. Also, das, „wie hat das abzulaufen bei Konflikten"? Und hab's dann darauf bewenden lassen. Ich habe allerdings sehr stark dabei eigene Vorstellungen rein gebracht, aber alle sind unter ein Thema zu kriegen, alles in Transparenz.
I: Können Sie sich denn vorstellen, dass von Ihnen erwartet wird, dass Sie ihm den Posten da entziehen sollten?
Y: Es hat … Manche haben mir das gesagt, sie hätten das ganz gerne.
I: Wie viele ungefähr? Können Sie das etwa in Prozent einschätzen, wie viele Kollegen, wie die Stimmung zu dem Thema ist?
Y: Zwei, drei, aber, ich glaub, ich habe mir gesagt, ich lass das erst einmal so. Ich hab das, das ist eine Konferenz, habe ich mich durchaus natürlich auf den Schulleiterstuhl gesetzt, ja. Äääh, und noch mal klar gemacht, wo, welche Kompetenzen sind, ne. Äääh, und dass ich das *Prozedere* festlege und dass im Rahmen des *Prozedere* jeder eigenverantwortlich handeln darf. Das gilt für jeden, der Schulleiterfunktionen von mir übernimmt. Äääh, das gilt auch für die Erprobungsstufe und für die Mittelstufe. Das ist natürlich immer nicht konfliktfrei, weil auch immer wieder mal Übergriffe versucht werden. Das kommt so vor, das ist normal, nicht, das ist, ist, ist, ganz, aber ich kann nicht Verantwortung abgeben, ohne dass nicht das auch ausgelotet wird, wie das im Einzelnen geht und wie, was ich für Kontrollfunktionen übernehme und welche Art von Kontrollen ich mache. Äääh, ne in diesem Fall, also jetzt den um den, diesen Fall, wollte ich exemplarisch zeigen, ich *gebe* Verantwortung ab, ja, ich gebe sie aber nur ab in einem bestimmten Verfahren, und wenn das Konsens ist. Wenn die Rollen und die Spielregeln klar sind. Und das habe ich als Probelauf, lasse ich das jetzt einfach laufen.

I: Wie lange wollen Sie das laufen lassen?
Y: Ich lasse das laufen, dann kommt der Knall, nachdem jetzt die Enge kommt und ich bin sicher, die finanzielle Enge kommt plötzlich, dann kommen die Konflikte und dann erwarte ich, äääh Konflikt lösendes Verhalten von meinem Stellvertreter, in dem Prozedere, das ich als Rahmen angegeben habe. Der Rahmen steht ja schon. Und dann wird sich zeigen, das werde ich nicht nach einem Mal, wenn, wenn, wenn es knallt, durchziehen, nee ich werde auf jeden Fall auf's Prozedere drängen, auf Einhalten der Regeln und ggf. werde ich mit einer, mache ich aber, würde ich aber machen im Rahmen einer Gesamtstrukturänderung, der, des Geschäftsverteilungsplans würde ich Kompetenzen mehr umschichten. Ich würde niemals ihn, ich sage mal, versuchen, öffentlich zu demontieren, sondern ich würde das zu einem Zeitpunkt machen, wo das in eine größere Strukturänderung der Verantwortlichkeit eingebunden ist. Da würde ich das machen. Damit er zumindest für sich nach außen hin das Gesicht wahren kann, und ich würde ihm auch andere Bereiche dazu kommen lassen. Das heißt, ich würde eine Veränderung der Gesamt-, des gesamten Geschäftsverteilungsplans machen. Weil ich es nicht gut finde, dass er demontiert wird. Dass aber trotzdem klar ist, wer welche Rolle spielt. Sollte jemand allerdings über solch eine Position, das lag andeutungsweise darin, damals, meine Letztverantwortlichkeit in Frage stellen, ist das die *Kriegserklärung*. Das ist die Kriegserklärung und dann ist auch, dann gibt es auch nicht mehr viel. Dann gibt's noch einen Versuch, dann war's das. Wenn man aber im Rahmen des Bereiches bleibt, ist es okay.
(Pause)
[... Zur Kommunikationskultur im Kollegium]
I: Was meinen Sie denn, was in diesem Zusammenhang die Kollegen daran hindert, herauszukommen. Gibt es da was, was Ihnen einfällt? (Pause) Jetzt unabhängig vom Temperament der Leute.
Y: Ja, es kann auch schon sein, dass sie sich ääh, sage ich mal so, dass ... Manchmal bin ich wie ein *Panzer* (ratternd schnell gesprochen), ich habe, wenn ich 'ne bestimmte Richtung habe, dann lasse ich mich nicht aufhalten. Ich festige mich da. Das könnte sein, dass einige das fürchten. Schwer zu sagen. Also, dieses sich zurücknehmen müssen, ist schon sehr wichtig, weil dieses, sagen wir mal, dominante Verhalten, das ich manchmal an den Tag lege und manchmal auch nicht, das versuche ich schon zurückzunehmen in solchen Fällen. Das ist schlecht, wenn man also nur immer bestimmt, was man denken will und ääh, diese, ich bin ja Schulleiter, das heißt also, was ich will, ist schon ... oder wenn ich nicht diese oder jene Person fördern oder stärker fördern will, das ist schon wichtig für die, das ist dieses, diese Rollenproblematik Schulleiter – normaler Lehrer ist schon da. Und ganz verheimlichen kann man das ja nicht. Nur, mir kommt es nicht darauf an, zu sagen, dass man meine Ideen haben muss, sondern ich meine, man sollte eigene Ideen entwickeln. Die können fachlich sein (Schulglocke

Interviews und Befragungen 125

> ertönt), das ist mir gleich. Das würde ich unterstützen. Ich weiß nicht, manche (lauter werdend), oder manche wollen es ja auch vielleicht auch nicht."

Die Studierenden beantworten nun in Plenums-, Team- oder Einzelarbeit folgende Fragen. Für die Auswertung (s. auch Kap. 7.) ist es wichtig, das Material zum einen danach zu betrachten, wo Antworten auf die Untersuchungsfragen gegeben werden. Zum anderen spielen die Gütekriterien der Sozialforschung (zum Beispiel Nachvollziehbarkeit, Nachprüfbarkeit, Verallgemeinerbarkeit, Falltypik) und die Befragungsform sowie der Verwendungskontext eine wichtige Rolle. Benannt werden sollte daher auch der Kontext der Erhebung und die ausgewählten Methoden.

Mit der Software MAXQDA[9] können sodann die Ergebnisse als Codierung übertragen werden.

1. Was sind die formalen Aspekte der Befragung, des Befragten? Was fällt Ihnen an diesem Beispiel zunächst auf? Gleichen Sie nun in einer Diskussion zur kommunikativen Validierung Ihre Auswertungen miteinander ab.
2. Entwickeln Sie sodann einen Codierleitfaden und ordnen den Codes Farben zu. Maßgeblich sind hier zum einen der Frageleitfaden (s. Schulleitfaden im Anhang) und die folgenden formalen und inhaltlichen Aspekte.
3. Markieren Sie am als rtf-Dokument eingelesenen Text, wie sich die Redebeiträge bzgl. Themenanstoß, Weiterentwicklung, Bestätigung, Verdeutlichung anhand von Beispielen, Formulierung und Konklusion gestalten?
4. Wo erfahren Sie Informationen für das Erkenntnisinteresse der Forscherin? (Zielsetzung, Zusammenarbeit, Mitwirkungsmöglichkeiten, Entwicklungsmöglichkeiten, Gegenleistung)
5. Was sind die geschilderten Sachverhalte und was bedeuten sie ‚zwischen den Zeilen' für die Befragten und für das Erkenntnisinteresse der Forscherin?
6. Was sind die immanenten Fragen? Was sind die exmanenten Fragen?
7. Wo ist eine bes. interaktive Dichte und wo sind Metaphern festzustellen?
8. Über welche positiven und negativen Gegenhorizonte werden die Orientierungen des Befragten deutlich?

Das Ergebnis zu Frage 2 könnte in der von MAXQDA generierten Maske zunächst folgendermaßen aussehen.

---

[9] Zur Verwendung von MAXQD siehe auch Kuckartz et al. 2007. Daneben bieten auch andere Programme wie Atlas.ti Lösungen an.

126 Zugänge und ausgewählte Studien

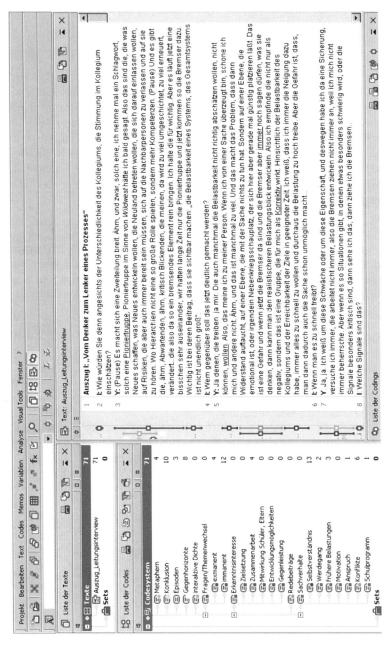

Abbildung 17   Codeliste

Interviews und Befragungen 127

Das Ergebnis zu den Fragen sechs (immanenter und exmanenter Themenwechsel) und sieben (Metaphern) könnte sodann zum Beispiel aussehen wie in dieser durch *Textretrieval-Funktion* erstellten Übersicht:

Text: Auszug_Leitungsinterview

Code: Fragen/Themenwechsel\exmanent
I: Hmh. Was sehen Sie denn da für Möglichkeiten für sich, also was kann man da machen? Um diesen Konflikt nicht eskalieren zu lassen und, um auch die Neuen nicht zu sehr zu brüskieren? Das kann ja die Gefahr sein, so wie ich das jetzt verstehe.

Code: Fragen/Themenwechsel\exmanent
I: Können Sie sich denn vorstellen, dass von Ihnen erwartet wird, dass Sie ihm den Posten da entziehen sollten?

Code: Fragen/Themenwechsel\exmanent
I: Können Sie sich außer dieser Sache Geschäftsverteilungsplan, Verfahren klar regeln, noch andere Punkte im Gesamtkollegium vorstellen, die die formalen, die die Zusammenarbeit beeinträchtigen oder positiv beeinflussen, weil es ja auch viel mit der Motivation als Lehrer zu tun hat? Die Arbeitszufriedenheit da, gibt es da noch andere Punkte formaler Aspekte, die die Zusammenarbeit betreffen?

Code: Fragen/Themenwechsel\immanent
I: Haben Sie sich denn, oder fühlen Sie sich denn im Kollegium auch wohl (...) dabei?

Code: Fragen/Themenwechsel\immanent
I: Was würden Sie sich denn da wünschen, dass das sich ändert oder besser wird?

Code: Fragen/Themenwechsel\immanent
I: Und das haben Sie auch so gesagt, dass Sie das so heraufziehen sehen?

Code: Metaphern
Verkündigungsstil

Code: Metaphern
Y: Auf die Kanzel stellt und sagt: „Ich bringe Euch der Weisheit Lehre bei".

Code: Metaphern
Y: Neuland

Code: Metaphern
Y: Bremser

Code: Metaphern
Y: Nebenkriegsschauplatz

Code: Metaphern
Y: Ja, es kann auch schon sein, dass sie sich ääh, sage ich mal so, dass ... Manchmal bin ich wie ein *Panzer* (ratternd schnell gesprochen), ich habe, wenn ich 'ne bestimmte Richtung habe, dann lasse ich mich nicht aufhalten.

Analyseschritte
Ein besonderer Aspekt der Auswertung kommt der Beurteilung der Schulleitung zu, die sich zwar gegenüber neuen Ideen als offen und innovativ versteht, im Führungsverhalten aber als wenig klar, motivierend und partizipatorisch beurteilt wird. In diesem Kontext soll die folgende Interpretationssequenz paradigmatisch spezifische Grundhaltungen, Werte und Handlungsvollzüge im Machtgeflecht der Schule sowie die Verallgemeinerungs- und Vergleichsmöglichkeiten aufzeigen, die sich aus den gewonnenen qualitativen und quantitativen Daten ergeben.

Exemplarische Fallanalyse
1. Zusammenfassung/Kurzprotokoll:
In dem 2 Stunden und 45 Minuten dauernden Gespräch mit dem Schulleiter (Y) versucht Y sogleich zu Gesprächsbeginn ein vorbereitetes Konzeptpapier über die Aspekte der Schulentwicklung einzubringen. Das Gespräch ist durch abschweifende Exkurse mit stark dozierenden Anteilen des Interviewten geprägt, was es schwierig macht, den „roten Faden" zu verfolgen. Unterstützt wird dies durch eine geschlossene Körperhaltung und das Vermeiden von Blickkontakt und einem Blick in die ‚Ferne'. Zentral und wiederholt angesprochenes Problemfeld ist (bei einem grundsätzlichen Wohlgefühl des Schulleiters) die Zusammenarbeit und Akzeptanz seiner Schulleitungsarbeit. Die ambivalente Doppelrolle, zugleich Schulleiter und Kollege zu sein, wird als eine anstrengende (wie mit vielfachem Stöhnen ausgedrückt) Herausforderung geschildert, mit der Y sich vollkommen identifiziert. Begeistert geht Y wiederholt auf die Gründerzeit zurück, die er als „Pionierzeit" und „Wildwest" beschreibt. Y reflektiert, wo die Schwächen der Schulleitungsarbeit liegen können, dies aber nur bis zu der Grenze, dass seine Position nicht infrage gestellt wird. Rasch betrachtet er Widerstände als „Kriegserklärung" und bleibt wenig entspannt. Er verwendet oft kriegerisches Vokabular, was plastisch seine als Kampfsituation

und Anspannung empfundene Arbeit illustriert. Verbesserungsmaßnahmen fallen Y gleichfalls ein. Aber auch hier kommt er über sein persönliches Bedürfnis ‚alles im Griff zu haben', nicht hinaus und hat Schwierigkeiten, weniger ambitionierte und arbeitsorientierte Kollegen zu akzeptieren. Polemische Seitenhiebe auf freizeitorientierte und spielerische Elemente der Arbeit verdeutlichen dies bei einem gleichzeitigen Anspruch, mehr Sozialkompetenz in den Lehrplan aufzunehmen, die gerade eine innovative Lernkultur erfordert.

Zum Teil wurden provokative Fragetechniken eingesetzt, um den Widerspruch zwischen Anspruch und Wirklichkeit zu fassen. Seine Entwicklungsmöglichkeiten betrachtet Y als „eigentlich nicht mehr steigerungsfähig". Gleichwohl sieht er das Problem, dass sein Ziel, einen „partnerschaftlichen Führungsstil" zu pflegen, mit einem [unterstellten] „paternalistisch-hierarchischem Führungsverständnis" des Kollegiums konfligiert. Y steht bzw. stand in vielfältigen Konflikten sowohl mit einigen Kollegen als auch mit der Elternschaft.

2. Vergleichende und rekonstruktive Interpretation im Methodenmix

Der Befragte schildert zunächst seine Motivation, Lehrer zu werden, mit einem biographischen Rekurs. Über die Horizonte ‚gute und schlechte Lehrervorbilder' zur eigenen Schulzeit, entfaltet sich das Ideal, neben der fachlichen Begeisterung, „Problemlösetechniken" zu vermitteln und „Schüler in den Unterrichtsprozess als Menschen schon ganz früh in der untersten Klasse ernst" zu nehmen. Y „missachtet" dabei „herabwürdigendes, herabsetzendes" Verhalten, das „die geistigen Interessen der Schüler behindert" und den Unterricht im „Verkündigungsstil" von der „Kanzel herab" impliziere. Diese kritische Distanz gegenüber dem Missbrauch von Autorität findet bereits im frühen Engagement des Befragten für die Schülervertretung ihren Niederschlag. Erziehung zur Selbstständigkeit und die Vermittlung von Spaß und Freude am Fach sind ihm als Lehrer besonderes Erziehungsziel.

Mit der Metapher nicht ‚von der Kanzel herab' predigen zu wollen, reiht Y sich in langfristiger Perspektive betrachtet in eine *obrigkeitskritische* bildungsbürgerliche Tradition ein, die sich bis in die Zeit des Kulturkampfes unter Bismarck und des Zeitalters der Aufklärung zurückverfolgen lässt. So wurde vor Einführung der allgemeinen Volksschulpflicht von 1870 Unterricht für die breiten Massen, sofern überhaupt vorgesehen, in lateinischer Sprache abgehalten. Der oftmals rohe Katechismus- und Bibelunterricht – hier in der Metapher der Kanzel versinnbildlicht – diente weniger der Entwicklung selbständigen Denkens als vielmehr der Gehorsamspflicht und Anpassungsfähigkeit an die staatlichen Belange militärischer Expansion und merkantilistischen Wirtschaftsstrebens. Ausgebildet wurden vorrangig männliche Beamte, Soldaten, Bauern und Lohnarbeiter. Gegenüber den schlechten Volksschulen und im Zuge des sich offenbarenden Bildungsnotstandes wurden im Laufe des 19. Jahrhunderts vermehrt Gymnasien, Industrie- und Mittelschulen gegründet bzw. ausgebaut, die sowohl zu einer Alphabetisierung der Bevölkerung (bei der jedoch Arbeiter- und Bauernkinder zurückstanden) von bis zu 82 %, als auch zu einer Differenzierung des Bildungswesen in althumanistische und technische Schulen und Hochschulen führte (vgl. Ernst 1999: 110–116, 210–215). Vor dem regionalen katholischen Hintergrund der hier untersuchten Schule und der Herkunft Ys, aus einer weitgehend katholisch geprägten Region, ist diese Metapher signifikant.

Im weiteren Projektverlauf wurden diese qualitativ erhobenen Daten mit quantitativen Datenelementen verglichen. Dabei wird in Übereinstimmung mit den anderen Befragten bei der Frage nach der individuellen und beruflichen Zufriedenheit sowie der Lernziele der Wissensvermittlung eine hohe Bedeutung (Streuwert: 30 % bis 95 %, Mehrheit: 60 %) und beruflichen Qualifizierung (Streuwert: 30 % bis 80 %, Mehrheit: 60 %), gefolgt von der Vermittlung sozialer Kompetenzen (Streuwert 20 % bis 60 %, Mehrheit: 25 %) und der Persönlichkeitsbildung (Streuwert 20 % bis 60 %, Mehrheit: 40 %) zugeschrieben. Als wichtigstes Erziehungsziel gilt Verantwortungsbereitschaft, als unwichtigstes die Disziplin. Die Vermittlung von Verantwortungsbereitschaft im schulischen Alltag wird mit 2,5–2,8 auf einer Skala von 1 (sehr gut) bis 6 (schlecht) bewertet.
Kommt man zum Interview zurück, dann stellt Y, ausgelöst durch einen internen Themenwechsel der Interviewerin, über die Stimmung im Kollegium fest:

> „Y: Es macht sich eine Zweiteilung breit. Ähm, und zwar, solch eine, ich nehme mal ein Schlagwort, solch eine Pioniertruppe, Pioniertruppe im Sinne von Wildwest hätte ich bald gesagt. Also das sind die, die was Neues schaffen, was Neues entwickeln wollen, die Neuland betreten wollen, die sich darauf einlassen wollen, auf Risiken, die aber auch immer bereit sein müssen, sich auf die Nachbarpersonen zu verlassen und auf sie zu hören. Wo Hierarchien nicht eine so große Rolle spielen, sondern mehr Kompetenzen. (Pause) Und es gibt die, ähm, Abwartenden, ähm, kritisch Blickenden, die meinen, da wird zu viel umgeschichtet, zu viel erneuert, verändert ... die also da so ein bremsendes Element rein bringen. Ich halte die für wichtig. Aber es läuft jetzt ein bisschen sehr auseinander, wir hatten lange Zeit nur die Pioniertruppe und jetzt kommen so die Bremser dazu. Wichtig ist bei deren Beitrag, dass sie sichtbar machen: ,die Belastbarkeit eines Systems, des Gesamtsystems ist nicht unendlich groß'."

Im Vergleich mit den anderen Gesprächen an der Schule zeigt sich eine hohe Übereinstimmung in der Einschätzung der gegenwärtigen Situation, die als zunehmende Separierung beschrieben wird. Sie äußert sich sowohl symbolisch in der gruppierten Sitzordnung im Lehrerzimmer als auch faktisch in einem zu geringen Informationsaustausch im Kollegium. Y erklärt sich dieses Phänomen mit der Entwicklung des Gymnasiums, die von einer Aufbau- und Pionierphase als geschlossener, egalitärer Gemeinschaft in eine zweigeteilte Gruppe von „Pionieren" und „Bremsern" geführt hat. Obgleich die „Bremser" „nicht nur als negativ" von Y gesehen werden, sondern vielmehr als unabkömmliches Korrektiv für die vorauseilende „Pioniertruppe" fungieren, zeigt sich im Weiteren eine implizit höhere Wertschätzung der Pioniertruppe. Mit großem Nachdruck und starker emotionaler Beteiligung rekurriert Y wiederholt auf die Gründungsphase des Gymnasiums, die ihm nicht nur als Ära der Eintracht und Kollegialität erscheint, sondern in der gewissermaßen eine zupackende Truppe eingeschworener Eroberer sich den neuen „Wilden Westen" erschlossen hat.

In Analogie dazu wird von den anderen befragten Lehrern festgestellt, dass hohes Engagement selbstverständlich in der Schule vorausgesetzt, jedoch nicht ausreichend transparent gemacht und gewürdigt wird. Hier knüpfen sich daher die Erwartungen an die Schulleitung, die präsenter, verbindlicher, klarer und gerechter sein müsse. Y weiß um diese Problematik und räumt selbstkritisch ein, „durchaus die Belastung zu hoch" zu treiben und er versucht, auf Anzeichen der Überlastung zu achten. Diese Sicherung „arbeitet" aber nicht immer, sodass Konflikte auftreten.

Gefragt nach konkreten Konfliktfällen und Problemlösungen schildert Y einige Episoden, die den Komplex innerschulischer Spannungen und Machtkonflikte aufzeigen und auf zentrale Konflikte innerhalb der Schulleitung verweisen. Deutlich wird dabei das Selbstbild eines Einzelkämpfers, der sich neuen Herausforderungen unermüdlich mit „Zähigkeit" stellen will und sich gezwungen sieht, „von dem Alleskönner am Anfang (...) zu einem ganz anderen Lenker eines Prozesses" zu werden. Dies „verlangt von mir viel", so beteuert Y, und es erfordert eine neue kollegiale „Rollenvorstellung", die beinhaltet, „die Voraussetzung in meinem Inneren [zu] schaffen, Anderen die Verantwortung und Entscheidungsbefugnis zu geben". Dies gehe aber nur, insoweit Transparenz unter den Beteiligten herrsche und die finanziellen Ressourcen der Fachgruppen ausgeglichen seien.

Y möchte die Entwicklung vom Einzelkämpfer zum ‚Teamplayer' vollziehen, steht aber der inneren Barriere seines ambivalenten Macht- und Führungsverständnisses gegenüber. Im Konflikt mit dem Kollegen A zeigt sich deutlich sein Machtanspruch darin, dass Y die Rahmenbedingungen definiert, innerhalb derer das Kollegium agieren soll. Bezogen auf den Finanzhaushalt der Schule stellt er fest, dass der künftige Etat kleiner ausfallen werde und bislang unterdrückte Konflikte eskalieren könnten. Y schwebt dabei entweder die Möglichkeit vor, „A diese Kompetenzen" zu entziehen oder eine „komplette Veränderung des Geschäftsverteilungsplanes" durchzuführen. Der folgenden gekürzten Passage kommt in ihrer metaphorischen Dichte und Konklusion eine Schlüsselrolle für das Deutungsmuster eines ‚lenkenden Pioniers' zu, der „wie ein Panzer" über Widerstände rollt. Gefragt nach potenziellen weiteren Handlungsmöglichkeiten aktualisiert Y nachdrücklich sein Selbstverständnis als Schulleiter, indem er den schwelenden Konflikt der Mittelbewirtschaftung rekonstruiert. Nachdem er das „Prozedere der Haushaltsverwaltung detaillierter festgelegt" habe, hat Y es zunächst „darauf bewenden lassen":

> „Y: Ich hab das, das ist eine Konferenz, habe ich mich durchaus natürlich auf den *Schulleiterstuhl* gesetzt, ja. Äääh, und noch mal klar gemacht, wo, welche Kompetenzen sind, ne. Äääh, und dass ich das *Prozedere* festlege und dass im Rahmen des *Prozederes* jeder eigenverantwortlich handeln darf. Das gilt für jeden, der Schulleiterfunktionen von mir übernimmt. Äääh, das gilt auch für die Erprobungsstufe und für die Mittelstufe. Das ist natürlich immer nicht konfliktfrei, weil auch immer wieder mal Übergriffe versucht werden. Das kommt so vor, das ist normal, nicht, das ist, ist, ist, ganz, aber ich kann nicht Verantwortung abgeben, ohne dass nicht das auch ausgelotet wird, wie das im Einzelnen geht und wie, was ich für Kontrollfunktionen übernehme und welche Art von Kontrollen ich mache. Äääh, ne in diesem Fall, also jetzt den um den, diesen Fall, wollte ich exemplarisch zeigen, „ich gebe Verantwortung ab, ja, ich gebe sie aber nur ab in einem bestimmten Verfahren". Und, wenn das Konsens ist. In dem die Rollen klar sind und die Spielregeln klar sind. Und das habe ich als Probelauf, lasse ich das jetzt einfach laufen.
> I: Wie lange wollen Sie das laufen lassen?
> Y: Ich lasse das laufen, dann kommt der Knall, nachdem jetzt die Enge kommt und ich bin sicher, die finanzielle Enge kommt plötzlich, dann kommen die Konflikte und dann erwarte ich, äääh Konflikt lösendes Verhalten von A, in dem Prozedere, das ich als Rahmen angegeben habe. Der Rahmen steht ja schon. Und dann wird sich zeigen, das werde ich nicht nach einem Mal, wenn, wenn, wenn es knallt, durchziehen, nee ich werde auf jeden Fall aufs Prozedere drängen, auf Einhalten der Regeln und ggf. werde ich im Rahmen einer Gesamtstrukturänderung, des Geschäftsverteilungsplans würde ich Kompetenzen mehr umschichten. Ich würde niemals ihn, ich sage mal versuchen, öffentlich zu demontieren, sondern ich würde das zu einem Zeitpunkt machen, wo das in eine größere Strukturänderung der äääh Verantwortlichkeit eingebunden ist. Da würde ich das machen. Damit er zumindest für sich nach außen hin das Gesicht wahren kann und ich würde ihm auch andere Bereiche dann zukommen lassen. Das heißt, ich würde eine Veränderung der Gesamt-, des gesamten Geschäftsverteilungsplans machen."

Demokratischer Anspruch auf der einen und mit Bedrohungsphantasien unterlegtes machtstrategisches Handeln machen auf der anderen Seite das grundlegende Dilemma von Y's Perspektive aus, was nicht folgenlos für die Ausübung der Schulleitungsarbeit ist.

> „Y: Sollte jemand allerdings über solch eine Position, das lag andeutungsweise darin, damals, meine Letztverantwortlichkeit in Frage stellen, ist das die *Kriegserklärung*. Das ist die Kriegserklärung und dann ist auch, dann gibt es auch nicht mehr viel. Dann gibt's noch einen Versuch, dann war's das. Wenn man aber im Rahmen des Bereiches bleibt, ist es okay."

In dieser Machtarithmetik gestaltet sich für Y Schulleitungsarbeit als (militärische) mikropolitische Arena, in der einzig als Legitimationsfassade partizipative Elemente der Evaluation und Beteiligtenorientierung aufgenommen zu werden scheinen. Agierende werden hier nicht zu Akteuren mit Gestaltungs- und Definitionsmacht. Im Vergleich zu diesem eng vorgegebenen nahezu oligarchischen Handlungsrahmen ist die Diagnose des Kollegiums, dass es an Anerkennung und Wertschätzung für das außerfachliche Engagement der Lehrerschaft mangele, wenig überraschend. Anhand weiterer Konfliktepisoden, die sowohl von Y's ‚Gegenspielern' als auch im Schulleiterinterview selbst häufig aktualisiert werden, entfaltet sich das mit militärischen Metaphern illustrierte Bild eines gleichsam einsamen, in abwartender Stellung verharrenden ‚Feldherrn'. Nachdem im Gespräch das unterschiedliche Engagement der Lehrerschaft und gemeinsame „sehr lockere, gemütliche und aufbauende" Aktivitäten des Kollegiums beschrieben werden, fragt die Interviewerin nach konkreten Kommunikationsformen zwischen Schulleitung und Kollegium. Besonders introvertiertere, zurückhaltende Kollegen brauchen eine gezielte Ansprache, so die Hypothese, um Y's Anspruch „Türen öffnen, Wege planieren" zu können, umzusetzen.

> „I: Was meinen Sie denn, was in diesem Zusammenhang die [Kollegen, S.E.] daran hindert, herauszukommen? Gibt es da was, was Ihnen einfällt? (Pause) Jetzt unabhängig vom Temperament der Leute.
> Y: Ja, es kann auch schon sein, dass sie sich ääh, sage ich mal so, dass ... Manchmal bin ich wie ein Panzer (schneller sprechend), ich habe, wenn ich 'ne bestimmte Richtung habe, dann lasse ich mich nicht aufhalten. Ich festige mich da. Das könnte sein, dass einige das fürchten. Schwer zu sagen. Also, dieses „sich zurücknehmen müssen", ist schon sehr wichtig, weil dieses, sagen wir mal dominante Verhalten, das ich manchmal an den Tag lege und manchmal auch nicht, das versuche ich in solchen Fällen schon zurückzunehmen. Das ist schlecht, wenn man also nur immer bestimmt, was man denken will und äääh, diese, ich bin ja Schulleiter, das heißt also, was ich will, ist schon ... oder wenn ich nicht diese oder jene Person fördern oder stärker fördern will, das ist schon wichtig für die, das ist dieses, diese Rollenproblematik Schulleiter – normaler Lehrer ist schon da. Und ganz verheimlichen kann man das ja nicht. Nur, mir kommt es nicht darauf an zu sagen, dass man meine Ideen haben muss, sondern ich meine, man sollte eigene Ideen entwickeln. Die können fachlich sein (Schulglocke ertönt), das ist mir gleich. Das würde ich unterstützen. Ich weiß nicht, manche, (lauter werdend) oder manche wollen es ja auch vielleicht auch nicht."

Im weiteren Verlauf entwickelt Y eine Sensibilität für die Integration derjenigen Kollegen, die andere Ansprüche an ihren beruflichen Alltag haben und kommt zu der Konklusion, dass Klarheit und Transparenz mehr Gewicht bei seiner Schulleitungsarbeit erhalten müssen und Macht damit neu verteilt wird. Die Endauswertung und Rückspiegelung der gesamten Befragungsergebnisse führte auf einem schulinternen Workshop dazu, dass das Kollegium sich neben weiteren Themen die Intensivierung der Zusammenarbeit zur Aufgabe machte und Regeln dafür formulierte. Bezogen auf die Transparenz und Führungsarbeit stand fest, dass der Informationsfluss verbessert und Verantwortlichkeiten detailliert ausgearbeitet und begründet werden müssen.

Ein weiteres Beispiel aus der aktuellen Forschung zur *Subjektivierung von Arbeit* soll im Folgenden besonders die *fallvergleichende Analyse* von Interviews aufzeigen.

6.7.4 Anwendungsbeispiel: Vergleichende Interpretation zu Subjektivierung und Entgrenzung

Die hier in Auszügen präsentierten Interviewbeispiele rühren aus dem eingangs angeführten laufenden Projekt zur Befragung Soloselbstständiger und Pflegekräfte. Es schließt an den Überblick zum Forschungsstand und zur Indikatorenbildung an und geht Fall und Feld vergleichend vor, um eine breite emprische Sättigung und Kontrastierung auszuschöpfen.

Forschungskontext: Subjektivierung in begrenzt entgrenzten Arbeitsfeldern
In zahlreichen Untersuchungen wird die Transformation der Arbeitsgesellschaft konstatiert, die einerseits als Subjektivierung von Arbeit oder (begrenzte) Entgrenzung der Arbeits- und Lebenssphäre bezeichnet wird und andererseits Prekarisierungsrisiken birgt. Die Frage, anhand welcher empirischen Befunde im Spezifischen ein grundlegender und generalisierbarer Wandel im Arbeits- und damit verbundenen Privatleben schlechthin beobachtet werden kann, ist dabei noch vergleichsweise offen.
Zwischen der totalen Marktförmigkeit des Individuums auf der einen und der Rückeroberung des Subjektes in nicht-entfremdeter Arbeit (vgl. Kocyba 2000: 137) auf der anderen Seite scheint sich jedoch der tradierte bürgerlich-protestantische Arbeitsethos zu einer flexibilisierten und subjektivierten Multijobber-Mentalität zu entwickeln. Mit den damit einhergehenden Statusängsten verändern sich auch die Gefühlsnormen, so die These, spezifisch. Welche Akteure dabei aber in welcher Form betroffen sind und welcher Gewinn aus einer prozesstheoretischen Perspektive auf den Wandel von Selbst- und Fremdregulierung sowie Emotionsstrukturen in Arbeitsprozessen gezogen werden kann, wird im Folgenden aufgezeigt. In dieser Entwicklung sind Machtprozesse angelegt, die in der deutschen Organisationssoziologie eher kaum oder recht einseitig betrachtet werden (vgl. Ofner 2000: 85 ff.). Die Industriesoziologie konzentriert sich etwa zu sehr auf industrielle Großunternehmen, neue Managementkonzepte und hochqualifizierte Arbeitskräfte, sodass die „Vielfalt der betrieblichen Realität" (Bosch 2000: 266), die Mischung tayloristischer

und post-tayloristischer Arbeitsformen, weiter erfasst werden sollte. Heterogene Beschäftigungsverhältnisse evozieren vielmehr einen affektiven Charakter und erfordern eine „reflexive Arbeitsgestaltung" und Lebensführung (Voss/Warsewa 2006: 136). Böhle sieht mithin das moderne Subjektverständnis zur Disposition gestellt und spricht von Stresszunahme, Entgrenzung, „Instrumentalisierung von Eigeninitiative" und Verantwortung als „Schattenseiten der Subjektivierung" (Böhle 2002: 119): eine Subjektivierung, die einstmals als Siegeszug über die Entfremdung im Arbeitsprozess angestrebt und gefeiert, nicht intendierte Nebenfolgen zeigt, deren emotionale Kehrseite aus dem „Konzept rationalen Handelns ausgegrenzt und dem Bereich des Nicht-Rationalen zugeordnet wird" (ebd.: 120). Subjektivierung impliziert als dialektische „Wechselwirkung zwischen Subjektivierung als Zwang und Subjektivierung im Interesse der Subjekte" (Lohr 2003: 525 f.) im hier vorgestellten Kontext individuelle Sozialisationserfahrungen, Orientierungs- und Wahrnehmungsmuster und fließt in die konkrete Arbeitsleistung ein. Mit Elias (1987) gehe ich von der Ambivalenz von Individualisierungsprozessen und von einer doppeldeutigen Selbststeuerung aus, die nicht nur mit strukturellen Zwängen, sondern auch explizit mit neuen Optionen einhergeht.

Inzwischen liegen einige Untersuchungen zum Wandel industriellen und nichtindustriellen Arbeitshandelns vor (vgl. u. a. Gottschall/Betzelt 2003). Gleichwohl bleiben weiteres empirisches Material und theoretische Konzepte zu entwickeln, um die *affektuelle* Seite subjektivierten und flexiblen Arbeitens mit seinen „kontingenten und ambivalenten Effekten" (Nickel/Lohr 2005: 14) für Männer und Frauen gleichermaßen aufzuzeigen. Dabei wird gegenwärtig das Arbeitssubjekt zumeist als einseitig unterworfen gesehen und die Transformation nahezu als repressives Wirkungsverhältnis dargestellt. Der Einzelne als Akteur wird in dieser verengten Perspektive jedoch unterschätzt, denn er ist nicht einfach nur Opfer marktinduzierter Zurichtungsprozesse und Vereinnahmungen, sondern in ein Wechselspiel individueller Optionen und struktureller Verflechtungszwänge eingebunden.

Insbesondere handelt es sich um ein Geflecht individuellen Handelns in einer Figuration interdependenter Akteure in spezifischen (Dienstleistungs-)Märkten, die einer anderen Logik folgen als die betriebliche oder industrielle Arbeit. Aus einer prozesstheoretischen Perspektive wird das Selbstverständnis im Feld der ambulanten Pflege und in soloselbstständiger Arbeit zwischen (begrenzter) Entgrenzung, verstärkter Ökonomisierung und potenzieller Prekaritätslage, zwischen Selbstvermarktungsdruck und Subjektivierung analysiert. Die sich dabei gegenüberstehenden Pole von Selbstgestaltungsmöglichkeiten sowie beruflicher Zufriedenheit werden mit den (Planungs-) Unsicherheitslagen privater wie auch beruflicher Art sowie Selbstregulierungen konfrontiert. Die Erkenntnis, dass die Entgrenzungserscheinungen zu einer zunehmend selbstverantwortlichen Strukturierung des Arbeitens führen, wird mittlerweile oft mit dem Begriff der ‚fremdinduzierten Selbstorganisation' beschrieben (vgl. Dörre 2005). Die subjektiven

Einschätzungen der Erwerbspersonen zum alltagspraktischen Umgang mit den Anforderungen der Selbstorganisation und die sich wandelnden Gefühlsideale als einer spezifischen Form reflexiver Subjektivierung bzw. Selbstemotionalisierung sind neben der Trias Selbstkontrolle, Selbstrationalisierung und Selbstökonomisierung (vgl. Voß/Pongratz 1998) in der empirischen Diskussion jedoch noch relativ unbekannt (vgl. Egbringhoff 2003: 152).

Das Arbeitsverständnis und die Gefühlsregulierung im tertiären Sektor, besonders im Bereich personen- und unternehmensbezogener Dienstleistungen ist zudem ein besonderes Feld der Untersuchung, um hier sowohl die Prekarisierungsrisiken wie auch Integrationspotenziale für weitgehend ausgeschlossene oder benachteiligte Gruppen aufzuspüren. Zudem sind sie als beschäftigungsintensivster Wirtschaftszweig ökonomisch relevant, was auch „zu einer erheblichen Beschleunigung von Tertiarisierungsprozessen" (Friese/Thiessen 2003: 79) führt.

Besonders in den *Kulturberufen*, die als „Vorreiter gelten, da hier selbstständige Erwerbsformen bereits eine längere Tradition haben" (Betzelt/Gottschall 2007: 126), hat sich der Beschäftigungszuwachs unter der Alleinselbstständigkeit niedergeschlagen. *Kulturelle* Dienstleistungen bergen sowohl traditionelle und privilegierte Formen der Selbstständigkeit als auch angesichts der Expansion und des verschärften Ökonomisierungsdrucks dieses Bereiches neue bzw. verschärfte Anforderungen an den Einzelnen. Es ist anzunehmen, dass Formen der Flexibilisierung von Arbeit, insbesondere in zeitlicher und räumlicher Hinsicht subjektivierende Wirkungen haben, da sie mit wachsenden Gestaltungserfordernissen einhergehen und die Entfremdung in Arbeitsprozessen mildern. Dass dabei nicht der ganze Mensch gewissermaßen mit ‚Haut und Haar' vereinnahmt wird, sondern aktive und eigensinnige Gestaltungsweisen von Arbeit und Leben vollzogen werden, verdeutlichen die Befragten im Rahmen des Projektes.[10] Im Forschungsfeld der *Soloselbstständigkeit* ergibt sich aus dem Zusammenspiel normativer Subjektivierungs- und Individualisierungsprozesse eine eigene, kreative Umgangsweise jenseits einseitiger, reflexiver Marktanpassung.

Der zweite empirische Bezugspunkt des Projektes liegt in der ambulanten Pflegearbeit, die mit der 1995 eingeführten Pflegeversicherung eine Bevorzugung der *ambulanten* vor der *stationären Versorgung* impliziert. Der enorme Zuwachs ambulanter Pflegeeinrichtungen in Deutschland machte sich 2005 an 11.000 ambulanten Pflegediensten fest, in denen 21.400 Personen überwiegend als abhängig Beschäftigte arbeiteten. Auf einen Pflegedienst entfallen durchschnittlich 19 Beschäftigte. Bei 66% der im ambulanten Pflegedienst Beschäftigten handelt es sich um ausgebildete Fachkräfte; zudem sind 88% der Mitarbeiter in ambulanten

---

[10] Mein besonderer Dank gilt den engagierten Studierenden Jessika Barg, Huriye Birinci, Thomas Pribbenow, Mirko Suhari, Vanessa Weber und Anita Wiemer, die im Rahmen des Projektes Daten über Soloselbstständige und Pflegekräfte erhoben und aufbereitet haben.

Diensten Frauen (vgl. Dumeier 2001: 319; Statistisches Bundesamt 2005: 5). Die Ansprüche an Qualität sichernde Maßnahmen, Dokumentation und zeitliche Taktung des Pflegehandelns wachsen und haben direkte Auswirkungen auf die Arbeitsbedingungen. Subjektives Arbeitsvermögen ist vermehrt einzubringen, fachlich tradierte Ansprüche sind mit neuen Vorgaben zu balancieren. Parallel wird der Pflegeberuf akademisiert und professionalisiert, was zudem eine „fortschreitende ökonomische Durchrationalisierung des Gesundheitswesens", „Dezentralisierung und Dehospitalisierung, aber auch die zunehmende Marktförmigkeit des Gesundheitssystems und die damit in Blick geratene Kundenorientierung" (Bock-Rosenthal 1999: 30) auf ambivalente Weise stützt.

Anhand der Dimensionen Selbstökonomisierung, Selbstrationalisierung, Selbstkontrolle, Entgrenzung, raum-zeitliche, ökonomische und soziale Organsiationsformen werden die subjektiven Deutungen der Beschäftigten in diesen Fallbeispielen exemplarisch rekonstruiert. Drei private und freigemeinnützige Pflegedienste, inklusive der Führungskräfte- und Mitarbeiterebene sowie eine Pflegedienstleitung (n = 10; davon 4 Männer, 6 Frauen) und 14 Soloselbstständige (4 Frauen und 10 Männer) in der Kulturarbeit wurden in leitfadengestützten Interviews befragt. Mit dem breit angelegten Sample sind sowohl die persönlichen Lebensumstände der befragten Soloselbstständigen, die Branchen, das Geschlecht und die Qualifikationsniveaus durchaus unterschiedlich. Die heterogene Untersuchungsgruppe zeichnet sich zum einen durch 28 bis 58-jährige Soloselbstständige aus, die zwischen zirka sechs Monaten bis achtzehn Jahren in den Arbeitsbereichen Journalismus, Eventmanagement, Kunst- und Musikproduktion, Weiterbildung, Lektorat, Bild gebendes Gewerbe/Fotografie selbständig tätig sind. Zum anderen sind die angestellten ambulant tätigen Pflegekräfte zwischen 20 und 59 Jahren alt und verfügen über bis zu 30 Jahre Berufserfahrung.

Entgrenzung in raum-zeitlicher und sozialer Dimension
In dieser Fall und Feld vergleichenden Interpretation wird zum Aspekt der Entgrenzung deutlich, dass Soloselbstständige eine spezifische Gratwanderung zwischen dem Wunsch nach organisationaler Einbindung und Selbstorganisation bewältigen müssen. So meint eine befragte freie Journalistin:

„Also, ich hätte gerne, sagen wir mal eine Wochenstruktur, wo ich ein paar feste Sachen habe, die ich abhaken kann, dass ich weiß: ich kann das Brot kaufen. [...] Dann hätte ich gerne ein Thema, was mich über längere Zeit beschäftigt. Sagen wir mal eine größere Geburt, also eine Spaßsache, wo du mit dem Herzen dabei bist. Dann hätte ich gerne, dass man die freien Mitarbeiter auch ein bisschen in die Redaktion einbindet, damit du das geistige Thema in der Redaktion verfolgen kannst. Damit du auch bessere Vorschläge, die in ihre innere Wirklichkeit passen, geben kannst.

Denn so stößt du ja immer ins Blinde von außen. Also, du bist intellektuell dort nicht mit drin. [...] Also das Feste, das Kreative und ein bisschen Kommunikation mit den Auftraggebern, so was hätte ich gerne. Ich bin gerne bereit acht Stunden oder zwölf Stunden am Tag zu arbeiten." (Journalistin, Y: 329 ff.)

Diese von vorneherein als betrieblich entgrenzt zu bezeichnende Befragte strukturiert ihre Arbeitszeiten weitgehend selbst und strebt eine festere Einbindung an, während ein anderer Befragter sich explizit für die freie Mitarbeit entschieden hat, „weil ich irgendwie dann immer das Gefühl habe: jetzt, ist es meine eigene Entscheidung, wenn ich arbeite." (Freier Journalist, M5: 281 ff.)

Die Gestaltung der Arbeitszeiten ist für die Alleindienstleistenden jedoch überwiegend durch die Auftragslage vorgegeben, ausgesprochen kundenorientiert und erfordert häufig extensive Arbeitszeiten: „Entweder du arbeitest zwanzig, vierundzwanzig Stunden am Tag oder [...] du lässt es bleiben. Wenn du nicht bereit bist, das zu machen, denn kannst du gleich aufhören." (Mediengestalter, M4: 127 ff.) Einen durchschnittlichen Arbeitstag wie vergleichsweise bei einem *Normalarbeitsverhältnis* konnte keiner der Befragten beschreiben. Sowohl die Arbeitszeiten als auch die Erwerbsarbeitsorte variieren täglich bzw. projektbezogen. Die Tage sind von den Befragten selbst zu strukturieren und zu begrenzen. Der Wechsel der Arbeitsorte erfordert somit ebenfalls eigene Koordinationsleistungen. Dieses spezifische, selbst zu gestaltende Verhältnis von Erwerbs- und Privatzeit bildet einen zentralen und ambivalenten Aspekt der Lebensführung Soloselbstständiger.

Da es sich im Kontrast dazu bei den *Pflegekräften* um abhängig Beschäftigte handelt, sind die Arbeitszeiten in der Regel festgelegt und beinhalten Schichtdienst wie auch Wochenendarbeit. Eine zeitliche Entgrenzung tritt dann ein, wenn durch krankheitsbedingte Ausfälle anderer Kollegen Dienste übernommen werden müssen. Nahezu alle Befragten berichten davon, gelegentlich freie Tage zu opfern oder regelmäßig in Rufbereitschaft erreichbar zu sein. Eine Pflegekraft beschreibt die Entgrenzung zwischen Arbeitszeit und Freizeit damit, dass man bei einem Verschlechterungszustand bei den Leuten [...] denn noch mal hinfähr(t) und da noch mal guck(t) mit dem Kollegen denn selber zusammen, wie schaut's aus [..., S.E.] und da geht dann natürlich auch *Zeit* drauf, deine Freizeit dann letztendlich" (A1: 9,27).

Selbstrationalisierung und Selbstemotionalisierung
Die Soloselbstständigen sind vielfach mit einem unregelmäßigen und niedrigen Einkommen als prekär Beschäftigte zu bezeichnen, was ein differenziertes Selbstmanagement erforderlich macht. Der hohe Stellenwert der zwischenmenschlichen Interaktion evoziert in beiden untersuchten Branchen eine spezifische Gefühls-

steuerung. Da es sich in der Pflegearbeit um eine personenbezogene Dienstleistung handelt, die durch eine intensive, körperbezogene Beziehung gekennzeichnet ist und eine gute Kooperation der Beteiligten voraussetzt (Bathke 2004: 30 ff.), ist es für Pflegekräfte zunächst wichtig, dem Pflegebedürftigen mit einer gewissen Freundlichkeit gegenüberzutreten: „Ja, also wir versuchen alles möglich zu machen und bleiben auch immer freundlich. Was nicht immer leicht ist, sage ich mal so, weil auch die Kunden ja nicht immer so freundlich sind ..." (C: 8,17). Konflikte mit Pflegebedürftigen sind von den Befragten möglichst zu vermeiden, oder ‚runter zu schlucken' und man versucht dann „Arbeit nach Vorschrift [...] nur noch zu machen" (B2: 19,10).

Soloselbstständige bewältigen ebenfalls einen emotionalen Balanceakt gegenüber Kunden, Auftraggebern und Marktkonkurrenten, der jedoch anders gewichtet und kompensiert wird. Die Beweggründe für die Selbstständigkeit reichen von dem befriedigenden Gefühl selbstverantwortlich „frei" und „ohne Direktive leben zu dürfen" (Trainerin Weiterbildung F1: 2,5), über eine wirtschaftliche Notlage bis hin zur besseren Vereinbarkeit von Arbeits- und Privatleben. Die mehr oder minder unterschwellig prekäre Lebens- und Auftragslage muss jedoch kaschiert werden und erfordert ein beständiges und Kräfte zehrendes Impressionsmanagement:

> „Es gibt keine Planungssicherheit für Aufträge, es gibt keine Sicherheit oder Planbarkeit darüber, gegen welches Honorar man im bestimmten Auftrag arbeitet. D. h. es lässt sich für die meisten überhaupt nicht absehen, was kommt bis zum Ende des Jahres rein. [..., S.E.] Also insofern sind die meisten unendlich prekär, dürfen das aber zugleich auch nicht zugeben, weil das den Marktwert verbrennt. Ich muss ja, oder ein Selbstständiger muss zugleich bei den Kunden darauf achten, mit dem Image, des erfolgreichen Selbstständigen aufzutreten." (Berater für Weiterbildung, M1: 20,11–31)

Diese Anforderung geht für eine andere Befragte jedoch nur bis an eine klar gezogene Grenze und indiziert eine aktive Auseinandersetzung und Widerständigkeit gegenüber dem Vermarktungsdruck der Branche, indem sie erklärt: „Also es gibt so ganz viele Auflagenkulturen, um einzelne Berufsgruppen und damit möchte ich nichts zu tun haben! " (Trainerin Weiterbildung, F1: 10,50)

Das entgrenzt begrenzte Arbeiten macht gewiss komplexe Anforderungen an Selbstrationalisierung und Emotionssteuerung erforderlich. Für den Bereich der ambulanten Pflege und der Soloselbstständigkeit konnte die Entwicklung einer *grundlegenden* Transformation der Arbeitsgesellschaft so explizit jedoch nicht festgestellt werden. Die erkennbare Entgrenzung und Subjektivierungsleistung ist im Pflegesektor dabei nicht neu, wie ein Blick in die Geschichte der Krankenpflege beweist. Der interaktive Charakter der Arbeit in der ambulanten Pflege bedeutet für die Beschäftigten eine erhöhte Anforderung, eigene Gefühle zu bearbeiten, was als Selbstemotionalisierung im Sinne einer bewussten Arbeit an der inneren Einstellung bezeichnet werden kann.

Auf der einen Seite sind die Arbeitsabläufe und die Zeiteinheiten klar vorgegeben, auf der anderen Seite müssen die Beschäftigten auf unerwartete Situationen flexibel reagieren und eigene Entscheidungen treffen. Ihren Alltag gestalten die befragten Pflegekräfte überwiegend spontan und situativ, was auch damit zusammenhängt, dass keine Pflegekraft des Untersuchungsfeldes private Sorgeverpflichtungen hat.

Die Gegebenheiten entgrenzter Erwerbsstrukturen stellen an die Soloselbstständigen dagegen vergleichsweise komplexere Anforderungen, die auch ein erhöhtes Scheiterungspotenzial implizieren. Soloselbstständige setzen vielmehr experimentierend, pragmatisch oder ambitioniert, virtuell versiert und selbstbewusst Arbeits- und Lebensformen (mit teilweise prekären Erscheinungen) gegen die ‚Kultur des Normalarbeitsverhältnisses' durch. Die Befragten verklären und kompensieren ihre Situation dabei nicht mit einer ‚romantischen Arbeitsethik' und können kaum als „Herr und Knecht" (Birenheide 2008) oder Tagelöhner in einem bezeichnet werden.

Soloselbstständigkeit, als spezifische Figuration betrachtet, zeigt besondere Normen und Werte, die sich zwischen Marktfähigkeit, Inszenierungs- und Impressionsmanagement sowie professionellem Qualifikationserhalt bewegen. Die ohnehin in Organisationen anzutreffende Emotionalisierung von Arbeit (Hughes 2005) kumuliert in der Soloselbstständigkeit als Selbstemotionalisierung. Nicht mehr nur intensivieren und lockern sich emotionale Kontrollen im Informalisierungsschub der 1960er und 70er Jahre schlechthin (Wouters 1999). Sie müssen vielmehr in der ‚richtigen' intelligenten Art und Weise inszeniert werden und zugleich authentisch erscheinen. Es überrascht daher wenig, dass die Spannungen und Konflikte in diesen entgrenzten und individualisierten Arbeitsvollzügen auf das Individuum verlagert sind, statt institutionell betrieblich abgefedert zu werden. Soloselbstständige unterliegen zudem im Kontrast zu der hier untersuchten Gruppe der ambulanten Pflegekräfte und zu traditionell selbständigen Berufen wie Ärzten, Steuerberatern und Anwälten etc. gerade in neuen Berufsfeldern keiner langjährigen beruflich-professionellen Tradition mit alten berufsverbandlichen Repräsentationsformen. Vielmehr noch lassen ihre vielfach virtuellen Vergemeinschaftungsformen Fragen nach einem spezifischen Modus lang- und kurzfristiger Verflechtungsketten fragen, die historisch völlig neuartige soziale Dimensionen aufweisen dürften.

6.8 Gruppenbefragungen

Neben verschiedenen hier in Fallbeispielen vorgestellten Formen des Interviews bestehen auch Möglichkeiten, geschlossene Gruppen zu interviewen. Dies geschieht in Form der *Gruppendiskussion*, wie sie in Deutschland v. a. von Ralf Bohnsack (2000) weiterentwickelt wurde oder mit der *Delphi-Methode*. Stephan Wolff und Claudia Puchta (2007) betrachten besonders *fokussierte* Gruppendiskussionen, die vielfach in der Markt- und Meinungsforschung verwendet werden (s.o.).

Bei der *Delphi-Methode* handelt es sich zunächst um eine hoch strukturierte Gruppenkommunikation zahlreicher Experten mittels eines formalisierten Fragebogens. Sie sind jedoch nicht räumlich und zeitlich präsent, sodass keine unmittelbare face-to-face-Interaktion vorliegt. Die Ergebnisse einzelner thematischer Befragungsrunden werden inhaltsanalytisch ausgewertet und zu einer statistischen Gruppenantwort zusammengefasst. Den untereinander anonymen Experten wird das Ergebnis der ersten Befragungsrunde in Form einer Multiple-Choice-Befragung in der zweiten Runde erneut zugesandt. Hierbei werden die Einschätzungen der Experten zu den Ergebnissen der ersten Runde mit statistischen Methoden ermittelt. Ziel der Delphi-Methode ist es, durch das Zusammentragen des Know-hows verschiedener Fachexperten eine optimale Lösung zu einer formulierten Fragestellung in gegenseitigen Entwicklungsprozess zu erreichen.

Gruppendiskussionen zeichnen sich dagegen durch eine besondere Multiperspektivität und eine unmittelbare face-to-face- Kommunikation aus, die zu reflektieren ist, wenn das erhobene Material ausgewertet wird. Die Geschichte des Gruppendiskussionsverfahrens ist eng mit den Phasen der Entwicklung der empirischen bzw. qualitativen Sozialforschung verbunden. Anfang der 1950er Jahre stand das politische Bewusstsein im Nachkriegsdeutschland auf der sozialwissenschaftlichen Tagesordnung. Hier entwickelte sich zunächst unter *Friedrich Pollock* (1894–1970) die Gruppendiskussion, die mit dem Gruppenanalytiker *Kurt Lewin* ihren Ursprung in den USA hat, unter *Werner Mangold* (geb. 1927) weiter. Norbert Elias entwickelte mit *Sigfried H. Fuchs* (1898–1976), später Foulkes (1983), im englischen Exil ebenfalls die in der Psychologie verwendete Gruppenanalyse weiter, war doch die grundlegende Erkenntnis über die Interdependenz individueller und langfristiger sozialer Verflechtungen forschungsleitend für ihre rekonstruktive Analyse.

Dadurch, dass die erklärenden Modelle in der Sozialforschung zunehmend Bedeutung gewannen, traten die Interaktionsabhängigkeit und der Entwicklungscharakter von Meinungen und Bedeutungsmustern in den Vordergrund. Das interpretative Aushandeln von Bedeutungen steht hier im Zentrum der Analyse, wobei zu reflektiern ist, dass die aufgrund der Diskussionsergebnisse entstehenden Annahmen über das Handeln in der realen Situation nicht zutreffen. Ralf Bohnsack (2000) baute das Gruppendiskussionsverfahren in den 1980er Jahren weiter aus. Forschungen zur Organisationskultur und kollektiven Deutungsmustern können von der Methode der Gruppendiskussion profitieren, indem kollektive und wechselseitige Prozesse erkannt werden. Studien zur Gleichstellungspolitik (vgl. Liebig/ Nentwig-Gesemann 2009) und zum Diversity Management (vgl. Lederle 2008) zeigen etwa, wie gegenüber oberflächlichen Verlautbarungen in gemeinschaftlichen Gruppenprozessen Grundhaltungen einer Organisationskultur und ihrer Mitglieder impliziert sind.

> „Dabei gibt die soziogenetische Interpretation das Zusammenspiel der Erfahrungs-
> dimension zu erkennen, wie sie auf dem Hintergrund der Eingebundenheit der
> Organisationsmitglieder in verschiedenste soziale Bezüge entstehen. Aber auch
> in Untersuchungen, die mit dem Ziel der Intervention und der Organisations- bzw.
> Personalentwicklung durchgeführt werden, kann mit Hilfe von Gruppendiskussionen
> das in der Alltagspraxis der Organisation herausgebildete ‚tacit knowledge' bzw. ‚la-
> tente' Wissen [..., S.E.] thematisiert werden." (Liebig/Nentwig-Gesemann 2009: 118)

Tiefe oder latente Meinungen und Grundeinstellungen des Individuums kommen in Diskussionen erst durch Gruppenprozesse zum Ausdruck, indem die Teilnehmenden sich wechselseitig aufeinander beziehen und wenn sich der Einzelne gezwungen sieht, seinen Standpunkt zu vertreten. Abwehrmechanismen und Rationalisierungen einzelner können so spezifisch studiert werden. Gleichzeitig werden auch kollektive Deutungsmuster enaktiert. Nach Mangold (1960) bilden sich besonders *informelle* Gruppenmeinungen, die nicht als *Summe von Einzelmeinungen*, sondern als Produkt *kollektiver Interaktionen* zu verstehen sind. Gruppenmeinungen werden dabei nicht erst in der Diskussionssituation *produziert*, sondern *aktualisiert*. D. h. in der Realität haben sich diese Gruppenmeinungen unter den Mitgliedern des Kollektivs bereits ausgebildet. Die empirische Evidenz des Kollektivs wird nach Mangold durch die zwanglose Einführung des Einzelnen in der *wechselseitigen Bezugnahme* sich steigernder, lebhafter Diskurse deutlich.

Der Prozess, wie um Bedeutung gerungen und Ergebnisse ausgehandelt werden, steht im Fokus der rekonstruktiven Analyse. Hier kann es verschiedene analytische Herangehensweisen geben wie unter anderem zum Beispiel grounded theory, Diskursanalyse, qualitative Inhaltsanalyse oder dokumentarische Methode. Um eine zuverlässige Methode zu entwickeln, die eine vermeintliche Strukturlosigkeit des Gesagten vermeidet, ist der Diskurs nach bestimmten Kriterien zu analysieren (vgl. Bohnsack 2000): Wenn zum Beispiel eine relativ dichte und detaillierte Darstellung (metaphorische Dichte) sowie eine relativ engagierte Bezugnahme aufeinander (interaktive Dichte) ausgezeichnet wird, ist anzunehmen, dass hier ein *fokussiertes Orientierungsproblem* zum Ausdruck gebracht wird (Fokussierungsmetaphern). Die im Anhang aufgeführten Leitfäden für Gruppendiskussionen und die folgende Übung (s. Kap. 6.8.3) zeigen Beispielthemen für Gruppendiskussionen und ihre Interpretation im Rahmen einer Lehrevaluation auf.

6.8.1 Reflexive Prinzipien der Gruppendiskussion

Wie in allen rekonstruktiven Verfahren folgt man auch bei der Durchführung von Gruppendiskussionen dem Grundprinzip, dass die Gruppe ihre Themen weitestgehend selbst bestimmt. Nachfragen sind nur insoweit sinnvoll, als der

Diskurs ins Stocken gerät und zielen darauf ab, die Selbstläufigkeit des Gesprächs wiederherzustellen. Erst in einer späteren Phase werden nicht behandelte Themen fremd initiiert. Für die spätere Analyse ist es weiter wichtig, den fremden oder vermiedenen Themen nachzugehen. Auf der Basis einer Rekonstruktion lassen sich folgende Prinzipien der Leitung von Gruppendiskussionen nennen. Die gesamte Gruppe ist Adressat der Intervention, d. h. die Fragen der Diskussionsleitung sind an die gesamte Gruppe gerichtet. Themen sollen nicht vorgegeben, sondern allenfalls vorgeschlagen werden. Durch eine demonstrative Vagheit wird die Fragestellung seitens der Diskussionsleitung bewusst offen gehalten. Es erfolgt möglichst kein Eingriff in die Verteilung der Redebeiträge. Detaillierte Darstellungen sollten generiert werden, d. h. die Nachfragen und Fragen sollten so gehalten sein, dass sie detaillierte Beschreibungen oder Erzählungen zu erzeugen vermögen. Man sollte immanente Nachfragen stellen, d. h. auf ein bereits vorgegebenes Thema hin fragen und innerhalb des Orientierungsrahmens bleiben. Der Forscher kann, nachdem die Gruppe alle zentralen Themen abgearbeitet hat, seine relevanten Themen anbringen. In der direktiven Phase, d. h. gegen Ende der Diskussion greifen die Feldforscher auf jene Bereiche des Diskurses zurück, die ihrem intuitiven Eindruck zufolge widersprüchlich oder auffällig erschienen sind.

6.8.2 Formulierende Interpretation

Die Gültigkeit und Zuverlässigkeit der zum Beispiel in Gruppendiskussionen gewonnenen Ergebnisse wird durch standardisierte, offene und rekonstruktive Verfahren erreicht. Der Anspruch, Ergebnisse reproduzieren zu können, gewinnt eine neue Bedeutung, da Prozessstrukturen, die sich im Diskursverlauf unabhängig von bestimmten Themen auf gleiche Weise reproduzieren lassen, zu ermitteln sind (Typologien). Das offene Verfahren verzichtet hier auf eine Standardisierung seitens der Forscher.

Im rekonstruktiven Verfahren werden die Strukturen alltäglicher Kommunikation aufgespürt und reformuliert. Die formulierende Interpretation fragt danach, wie Themen entwickelt werden und entschlüsselt die thematische Struktur der Texte. Dabei können immer mehrere Lesarten bestehen, die idealerweise in einem Forschungsteam herausgearbeitet werden können. Das Relevanzsystem der einzelnen Forschenden und der Sinngehalt des Textes können differerieren. Die reflektierende Interpretation zielt hier auf die Rekonstruktion der Orientierungsmuster ab. Im Falle der Gruppendiskussion bedeutet dies, die Rekonstruktion der Diskursorganisation, d. h. die Art und Weise, *wie* die Beteiligten aufeinander Bezug nehmen, zu berücksichtigen. Bei der Typenbildung werden auf der Grundlage von Gemeinsamkeiten der Fälle milieutypische Kontraste herausgearbeitet (z. B.

Musikgruppe, Dritte Welt-Gruppe, Männergruppe, Frauengruppe; vgl. Behnke/ Meuser 1997; Ernst/Treber 1994).

6.8.3 Anwendungsbeispiel: Methodenmix in der Hochschulevaluation

Die Gruppendiskussionen mit Lehrenden und Studierenden dienen im vorliegenden Beispiel dazu, sowohl Hypothesen und Indikatoren für die Qualität der Lehre zu entwickeln, als auch in einem teilstandardisierten Fragebogen systematisch zu testen und Deutungsmuter über das, was Qualität in der Hochschullehre in der subjektiven Perspektive der Befragten ausmacht, zu ermitteln.

Forschungskontext
Das Bildungsniveau ist in Deutschland im Vergleich der OECD-Länder gering gestiegen, die soziale Selektion nach Herkunft, Geschlecht und kulturellem Hintergrund hält trotz Chancengleichheit und Demokratisierung an. Damit hat die Bildungsreform der 1970er Jahre nur halb gegriffen und weist einen „*Modernisierungsrückstand*" (Gottschall 2003: 889) auf. Studierende, so meinte der Spiegel schon vor über zehn Jahren, „trauen sich nichts mehr zu, weil sie denken, dass sie im echten Leben nicht willkommen sind" (Spiegel Spezial 6/1998). Bildung ist somit „aus eher schlechtem Grund wieder als ein attraktives Thema in der politischen wie sozialwissenschaftlichen Diskussion" (Gottschall 2003: 889) aufgetaucht. Diverse Bündnisse und Manifeste zur Qualitätsverbesserung sind seitdem entstanden und der Gesetzgeber hat mit der Verpflichtung reagiert, dass an den Hochschulen Qualitätssicherung in Studium und Lehre sowie seit Kurzem auch ‚Exzellenz' in der Forschung auf Dauer gewährleistet werden muss.

Forciert wird dabei die systematische Suche und Erarbeitung so genannter Alleinstellungsmerkmale, eines spezifischen Profils und Selbstverständnisses der jeweiligen Hochschulen, die dafür in den letzten Jahren mehr Gestaltungsfreiheit und Selbstverantwortung erhalten haben. Dabei ist es wichtig, Qualitätssicherung auf der Grundlage differenzierter, empirisch gestützter Situationsanalysen zu betreiben und gesicherte Befunde über Stärken und Schwächen zu erhalten. Die in dieser Debatte auch zu vernehmenden – und in einer langfristigen Perspektive gesehenen, im Übrigen nicht neuen – Forderungen nach einer marktgerechten Neuausrichtung der Studieninhalte verweisen darauf, dass neben den klassischen Fach- und Basiskompetenzen vielfach extrafunktionale ‚Schlüsselkompetenzen' für die heranhandende Wissensgesellschaft gefordert werden.

Eine besondere Schlüsselkompetenz ist dabei die vielfach bemängelte studentische Selbstkompetenz, die ein zielorientiertes Hochschulstudium gewährleisten und letztlich Berufs- und Lebenstauglichkeit vermitteln soll. Diese Zielerreichung fundiert zu überprüfen, erfordert sozialwissenschaftliche Evaluationsmethoden. Denn die Bestimmung, ob und wie diese Ausbildungsziele eingelöst werden sowie die Formulierung von Qualität unterliegen je spezifischen situativen und hochschulkulturellen Kontexten. Inwiefern besonders die *qualitative* Sozialforschung neben quantitativen Erhebungsverfahren greift, wird am Beispiel eines rekonstruktiven Gruppendiskussionsverfahrens (vgl. Bohnsack 2000) mit Lehrenden unterschiedlicher Fachgruppen aufgezeigt. Sie widmen sich besonders der Frage der Qualität von Beratungs- und Betreuungsangeboten (Prozessqualität) wie auch der Vermittlung von Schlüsselkompetenzen (persönliche, fachliche, methodische und soziale Kompetenzen als Ergebnisqualität) in der Hochschule (Ernst 2008). Dabei wird der Frage nachgegangen, von wem eigentlich die Rede ist, wenn über ‚Problem- oder Langzeitstudierende' gesprochen wird. Untersucht wird zudem, welchen Beratungsauftrag die Lehrenden überhaupt gegenüber diesen Studierenden sehen und ob dies für sie zur Qualität in Studium und Lehre zählt.

Gruppendiskussion und standardisierte Befragungen zur Qualität der Lehre
Der hier eingesetzte Methodenmix ist insofern als *Triangulation* zu bezeichnen, als unterschiedliche Erhebungsmethoden helfen, ein umfassendes Bild über den Untersuchungsgegenstand zu erschließen, die mehr sind als eine additive oder präselektive Datensammlung. Uwe Flick schreibt zu dieser Kombination gleichberechtigter und Erkenntnis erweiternder Methoden, dass „nicht davon ausgegangen werden kann, dass jeweils der eine Ansatz das Gleiche zu Tage fördern wird wie der andere, oder dass bei Diskrepanzen der Ergebnisse das eine (oder das andere) Resultat damit widerlegt sei" (Flick 2008: 17).

An die Auswertung der Befragungen schloss sich im Evaluationsprojekt die Planung von Maßnahmen zur Weiterentwicklung der Qualität der Lehre an. Zur Durchführung der Gruppendiskussionen wurden fünf jeweils fachlich homogene Studierendengruppen mit je zehn bis zwölf Personen und zwei homogene und gemischte Lehrendengruppen (mit acht bis zehn Personen) gebildet. Für die schriftlichen überwiegend quantitativ angelegten Befragungen wurden N=2.285 Studierende aus dem vierten bis siebten Semester und N=384 Lehrende befragt. Die Lehrenden beteiligten sich mit 46,4% deutlich stärker an der Befragung als die Studierenden (11,6%). Aufgrund dieser geringen Datenbasis kam den qualitativen Befragungen in ihrer hypothesenbildenden und explikativen Funktion zusätzlich eine besondere Bedeutung zu, um die Ergebnisse zu sichern und zu interpretieren. Der hohe diskursive Nutzen einer offenen, moderierten Gruppendiskussion zeigt sich exemplarisch in den folgenden Gesprächspassagen und Zusammenfassungen.

„Die, die es nötig haben, kommen nicht!"
Die beteiligten Lehrenden erarbeiten unter sich verstärkender intensiver wechselseitiger Bezugnahme Schlussfolgerungen für die aktuelle Debatte um funktionale und extrafunktionale Qualifikationsziele des Studiums und entsprechende Lehrangebote. Nach der Vorstellungsrunde eröffnet die Interviewerin die Diskussion mit der Frage nach dem besonderen Profil der Hochschule und des Fachbereichs. Die Zugänge Studierender sind dabei durch die Zentralstelle zur Vergabe von Studienplätzen (ZVS) oder das einzigartige Qualifikationsprofil des Fachbereichs unterschiedlich gegeben. Gemeinsam ist den meisten jedoch, dass trotz großer Fachbereichsstärken und unterschiedlich starker Heterogenität der Studierendenschaft eine besondere familiäre Atmosphäre in den Lehrveranstaltungen und im Umgang von Lehrenden und Studierenden angestrebt und gelebt wird. Die fachlichen und persönlichen Kompetenzunterschiede der Studierenden stellen dabei eine Herausforderung dar und unterscheiden wirtschafts- und sozialwissenschaftliche von natur- und ingenieurwissenschaftlichen Studiengängen: „Wir versammeln da eine ganze Menge von Studierenden in unserem Hause und wir kommen vielleicht noch mal drauf, wie man denen auch mal didaktisch gerecht wird", so der Tenor eines Sozialwissenschaftlers. Die weiteren Beiträge differenzieren die Studierendenschaft und Thematik noch weiter aus.

Auf einen externen Themenwechsel hin entwickeln die Diskutanden sodann Positionen zu den drängendsten Problemen am Fachbereich und in der Lehre. Anspruch und Wirklichkeit bei der optimalen Betreuung und Beratung Studierender konfligieren häufig und machen angesichts knapper zeitlicher Ressourcen für eine intensive Beratung Studierender Anpassungsstrategien erforderlich. Der Anspruch, für die Studierenden da sein zu wollen, wird von den Anwesenden geteilt, aber unterschiedlich eingelöst. Unter Bezugnahme auf das verbindliche Sprechstunden- und Beratungssystem seines Fachbereichs führt Z die Differenzierung in beratungsbedürftige, aber resistente Studierende und jene ein, die eigentlich keine Beratung brauchen.

> „Z: Qualität, das heißt für mich: „Wie kann ich besser werden?" Es ist eigentlich eine gute Einrichtung. Wir werden da verpflichtet und es wird auch alles prima organisiert. Es kommt der *Zweier*, der will *Einser* werden. Und der fragt nach Rat, wie kann ich von zwei auf eins kommen? Es kommt eigentlich nicht derjenige, der Schwierigkeiten hat. Der, der eigentlich Hilfe braucht, der kommt nicht.
> I: Warum nicht?
> Y: Der weiß, dass er zu wenig gelernt hat, würde ich mal sagen. Der hat selbst eingesehen, dass er seinen Job hat.
> Z: Oder es sind viele Gründe usw.. Als ich mal Dekan war, habe ich gesagt: „Jetzt zwing dich." Ich gucke mir das an und sage: „Lass Notenspiegel sein, und wie

kommst du in ein Beratungsgespräch?" So. Haben wir nicht gemacht. Aber da sehe ich so einen Ansatzpunkt. Man kann jetzt sagen, vielleicht empfindet der nicht das Defizit, der sagt: „Ist alles in Ordnung, nicht?" Aber er kommt nicht. Also im Sinne der Qualität der Lehre ist das ein Defizit, dass man an diesen Personenkreis egal aus welchem Grund, nicht herankommt. Und diejenigen, die es wollen, die sich weiterentwickeln wollen und auch keine Angst haben, die haben eigentlich genug Möglichkeiten. Aber eigentlich die, die Beratung brauchten, um besser zu sein, *die kommen nicht.*"

Ein ähnliches Deutungsmuster über ‚schwache' und ‚starke' Studierende entwickelt sich im Vergleich dazu in der zweiten Gruppendiskussion mit der Kontrollgruppe der Ingenieurwissenschaftler. Hier wird ebenfalls ein „harter Kern" Studierender ausgemacht, „der sich auch im Praktikum vorbeidrücken kann" und den man „ins Gebet nehmen muss". Aber auch hier beobachten die Professoren einen motivierten, einen ängstlichen und einen untätigen Teil Studierender. Ihre Konklusion lautet hier: „Man erreicht wirklich nicht alle, um zu integrieren!".

In der ersten Lehrendengruppe entfaltet sich dagegen eine Diskussion darüber, warum Beratung nur gering nachgefragt wird, und der Fokus richtet sich auf die „kritische Masse" Studierender. Die schriftliche Befragung der Studirenden zeigt in diesem Zusammenhang, dass Lehrende unterschiedlich stark zur Beratung aufgesucht und Veranstaltungen unterschiedlich intensiv vor- und nachbereitet werden. 14, 7 % der befragten Studierenden melden gegenüber 81,9 % Zufriedenen einen nicht gedeckten Beratungsbedarf an. Insgesamt suchen 67,2 % der Studierenden zwei oder weniger Berater auf. Differenziert nach Fachbereichen wird dabei die persönliche Kontinuität in der Beratung eher in den sozial- und wirtschaftswissenschaftlichen Fachbereichen (74,4 %) als in den technischen Fachbereichen (61,1 %) gesucht.

Bezogen auf das häusliche Studium der Studierenden zeigt sich weiterhin, dass in den Fachbereichen mit hohen Präsenzzeiten auch eine hohe Intensität der Vor- und Nachbereitung von Lehrveranstaltungen anzutreffen ist: 20,1 % der Technikstudierenden und 9,1 % der Sozial- und Wirtschaftswissenschaftsstudierenden investieren mehr als 10 Stunden pro Woche in das häusliche Studium. Die Annahme, geringe Präsenzzeiten würden durch häusliches Studium kompensiert, bestätigt sich dabei eher nicht. Studierende mit hohen Präsenzzeiten arbeiten ebenso zuhause am meisten.

Kommt man zur ersten Diskussionsgruppe zurück, dann wird deutlich, wer als ‚problematischer' Studierender gilt:

„I: Mhm. Ja, das ist die kritische Masse, die man irgendwann nie erreicht, ne. Mhm.
C: Irgendwann schon, aber dann ist es zu spät. Dann gibt es da auch kritische Punkte, dann gibt es einfach, ja, einen gewissen Anteil an Studierenden, die aus persönlichen Gründen auch mit dem Studium nicht klar kommen. Vielleicht aus Studienanfor-

derungen oder externen Anforderungen, also von Familie oder so, nicht gewachsen sind und sich aber partout nicht trauen, aus diesem Kreis dann auszusteigen. Und das kann ich nur bestätigen. Die guten Leute, mit denen kommt man schnell ins Gespräch, die fragen nach, „wie kann ich das machen" und so. Und ich mein', das macht ja auch Spaß, muss man ganz ehrlich sagen.
X: Also was ich schwierig finde, an der Lehrsituation ist, dass die Studierenden meines Erachtens zu wenig selbstgesteuert, eigenaktiv studieren. Also ich hab das Gefühl, sie hängen sehr stark am Tropf der Lehre, am Tropf der sehr vielen Stunden, am Tropf der Prüfungen usw. Also der hat einen sehr hohen Verpflichtungsgrad, der auch von uns ja immer wieder einen intensiven, aber auch kurz, manchmal mir etwas zu kurzatmigen Input, erfordert und ich blick' noch nicht durch, woran das eigentlich liegt. Aber ich würde mir wünschen, das System wäre freier und würde dem Studierenden wirklich mehr, mehr thematisch konzentriertes eigenverantwortliches Studium abverlangen. Das ist bei den Projektarbeiten der Fall, die ja auch ein sehr wertvoller Bestandteil des ganzen Studiums sind, aber manchmal recht spät auch erst kommen und dann, wenn man hier studiert, macht es Sinn, wenn ich wieder ein Thema selber recherchiere und wenn ich selbst die Verantwortung übernehme für die Tiefe eines Inhalts, der mir zuwächst. Und das würde ich mir mehr wünschen."

Das studentische Selbstorganisationsvermögen wird im weiteren Verlauf die zentrale und wiederholt angespielte *Fokussierungsmetapher*, um die sich die Debatte über die Vermittlung dieser persönlich-fachlichen Kompetenzen entwickelt. Über die Horizonte erfolgreicher, engagierter versus erfolgloser, konsumorientierter Studierender aufgespannt, beginnt die Suche nach möglichen Erklärungen. Es wird allenthalben ein Wandel in der Lebenslage und -einstellung der Studierenden festgestellt, der andere Lebensumstände beinhaltet als noch vor fünfzig Jahren. So zeigt die schriftliche Befragung, dass in der Vorlesungszeit 71,7 % der Studierenden in unterschiedlichem Ausmaß einer Erwerbstätigkeit nachgehen (müssen). Der größte Teil von ihnen (28,3 %) arbeitet zwischen 6 bis 10 Stunden pro Woche. In der vorlesungsfreien Zeit üben dagegen 78,9 % der Studierenden eine weitere Beschäftigung aus; der größte Teil (43,8 %) immerhin mehr als 15 Stunden pro Woche. Teilzeitstudium, Lebens begleitendes Studium und postfamiliäres Studium zeigen, dass Studierende gegenwärtig nicht mehr ihre ganze Zeit dem Studium widmen. Ein Blick auf die schriftliche Befragung zeigt hier jedoch, dass hinsichtlich des häuslichen Studiums keine eindeutigen Unterschiede zwischen erwerbstätigen und nicht erwerbstätigen Studierenden bestehen. Auch in der Gesprächsrunde ist dieses veränderte Studierverhalten spürbar:

„Z: (...) Die haben alle für sich persönlich zwei/drei Tage, oder zwei Tage mindestens eingeplant. Das merkt man, wenn man Exkursionen macht, dann will man das ver-

legen, nein, ‚das geht nicht, da arbeite ich.' Das sind eigentlich, wir haben eigentlich immer mehr Leute, die arbeiten, und darum wird das so schwer.
I: Ja, Teilzeitstudenten.
B: Das ist Lebens begleitendes Studium. Es ist ja verständlich, wenn man älter ist, wenn man älter ist, will man ja auch nicht mehr den *Heidelberger Studenten*, der unterm Dach seine Strafe absitzt, um dann Justizoberrat zu werden, dann ist es eben was anderes. Sie leben das Leben jetzt, wo sie 28/29 Jahre sind, kann man ja nachvollziehen. Ich sehe zwei Schwierigkeiten auf Ihre Frage. Einmal in dem Studenten, in den Studierenden selbst, dass sie immer, was Sie auch gesagt haben, ich wiederhole das nicht, das wäre so, als wenn ich es unterstreiche, dass sie aus einer sehr passiven, konsumierenden Haltung ankommen und wir sie eigentlich dazu aktivieren müssen, sich selbst auszubilden und wir helfen ihnen dabei. Sie lechzen nach Stundenplänen und nach Vorgaben, die sie dann darauf hin prüfen, ob sie sie können, ob ihnen das passt und dann es durchziehen, die Reduktion auf Pflichtanteil des Studiums. Das ist ganz deutlich, die intrinsische Motivation, die idealer Weise immer unterstellt wird, ist aus irgendwelchen Gründen, die ich nicht moralisch bewerte und ethisch, ist einfach nicht so vorhanden. Das ist das Eine. Da wird man etwas tun müssen und ich denke, das hat etwas mit unserem Thema zu tun. Didaktik mit Formen, die, wo man nicht mal sagt, „nun seid mal aktiv", sondern sie aktiviert. Nicht?"

Die von B mobilisierte Suche nach adäquaten Lehr- und Lernformen führt zunächst zu der Bestandsaufnahme, dass in Massenveranstaltungen des Grundstudiums von bis zu 130 Studierenden eigentlich „90 % frontal" unterrichtet werden. Die Studierenden hätten dabei durchaus in den Schulen partizipative Unterrichtsformen erlebt, kollidierten im Grundstudium jedoch mit den ihnen unbekannten Vorlesungen im Frontalunterricht, sodass hier eine Entmutigung eintrete, die dahin reicht, selbstständiges Diskutieren zu verlernen.

Es lohnt hier, die kontrastierende Anrufung des ‚*Heidelberger Studenten*', der eine Strafe absitze, zu kontextualisieren, exemplifiziert sie doch hier zum einen den fortwährenden Wandel der deutsche Hochschullandschaft zwischen institutionellem Selbstverständnis der Universitäten und staatlicher bzw. politischer Steuerung. Zum anderen drückt sie das Selbstverständnis eines langjährig erfahrenen Dozenten aus, der zur Kohorte der kritisch-aufklärerischen Studierendenbewegung der sechziger Jahre mit ihren bildungspolitischen Forderungen nach Autonomie, Selbstbestimmung und Bildungsgleichheit zählt. B schwört hier metaphorisch eine Gelehrtentradition herauf, die einerseits eine gewisse ‚Praxisferne' und Zwanghaftigkeit impliziert, aber auch für einen spezifischen Triebaufschub steht. Dass „heutige Studierende ihr Leben jetzt leben", spricht auch für besonders erhaltenswerte und nachzuvollziehende Besonderheiten, die es im Vergleich zum preußischen Obrigkeitsstaat des 19. Jahrhunderts so nicht gegeben hat. Andererseits wird eine ‚passiv konsumierende' Haltung der Studierendenschaft ausgemacht, die wenig selbständige Aneignung birgt, was einer direkten und martkförmigeren Verwertungslogik der Gesellschaft geschuldet ist, die sich noch in der Bildungsreformbewegung der 1960er Jahre diametral anders darstellte. Betrachtet man hier etwas genauer die Entwicklung der Universitäten im Wandel vom Obrigkeitsstaat zur Gelehrtenrepublik wird klar, dass die Debatte um sinnvolle, marktgerechte Lehrinhalte und Ausbildungsziele eine gewisse Tradition hat. So ist der oftmals aufstrebende bürgerliche Gelehrte und Wissenschaftler des 19. Jahrhunderts in Fortführung der Indienstnahme für adelige und geistliche Sprösslinge zunächst einmal für die Vermittlung von Weltgewandtheit und umfassende Bildung für – modern gesprochen – ‚zahlende Kunden' aus Adel, Geistlichkeit und erstarkendem Bildungs- und Wirtschaftsbürgertum zuständig. Er hat keineswegs eine autonome Stellung inne und verdingt sich als Privatgelehrter an einer als „Staatsdienerschule" (Ellwein 1992: 48) konzipierten Universität, die allein vom Landesherren und seinen finanz- und hochschulpolitischen Vorstellungen abhängt. Die Studierendenschaft verschreibt sich bis zur gescheiterten Revolution von 1848 noch bürgerlich-emanzipatorischen Ideen von Bildung, Humanismus, Gleichheit und Demokratie. Die Bildungsdebatten dieser Zeit sind von widerstreitenden Ideen geprägt. Bürgerliche Humanisten streben nach menschlicher Vervollkommnung durch Bildung für alle, und das heißt Öffnung der Universitäten für Frauen sowie Studierende aus bäuerlichen und Arbeiterschichten, während es dem Staat um exklusive wissenschaftliche Akademien für die Oberschichten geht. Die *Krise* der Universitäten führt im Zuge des allgemein konstatierten Bildungsnotstandes zwar zur Aufgabe veralteten Lehrstoffes, zu neuen Formen der Wissensvermittlung und zu einem Gründungsboom sowie Prestigegewinn von Hochschulen und humanistischen Universitäten wie etwa der Humboldt Universität zu Berlin. Nach der gescheiterten bürgerlichen Revolution wird diese Bildungseuphorie jedoch durch wachsende Reglemtierungen, staatsbürgerliche Erziehung, Nutzenorientierung und soziale Schließungstendenzen von Obrigkeit und Bildungsbürgertum gegenüber niederen Schichten ernüchtert. Die Standeszugehörigkeit überwiegt erneut den Bildungsgrad des Einzelnen. Privatgelehrte konkurrieren infolge starrer Rekrutierungspraktiken mit ordentlichen Professoren, die Universitäten werden bürokratisiert und spezialisiert. Flankiert wird diese Entwicklung durch eine reaktionäre nationalistisch gestimmte Burschenschaft, die in der „satisfaktionsfähige(n) Gesellschaft" (Elias 1990b: 61 ff.) des ausgehenden 19. Jahrhunderts antisemitische, antidemokratische und frauenfeindliche Stimmungen schürt, was im nationalsozialistischen Regime in der Auslöschung sämtlichen freien akademisch-intellektuellen Lebens an den Universitäten mündet. Die Studierendenproteste der sechziger Jahre des 20. Jahrhunderts entzündeten sich denn auch gerade an dieser nicht verarbeiteten Entwicklung Deutschlands im Nationalsozialismus und der opportunistischen Haltung vieler Wissenschaftler in dieser Zeit.

Gruppenbefragungen

Die in der folgenden Gesprächssequenz geführt Debatte um Schlüsselkompetenzen erhält vor diesem bildungshistorischen Exkurs eine über ihre Zeit hinaus geltende Bedeutung.
Auf die externe Frage der Interviewerin „Was meinen Sie eigentlich in Ihren Fächern, was halten Sie für Berufs qualifizierend und was soll eigentlich das Studium fachlich, methodisch, organisatorisch aber auch persönlich für den Absolventen mitgeben?", entfaltet sich eine kontroverse Debatte. Die Unterscheidung in fachliche Primär- und überfachliche Sekundärqualifikationen zeigt unterschiedliche Herausforderungen für das Unterrichtshandeln der Lehrenden:

„C: D. h. es sind handwerkliche oder beruflich-handwerkliche Fähigkeiten gefragt, die eigentlich ganz normalen Ingenieuralltag, also in unserem Sektor, beinhalten. So, und wenn man die Leute praktisch ausschließlich mit so einem Ausbildungsziel jetzt auf die Menschheit loslässt, dann wissen wir, in fünf Jahren sind die ausgebrannt, weil sie nämlich etwas nicht können, d. h. berufliche Weiterqualifikation, sich selbständig einzuarbeiten in etwas, Probleme zu definieren, das ist das eine. Dann werden die natürlich auch älter im Rahmen ihrer beruflichen Erfahrung, die sie gewinnen, kommen auch in Führungsverantwortung, d. h. also kriegen die Mitarbeiter und müssen zusehen, dass sie komplett, korrekt Projekte auch eigenverantwortlich managen. D. h., all das, was mit Organisation von Arbeit und Projekten zusammenhängt, das müssen sie eigentlich als Sekundärqualifikation zumindest *ansatzweise* kennen, dass man so etwas macht und dass man da auch in die Pflicht genommen wird. Und da sehe ich schon ein Dilemma in der Ausbildung. Also, sagen wir mal, diese handwerklichen Fähigkeiten des eigenen Faches zu vermitteln, sodass man sie direkt anwenden kann, denke ich, das ist relativ schnell getan. Jetzt aber adäquate Lehrveranstaltungen oder Lehrmethoden zu entwickeln, wo man gerade diese Sekundärqualifikation, die man eigentlich eher auch noch stärker trainieren muss, da denke ich, da ist so einiger Nachholbedarf.
D: Dass das Handwerkszeug weitestgehend durch kommunikative Kompetenzen gekennzeichnet ist. Und das ist gerade auch unter dem Aspekt von Didaktik also ein großes Problem, als dass wir letztendlich Studierenden beibringen sollen, wie sie nachher, ich sag jetzt mal, ein kommunikatives Management sich vornehmen sollen und dass wir überhaupt Möglichkeiten im Grunde schaffen."

A widerspricht hier und führt differenzierend Begriffe ein, die zu einer anderen Gewichtung führen und an die Persönlichkeitsentwicklung als Ziele des Studiums erinnern.

„A: Die Differenzierung Primär- und Sekundärqualifikation ist ja auch ziemlich gefährlich. Ich mein', man kann das ja mal umdrehen und sagen, also die eigentliche Sekundärqualifikation, wo wir hier drüber reden, dazu nehmen zur Primärqualifikation und wenn ich die Reaktion der ingenieurwissenschaftlichen Fachbereiche sehe, muss ich das fast so interpretieren. Und ich finde, das ist auch ganz normal, wenn ein Ingenieur nicht in der Lage ist, Kunden zu beraten, dann wird er seine ganze inhaltliche Qualifikation vergessen können. D. h., in der Tat ist eigentlich diese Sekundärqualifikation die entscheidende Primärqualifikation, ohne die überhaupt nichts geht. Denn auch als Ingenieur muss ich kommunizieren und muss ich ins Gespräch kommen, und wenn mir das überhaupt nicht gelingt, bin ich in keinem Team arbeitsfähig usw. Aber ich würde gern noch mal eine andere Differenzierung, die aus dem ökonomischen Bereich kommt, einbringen. Dort unterscheidet man, ja, investive Ausbildungselemente und konsultive Ausbildungselemente, also alles das, was wir bisher beredet haben, Primär- und Sekundärqualifikation, würde man ökonomisch im Bereich der investiven, d. h. direkt und sofort berufsverwertbaren Bereiche nennen."

Im Hinblick auf die beabsichtigte Indikatorenbildung für den teilstandardisierten Fragebogen führt diese Debatte dazu, den schwammigen Begriff der Schlüsselqualifikationen fachspezifisch und inhaltlich zu differenzieren. Während für die technischen Fachbereiche der Begriff des Projektmanagements verständlicher erscheint, wird für die sozialwissenschaftlichen Fächer der Indikator um die Begriffe Prozess- bzw. Sozialmanagement erweitert. Als weitere differenzierende Indikatoren kommen die team- und kommunikationsorientierten Kompetenzen sowie die leitungs- und verantwortungsorientierten Kompetenzen als Qualifikationsanforderung der Hochschulausbildung hinzu. Fremdsprachliche Kompetenzen werden im Weiteren von interkulturellen Kompetenzen unterschieden, da zum umfassenden Verständnis für interkulturelle Prozesse komplexere Zugänge erforderlich sind. X fasst die Diskussion nach einer ausgiebigeren Beleuchtung der Primär- und Sekundärqualifikationen zu folgender Konklusion zusammen:

„X: Sind das nicht zwei verschiedene Diskussionen, die wir jetzt geführt haben? Die eine, welche sogenannten Sekundärtugenden, die aber eigentlich inzwischen schon zum beruflichen Handwerkszeug gehören. Also aus den Soft Skills Methodenkompetenz, Kommunikation, Fremdsprachen, Teamfähigkeit, Führungseigenschaft usw., welche gehören eigentlich dazu, um beruflich erfolgreich zu sein? Und ich glaub', da können wir uns alle gar nicht davor, also nicht dagegen wehren, dass diese Fähigkeiten ja auch von uns mitvermittelt werden müssen. Da sonst, wie Sie gerade gesagt haben, bleiben die Absolventen auf einer zu niedrigen Stufe stehen, wenn sie nur die, die engen Fachkompetenzen haben, bleiben sie auch eng begrenzt in ihrem Berufsspektrum. Also, das brauchen sie eigentlich für eine moderne, für unsere moderne Berufswelt auch in ihrem schnellen Wandel und in ihrer Globalisierung usw., wie die Stichworte alle heißen, um dort im Beruf erfolgreich zu sein. Das ist ja der eine Diskussionsstrang und der andere ist aber Systemkritik: „sich selbst entwickeln, in Frage stellen, konstruktive Gegenentwürfe zum Leben generell oder zu einzelnen Bereichen des Lebens", das ist ja noch einmal eine andere, das ist etwas anderes. Dass ich sage, „ich will auch außerhalb meines Berufs als Mensch sozusagen für meine Orientierung auf dieser Welt, philosophisch so quasi, will ich

Gruppenbefragungen 153

> aus dem Studium für meine Selbstverstandortung und meine, meine Perspektive im Leben will ich aus dem Studium gewinnen". Das liegt ... das, das sind zwei Paar Schuhe. Ich glaub' zum Ersten kriegen wir schnell eine Einigkeit. Dass wir sagen, man muss nicht nur die harten Handwerksbereiche vermitteln, sondern eben auch Soft Skills fürs Management usw. Aber zum Zweiten kommen wir vielleicht eher schon in Diskurse als zu dem ersten Bereich."
>
> Die schriftlichen Befragungsergebnisse zeigen bei den Lehrenden und den Studierenden unterschiedliche, nahezu diametrale Einschätzungen zur Bedeutung und Umsetzung dieser überfachlichen Qualifikationen in der Hochschule. Im Rangreihenvergleich von vierzehn Items zeigt sich, dass die genannten Kompetenzen aus der Sicht der Studierenden zum Teil im oberen Mittelfeld der Liste hoch bewerteter Qualifikationen rangieren. Im Einzelnen entfällt auf die Teamkompetenz mit 56,6 % der dritte Platz, gefolgt von Leitungskompetenzen (40,4 %) auf dem fünften Platz und den Kompetenzen im Projekt-, Prozess- und Sozialmanagement (28,7 %) auf dem neunten Platz. Die fremdsprachlichen (26,4 %) und interkulturellen (11,7 %) Kompetenzen fallen dagegen auffallend ab und nehmen vorletzte und letzte Plätze ein. Für die befragten Lehrenden zeigt sich im Vergleich dazu eine geringere Wertigkeit der genannten Kompetenzen. Hier rangiert zwar ebenfalls die Teamarbeit mit 42,1 % im oberen Mittelfeld; sie liegt aber unterhalb der studentischen Einschätzung. Ebenso verhält es sich mit den Leitungskompetenzen (31,5 %) auf Platz neun. Die Fremdsprachen (35,4 %) rangieren immerhin höher als bei den Studierenden auf Platz zehn. Projekt-, Prozess- und Sozialmanagement nehmen mit 21,3 % den zwölften Platz der hoch bewerteten Qualifikationen ein und rutschen gegenüber der studentischen Einschätzung auf den zweitletzten Rang ab. Interkulturelle Kompetenzen rangieren mit 9,6 % an letzter Stelle.

Die Vielfältigkeit prozessorientierter Methodenzugänge eröffnet, so sollte deutlich geworden sein, verschiedene Datenzugänge, um eine spezifische Figuration zu untersuchen. Gruppendiskussionen, qualitative Inhaltsanalysen, Interviews und standardisierte Auswertungen sind ebenso denkbar wie die Verbindung qualitativ und quantitativ erhobener Daten im Methodenmix.

7. Auswertung von Daten

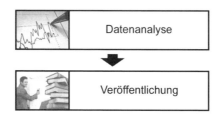

Neben den zuvor dargestellten exemplarischen Auswertungsbeispielen seien im Folgenden einige generelle Hinweise gegeben, die die besondere Problematik qualitativer und prozessorientierter Auswertungstechniken und triangulierter Daten ausmachen.

7.1 Repräsentativität und Güte

Obgleich qualitative und prozessorientierte Verfahren im Unterschied zu quantitativen die Frage der Repräsentativität unterschiedlich gewichten, verzichtet die qualitative Forschung nicht auf die Überprüfung und Nachvollziehbarkeit der Daten und ihrer Interpretation. In ihrer Fallorientierung zielt sie vielmehr „auf verallgemeinerungsfähige Aussagen ab, möchte dabei aber die Originalität der Einzelbeiträge nach Möglichkeit erhalten" (Lamnek 1995a: 197). Antworten geben zunächst Cornelia Behnke und Michael Meuser bezogen auf die Auswertung von Gruppendiskussionen:

> „In der qualitativen Forschung wird das Problem der Perspektivität insbesondere bei der Auswertung und der Interpretation der Daten virulent. Wie sehr wir auch versuchen, eigene Geltungsansprüche einzuklammern, die Interpretation des ersten Textes erfolgt notwendig auf der Folie des eigenen Sprachverständnisses. Verstehen heißt übersetzen; und zunächst gibt es keinen anderen Kontext, in den wir übersetzen können, als den der eigenen Lebenswelt. Wie kann man es bewerkstelligen, dass dessen Normalitätsannahmen die Interpretation nicht determinieren? Das geht nur dadurch, dass wir sukzessive den eigenen Interpretationsrahmen durch empirisch gewonnene Gegenhorizonte ersetzen. Wir betrachten die eine Gruppe dann aus der Perspektive der anderen und umgekehrt. ... Die empirische vergleichende Perspektive eröffnet zugleich ein tieferes Verständnis (...). Dieses komparative Verfahren macht die Forschenden zu distanzierten InterpretInnen, die die methodisch erzeugte Distanz nutzen, um die eigene Standort verbundene Perspektive zu reflektieren und, so weit dies geht, zu transzendieren." (Behnke/Meuser 1999: 76)

Die Interpretation des in der Organisations- und Arbeitsforschung zusammengetragenen recht umfangreichen Materials richtet sich nach den Gütekriterien der Sozialforschung, der Befragungsform und dem Verwendungskontext. Die Dateninterpretation und -aufbereitung sollte demnach transparent, intersubjektiv nachprüfbar und nachvollziehbar sowie verallgemeinerbar sein. Der Kontext der Erhebung ist anzuführen und die Methoden sollten stringent und gegenstandsbezogen ausfallen. Das prozessorientierte Verfahren sollte weiterhin systematisch und regelgeleitet sowie Hypothesen generierend und explorativ sein. Die Erhebungen sind offen oder teilstrukturiert, interpretativ und flexibel im Erhebungsprozess und versuchen, tief gehende, latente (Sinn-)Strukturen zu erfassen.

„Geht es um organisationelle Prozesse, wird man sich schneller dem Vergleich zwischen Interviews zuwenden, schon um den Gang der [in narrativen Interviews, S. E.] erzählten Ereignisse aus den Sichten mehrerer Beteiligter zu rekonstruieren." (Holtgrewe 2009: 63)

Die Auswertung erfolgt in mehreren Bearbeitungsschritten. In einem mehrstufigen Verfahren werden Auswahlkriterien für die Einzel- oder Gruppengespräche entwickelt und eine Analyse der Vergleichsgruppen im Hinblick auf ihre maximalen und minimalen Kontraste durchgeführt. Nachdem ein Überblick über die Gespräche erstellt worden ist, erfolgt die Anfertigung eines Protokolls über den thematischen Verlauf sowie die Transkription der Gespräche. Anhand bestimmter Kriterien erfolgt die Auswahl prägnanter, wichtiger Passagen. Das quantitative Datenmaterial wird nach den Gütekriterien der Validität und Reliabilität bewertet. Mithilfe spezieller Computerprogramme (z. B. SPSS, Excel) können univariate Häufigkeitsverteilungen, multivariate Analysen, Mittelwert- und Medianberechnungen, Korrelationsanalysen sowie Rangreihenvergleiche auch in Verbindung mit qualitativer Auswertungssoftware (z. B. MAXQDA) durchgeführt werden. So zeigt etwa das oben bereits angeführte Anwendungsbeispiel[11] zur Hochschulevaluation die Verbindung von Gruppendiskussionen mit teilstandardisierten Befragungen zur Qualität von Studium und Lehre auf. Der erwähnte Rangreihenvergleich zu der Frage, welche Ausbildungsziele besonders wichtig sind, ergibt als Tabelle dargestellt folgendes Bild:

---

[11] Nina Baur zeigt zudem anschaulich für den Bereich der *Geschlechterforschung*, wie eine fruchtbare Synthese qualitativ und quantitativ erhobener Daten erzielt werden kann, indem sie Studien zu den Lebensentwürfen junger Männer und Frauen mit den in der quantitativen CATI-Umfrage erzielten Aussagen über das Bild des Mannes in der Gesellschaft zusammenführt (Baur 2009).

Auswertung der Daten

Abbildung 18 Rangreihenvergleich der Befragungsgruppen

Hoch bewertete Qualifikationen	Studierende insgesamt (in %, N = 265)	Lehrende insgesamt (in %, N = 178)
Praktische Wissensanwendung	75,5	73,6
Grundlagenwissen	70,6	83,7
Teamkompetenz	56,6	42,1
Darstellung fachlicher Inhalte	41,5	54,5
Leitungskompetenz	40,4	31,5
Wissenschaftliches Arbeiten	36,6	34,8
Arbeitstechniken	35,5	28,7
Interdisziplinäres Wissen	34,0	37,1
Spezialwissen	34,0	14,0
Fachsprache	28,7	36,5
Projekt- und Sozialmanagment	28,7	21,3
Fremdsprachen	26,4	35,4
Gesellschaftliche Verantwortung	25,7	27,0
Interkulturelle Kompetenzen	11,7	9,6

Wird sodann eine Visualisierung etwa für Präsentationszwecke angestrebt, dann bietet sich die im Säulendiagramm abgebildete Darstellung an:

Abbildung 19 Hoch bewertete Qualifikationen: Studierende (weiß) und Lehrende (schwarz)

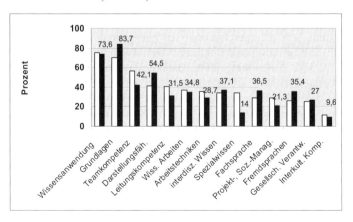

Repräsentativität und Güte 157

Ein anderes Beispiel wird in der oben vorgestellten Befragung Soloselbstständiger verständlich, wenn man die mit der qualitativen Datensoftware erhobenen Aspekte der Gefühlskontrolle und des hohen beruflichen Selbstverständnisses zusätzlich quantifizierend betrachtet. Die Größe der in der Grafik abgebildeten Kreise bezeichnet dabei die Häufigkeit markierter Codings in den aufbereiteten Transkriptionen.

Abbildung 20 Grafische Darstellung Code-Matrixbrowser: Befragung Soloselbstständiger und Pflegekräfte

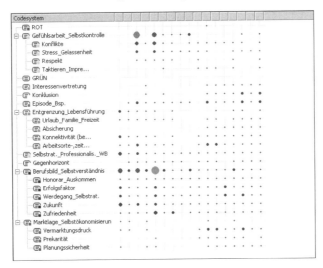

Zieht man exemplarisch die entsprechenden Codings hinzu, dann gewinnt die quantifizierende Darstellung an Falltypik und Plastizität – wie folgende Interviewsequenzen zeigen:

Text: Angestellte_Pflege\Interview_2
Code: Gefühlsarbeit_Selbstkontrolle
B: Das ist doch ziemlich anstrengend ... dieser Pflegerberuf ist ja (...) muss nicht unbedingt körperlich anstrengend sein, es geht ja auch, man kann auch (...) nur leichte Patienten haben, das ist dann auch eine psychische Sache, weil die Patienten auch nicht gerade einfach (...) sind auch ziemlich anstrengend, sich dann in ihre Welt dann einzufinden, mit denen also auch zu arbeiten, ist eine (...) Anstrengung (...).

Text: Angestellte_Pflege\Interview_2
Code: Gefühlsarbeit_Selbstkontrolle
B: Weil (...) halt zu dieser Situation (...) , aber eigentlich versuche ich dem aus dem Weg zu gehen, ich versuche da einfach nur meine Arbeit zu machen, ich bin dann nach einer halben Stunde wieder raus ... ja. Aber ist halt schon eine psychische Belastung für mich.

Text: Angestellte_Pflege\Interview_2
Code: Gefühlsarbeit_Selbstkontrolle
B: Man versucht sich dann natürlich zu regenerieren, weil man spürt ja innerlich auch, Du bist jetzt woanders, jetzt schalt mal ab irgendwie, Du kannst jetzt nicht hier auf ein Mal ... rummeckern, wegen gar nichts, die Dame kann dann nichts dafür, ne?

Text: Angestellte_Pflege\Interview_2
Code: Gefühlsarbeit_Selbstkontrolle
B: Aber wie gesagt halt, dieses Einfühlvermögen, dieses reden können ist wichtig.

Text: Angestellte_Pflege\Interview_9
Code: Gefühlsarbeit_Selbstkontrolle
J: Es geht um den Patienten, was tut dem gut, was will der, wie will der das, und eigene Freiräume sollten sich natürlich darauf beziehen. Wünsche zu erkennen den Klienten respektvoll zu behandeln, zu akzeptieren, seine Wünsche und Bedürfnisse, dem nicht irgendwas aufzudrücken, aber auch eigenständig entscheiden zu können und zu müssen, wenn sie merken, dass sie jemand vor sich haben, der das nicht kann, der aufgrund irgendwelcher Einschränkungen sagt: ja, sie brauchen gar nix machen.(...) Dann muss der natürlich *schon* anhand der Leistung einmal und dann auch während der Durchführung, und dann macht ja auch die Erfahrung sehr viel aus, wenn sie schon lange in der ambulanten Pflege sind die Mitarbeiter, dann können sie sich auch meist besser bewegen in *solchen* Situationen, als wenn sie ganz frisch, sag ich mal von, vom stationären Betrieb in die ambulante Pflege kommen, fällt die Umstellung schwer. Weil wir sind bei den Leuten im Hause zu Gast und in der Klinik ist es umgedreht.

Text: Angestellte_Pflege\Interview_3
Code: Gefühlsarbeit_Selbstkontrolle
C: Dann bin ich dann im Stress eigentlich, aber ich versuche, den Stress nicht zum Patienten zu bringen.

Text: Angestellte_Pflege\Interview_3
Code: Gefühlsarbeit_Selbstkontrolle

C: Und dann ähm ... ja ... also es ist eigentlich ... Natürlich bin ich die Krankenschwester und das sind meine Patienten, aber das ist halt schon, dass es ... ja, keine freundschaftliche Beziehung ist, aber schon ... ja, dass auch (...) viel erzählen könnten ... Sich auch einfach freuen, wenn ich da bin ... denke ich, dass ich da schon ... eine ganz gute Beziehung zu den Patienten habe ...

Text: Angestellte_Pflege\Interview_6
Code: Gefühlsarbeit_Selbstkontrolle
F: Ich hab zwar nie voll gearbeitet und so, aber ... weil man eben doch viel Liebe und Dankbarkeit zurückbekommt, grade von den Älteren. Das spornt mich immer wieder wahrscheinlich an, auch dann immer weiter zu machen. Ich könnte mir vielleicht auch vorstellen, wenn ich nachher ins Referendariat gehe oder wenn ich nachher als fertige Lehrkraft irgendwo arbeite, dass ich vielleicht sogar noch – aber mal mit Fragezeichen versehen – dass ich vielleicht sogar auch noch 'n paar Dienste im Monat weiterhin hier mache.

Im Vergleich dazu einige Zitate aus der Befragung Soloselbstständiger:

Text: Soloselbstständige\Solo Selbst Interv 4
Code: Gefühlsarbeit_Selbstkontrolle
I: Ja. Und würdest Du sagen, dass bestimmte Personengruppen einfach mit bestimmten Eigenschaften für Erfolg in der Branche stehen, oder muss man irgendwas mitbringen, was man auf jeden Fall können muss?
M4: Connection ...
I: Connection also, Verbindungen haben ...
M4: Das ist eigentlich das A und O.
I: Wie sorgt man dafür? Hat man die entweder, wenn man in die Branche kommt, oder ...?
M4: Vernissagen, auf irgendwelchen Filmvorführungen, also Previews, auf jeder Party sein und small talk und musst eine nette Fassade dahinhalten und so was.

Text: Soloselbstständige\Solo Selbst 03
Code: Gefühlsarbeit_Selbstkontrolle
F2: Das kostet mich schon jedes Mal immens viel Kraft und da vergeht viel Zeit auch bei.
I: Ja.
F2: Aber das versuche ich halt in den unterschiedlichsten Bereichen und dann natürlich auch weiter Netzwerken über Freunde, über Kollegen. Alle möglichen Kanäle einfach anzapfen und überall, ja, präsent sein. Überhaupt sich zeigen, dass es mich gibt, weil: 15 Jahre lang hab ich das eben auch nie gemacht. Ich brauchte es nicht.

Text: Soloselbstständige\Solo Selbst 05
Code: Gefühlsarbeit_Selbstkontrolle
M5: Und bin also 'ne Woche da nach Irland und wieder zurückgefahren und denn ... Das war auch sehr interessant, und bin hinterher da auch einige Geschichten losgeworden, sodass sich das durchaus auch ganz normal gerechnet hat hinterher. Aber da war's mir auch egal, ich bin in der Situation, ich find das toll, und , das macht mir Spaß und dann seh' ich schon mal was, wird schon, und das ist eben auch wichtig, sodass man so was hat, wo man einfach *mit innerem Engagement immer wieder dabei ist*, und nicht nur diese Aufträge, sag ich mal, abarbeitet, die das Brot bringen, so.

Wenn dann der weitere Punkt des professionellen Selbstverständnisses thematisch und Fall vergleichend gesehen wird, erschließt sich die Bewältigungsstrategie der Soloselbstständigen und ambivalenten Pflegekräfte je unterschiedlich.

Text: Angestellte_Pflege\Interview_1
Code: Berufsbild_Selbstverständnis
A: Und das ist, denke ich mal, ein gutes Verhältnis zu den Patienten, wenn man gerne hingeht, weil der auch dankbar ist und auch versteht, was man macht und er sich auch eben gut versorgt fuhlt und nicht gestört.

Text: Angestellte_Pflege\Interview_1
Code: Berufsbild_Selbstverständnis
A: Zwischen Respekt und Verständnis und trotzdem ein freundschaftliches Verhalten, sage ich mal.

Text: Angestellte_Pflege\Interview_2
Code: Berufsbild_Selbstverständnis
B: Das hängt ja schon mit meiner Jugend zusammen ... ich wollte früher schon immer etwas machen beruflich, was mit Menschen zu tun hat (...) und nicht für die Wirtschaft, obwohl ich ja auch was für die Wirtschaft tue, davon abgesehen, aber da wollte ich doch lieber was für die Menschen tun ...

Text: Angestellte_Pflege\Interview_2
Code: Berufsbild_Selbstverständnis\Zukunft
B: Es war für mich eine Berufung ... (...) ein bisschen anstrengend ... So langsam ... aber ich werde es weiterhin noch durchziehen, sonst bleibt mir keine andere Möglichkeit ...

Im Gegensatz dazu wieder einige Passagen aus der Befragung Soloselbstständiger:

Text: Soloselbstständige\Solo Selbst Interv 4
Code: Berufsbild_Selbstverständnis\Erfolgsfaktor
M4: Es ist ja, es ist ja momentan nicht gerade so, dass man auf Rosen gebettet ist und sagt ... ja ist kein Problem, seine Arbeit an den Mann zu kriegen. Oder, dass man für seine Arbeit dementsprechend auch honoriert wird, oder dass die Arbeit als solche schon honoriert wird, und das, was man dann leistet, das entschädigt mich dann.
I: Und würdest Du sagen, dass es Freiräume gibt, in diesem, in diesem Job oder eben als Pendant Einschränkungen, die es in anderen Tätigkeiten, Branchen nicht gibt ... in anderen Arbeitsfeldern?
M4: Wenn Du gut aussiehst, das ist schon mal ein großer Pluspunkt. Also speziell bei Frauen ist es sehr, es ist nicht zu verachten, dieser Bonuspunkt, weil die meisten kommen eigentlich dadurch erst rein ...

Text: Soloselbstständige\Solo Selbst Interv 4
Code: Berufsbild_Selbstverständnis\Zufriedenheit
M4: Und die Gestaltungsmöglichkeiten letztendlich auch sind das, was ich eigentlich sehr angenehm finde, auf der anderen Seite, also weil Du kannst dich ja, Du entwickelst dich weiter und sagst: so ich möchte jetzt ein bisschen mehr in dieser Richtung was machen. Und das ist natürlich dementsprechend, wenn Du eine gute Arbeit „ablieferst" und Leute dann auf dich aufmerksam werden, das ist natürlich schon sehr schön. Das ist für mich ein Bonuspunkt. Freiraum, auch sich selber zu entfalten ... auch im künstlerischen Sinne auch, wenn Du das zum Schluss vermarkten musst für andere oder irgendwie ...

Text: Soloselbstständige\Solo Selbst 03
Code: Berufsbild_Selbstverständnis
I: Welche Bedeutung hat es für Sie, selbständig zu sein?
F2: Och, eine große. Eine große. Also es hat ja damals angefangen, dass eben meine Tochter noch klein war und ich was von ihrem Werden mitkriegen wollte.

Text: Soloselbstständige\Solo Selbst 05
Code: Berufsbild_Selbstverständnis
M5: was auch Spaß macht und nicht so einfach so völlig einfach so, ohne inneres Engagement, dann nur noch zu arbeiten.

Text: Soloselbstständige\Solo Selbst 06
Code: Berufsbild_Selbstverständnis\Zufriedenheit

> M6: Freiräume. Der Hauptfreiraum ist also, dass eben, liegt in der Selbständigkeit, eben. Dass, Du wirklich ..., klar musst du dich, so gesehen, wirklich sehen, dass es unter dem Strich nachher genügend Geld da ist. Aber irgendwo, wie das geht, kannst du sehr weit gehen, selbst bestimmen und, ich bin so 'n Typ, ich bin auch ganz gerne mein eigener Chef, und das kann ich sein. Und das empfinde ich als sehr angenehm (lacht).

Nach diesen unterschiedlichen Illustrationen zur separaten oder triangulierenden Auswertung von qualitativen und quantitativ erhobenen Daten sei zum Abschluss auf einige zentrale Regeln der Transkription verwiesen.

7.2 Transkription

Die Transkription, d. h. die schriftliche Fixierung des gesprochenen Wortes, sollte möglichst zeitnah angefertigt und nicht delegiert werden, um zuverlässige Aufzeichnungen und Kontextbezüge zu erhalten. Dann erfolgt in Kombination die Stufe der Verdichtung und Zusammenfassung. Überspringt man diese Abfolge gerät man zu schnell in die Interpretation der Daten und entwickelt willkürliche ‚Lieblingstheorien', die schwer aufzugeben sind. Sich nur auf Zusammenfassungen zu beschränken, würde auch bei einem anwendungsbezogenen Kontext in der Organisationsanalyse wichtiges Erkenntnispotenzial verschenken. Die Aufzeichnungen sind als vertrauliches Material zu handhaben.

Eine vollständige Transkription erfasst dabei die Umstände des Gesagten und das wortgetreu gesprochene Wort. Neben Deppermanns (2008) gesprächsanalytischem Transkriptionssystem (GAT) erklärt knapp die im Anhang angeführte Legende gängige Kürzel. In der Forschung werden verschiedene Weisen der wort- und intonationsgetreuen Transkription diskutiert. Wenn man auf linguistische Rekonstruktionen setzt, muss sehr wortgetreu mit allen zögerlichen und den Lesefluss erschwerenden Bemerkungen („äh, hm") transkribiert werden. Allerdings können auch in langsamen, pausenreichen Redepassagen das Ringen um eine Formulierung, Reflexionen oder auch innere Konflikte zum Ausdruck kommen und für die Interpretation aufschlussreich sein. Vom Interviewer initiierte Unterberechungen sind immanent oder exmanent angelegt und dienen der erkundenden Nachfrage oder dem Themenwechsel (s. Circle Concept).

Je sorgfältiger die Verdichtung der transkribierten Interviews erfolgt, desto nachvollziehbarer und handhabbarer wird das erhobene Datenmaterial. Die folgende Abbildung listet die Vor- und Nachteile dieses Auswertungsschrittes auf.

Transkription

Abbildung 21   Vor- und Nachteile der Verdichtung

Methoden	Vorteil	Nachteil
Mehrmaliges Lesen des Transkripts und Zusammenfassung wesentlicher Aussagen	Bessere Lesbarkeit des Transkripts	Aufwendigere Suche nach relevanten Textstellen
Verdichtung der Interviews und Zusammenfassung in Kategorien, Titeln oder prägnanten Zitaten (z. B. „Vom Denker zum Lenker" (Schulleiterinterview)	Übersichtlichkeit durch Betitelung der Interviews bessere Vergleichbarkeit der Transkripte erste Typologie	Betitelung ist bereits erste Interpretation
Schrittweise Verdichtung einzelner und aller Interviews zu Textzusammenfassungen	Bessere Nachvollziehbarkeit der Ergebnisse geringer Informationsverlust intensive Analyse	Aufwendig; erfordert vollständiges Transkript Ergebnisse nicht unmittelbar präsentierbar

In der Forschungspraxis wird häufig sowohl bei der Datenerhebung als auch bei der Datenauswertung im Team gearbeitet, was eine Multiperspektivität ermöglicht und den Verdichtungsprozess optimiert. Moderne Softwarelösungen ermöglichen auch eine virtuelle Auswertungsarbeit an einem gemeinsam verwendeten Dokument. Mit der Textretrievalfunktion im Programm MAXQDA wird zudem die Suche im Textmaterial erleichtert, was die oben exemplarisch angeführten Codings illustrieren.

Abbildung 22   Verdichtungprozess im Forschungsteam

Einzelnes Interview		Alle Interviews	
① Verdichtungsprotokoll 3–5 Seiten	② Zusammenfassung (0,5 Seiten)	③ Zusammenfassung, Verdichtungsprotokoll	④ Zusammenfassende Gegenüberstellung der Ergebnisse
Angaben zum Befragten und seinen Bezug zum Thema	Fließtext, mit wesentlichen Aussagen im Zusammenhang darstellen	Gliederung nach wesentlichen Aussagen des Interviews zusammengefasste Aussage/Hypothese zu relevanten Aspekten	Fließtext mit wesentlichen Hypothesen und Aussagen

Moderierte Zusammenfassung (Aussagen, Zitate, Hypothesen)		Häufigkeitsangabe zu den Aussagen	
Struktur an Interviewverlauf und Schwerpunkte anpassen	Inkonsistenzen verdeutlichen	Typische, prägnante Zitate aufführen	Inkonsistenzen zwischen den Interviews verdeutlichen

7.3 Auswertung von Texten

Das komplexe, mehrstufige und selektive Verfahren der Interpretation als *theoretical sampling* meint, dass die Auswahlkriterien für die Einzel- oder Gruppengespräche benannt werden und eine Analyse der Vergleichsgruppen im Hinblick auf ihre maximalen und minimalen Kontraste vorgenommen wird. Bei der dokumentarischen Methode nach Bohnsack (2000) wird der geschilderte Sachverhalt des Gesagten betrachtet und seine tiefere Bedeutung zu erschließen versucht. Das Vorgehen gestaltet sich verkürzt formuliert wie folgt:

1. Zunächst wird eine Überblicksstruktur über die Gespräche erstellt.
2. Ein Protokoll des thematischen Verlaufs gibt den Inhalt wieder.
3. Die Transkription der Gespräche wird sichergestellt.
4. Anhand von Kriterien werden prägnante, wichtige Passagen ausgewählt:
   - Interaktive Dichte
   - Erkenntnisinteressen der Forscher, Forschungsleitfragen
   - Vergleichbarkeit der Passagen untereinander und mit anderen Vergleichstexten der Untersuchungseinheit
   - Redebeiträge (bes. bei Gruppendiskussionen wichtig)
   - Propositionen (Themeninitiierung)
   - Elaborationen (Weiterentwicklung von Themen)
   - Validierung (Bestätigung)
   - Exemplifizierung (Beispiele, Episoden)
   - Formulierung (Konklusion).
5. Dabei sollte die Dramaturgie der Gespräche beachtet werden.
6. Der Kontrast ist in der Gemeinsamkeit herauszustellen.
7. Fokussierungspassagen werden gezielt ausgewertet: dabei ist die hohe interaktive, emotionale und metaphorische Dichte zu beachten, z. B. wenn ein „kollektiver Steigerungsprozess unter wechselseitiger Bezugnahme" (Bohnsack 2000: 61) zu beobachten ist.
8. Positive und negative Gegenhorizonte, in denen das Gespräch sich bewegt, werden analysiert.

7.4 Erstellung eines Forschungsberichts

Unter Berücksichtigung der Tatsache, dass in einer experimentellen Studie oder auch Auftragsforschung im Gegensatz zur (ethnologischen) Feldforschung nur eine vergleichsweise kurze Beobachtungs- und Erhebungszeit zugrunde liegt und daher das Datenmaterial lediglich ansatzweise Einblicke in das Beobachtungsfeld geben kann, ist auf folgende Punkte im Forschungsbericht einzugehen. Beschrieben werden sollte das Setting auf dem Hintergrund des Vergleichs damit, was erwartet wurde, was auf Grundlage der Thesen und Hypothesen der Forschung zum Thema bekannt war und was nun an neuen Erkenntnissen entstanden ist. Hier sollte eine umfassende Beschreibung des Feldes gegeben werden. Wenn eine solche Beschreibung zu umfassend würde (Komplexität des Settings) sollte die Auswahl dessen, was beschrieben wird, danach erfolgen, was bekannt sein muss, um die folgenden Analysen verstehen zu können. In dieses Kapitel gehört sowohl die kurze Beschreibung und Reflexion der eingesetzten Methoden und der auftretenden Schwierigkeiten (z. B. Zugangsschwierigkeiten, Schwierigkeiten mit Mitgliedern, mit dem Schreiben von Feldnotizen etc.) als auch eine kurze Beschreibung der eigenen Situation als teilnehmende Beobachterin und/oder als Interviewerin.

Vorgestellt werden sollten die Analyseeinheiten mit den feldspezifischen Inhalten und Originalzitaten. Dabei erfolgt die analytische Beschreibung der Ergebnisse und des Erkenntnisgewinns. Thesen (Vermutungen) auf die allgemeine Fragestellung hin und die Aspekte des Referenzrahmens sollten formuliert werden. In der Schlussdiskussion erfolgt eine Zusammenfassung der Ergebnisse, die Einbindung der Analyseergebnisse z. B. in die Erkenntnisse anderer Forschungsarbeiten, in theoretische Aussagen sowie in Formulierungen, die zu weiterer Forschung anregen.

Aufgabe:
Recherchieren Sie bitte Forschungsberichte und werten Sie diese hinsichtlich der o. g. Kriterien aus.

8. Anhang

Legende
(...) = kurze Pause
(Pause) = längere Pause
(beide) = beide reden gleichzeitig
kursiv = stark betont, lauter
[...] = redaktionelle Kürzung

Leitfaden: Interview mit Lehrern im Kontext eine Evaluationsprojektes
Zielsetzung
Welche Ziele haben Sie in Ihrem Beruf als Lehrer an der Schule XY? Warum sind Sie einmal Lehrer geworden?
Was sind für Sie die wichtigsten Erziehungs- und Lernziele eines Gymnasiums? Wie setzen Sie das um? Wie wägen Sie im Alltag zwischen verschiedenen Erziehungs- und Lernzielen ab?
Wie schätzen Sie die Meinungen der Kollegen dazu ein?
Gibt es klar vereinbarte Zielvorstellungen am Gymnasium XY? Welche?
Inwiefern halten Sie gemeinsame Ziele für eine Schule für wichtig? Warum?
Inwiefern würde Ihrer Ansicht nach eine gemeinsame Zielvorstellung die Arbeit am XY verändern?
Welche Maßnahmen halten Sie zur Entwicklung gemeinsamer Zielvorstellungen am XY für nötig?
Angenommen das XY würde über eine gemeinsame Zielvorstellung verfügen. Was würde die Umsetzung behindern?

Zusammenarbeit
Wie würden Sie die Stimmung im Kollegium beschreiben?
Wie erklären Sie sich die Stimmung?
Wie wohl fühlen Sie sich im Kollegium (z. B. Akzeptanz)?
Ist die Stimmung im Kollegium ein Faktor, der Sie in Ihrer Motivation, sich für das XY zu engagieren, beeinflusst?
Was sind für Sie Aspekte einer guten Stimmung im Kollegium?

Welche Voraussetzungen müsste die Schule schaffen, um diesen Zielzustand zu erreichen?
Was glauben Sie, was XY über die Zusammenarbeit an der Schule denkt?
Was meinen Sie, inwieweit private Kontakte die Zusammenarbeit im Kollegium beeinflussen? In welcher Form?
Wie sieht die Zusammenarbeit in guten Fällen aus? Bitte nennen Sie Beispiele.
Was könnte die Zusammenarbeit im Kollegium konkret verbessern?
Welche Faktoren könnten Ihrer Meinung nach die Umsetzung dieser genannten Kernpunkte behindern?
Wie beurteilen Sie den Prozess der Unterrichtsverteilung durch die Schulleitung?
Inwieweit sehen Sie Zusammenhänge zwischen Teilzeittätigkeit und der Qualität der Zusammenarbeit?

Schüler und Eltern
Wie würden Sie Ihr Verhältnis zu Ihren Schülern beschreiben?
Geben Sie bitte Beispiele für Situationen, die Sie als angenehm/unangenehm im Umgang mit Schülern erleben.
Welche Aspekte berücksichtigen Sie bei der Fachnotengebung?
Wie stellen Sie sich eine gute Lehrer-Schüler-Interaktion vor?
Wie möchten Sie gerne von Ihren Schülern gesehen werden?
In welcher Form können sich die Schüler an der Gestaltung Ihres Unterrichts beteiligen?
Wie würden Sie Ihr Verhältnis zur Elternschaft beschreiben?
Inwiefern halten Sie die Zusammenarbeit mit der Elternschaft für wichtig?
In welcher Form profitiert das XY von Kontakten mit außerschulischen Institutionen?
Welche Ziele haben Sie in Ihrem Beruf als Lehrer am XY?
Sehen Sie für sich persönlich ausreichend Entwicklungsmöglichkeiten am XY? Welche?

Leitfaden für Gruppendiskussionen mit Studierenden
Thema: Ausbildung und Studienrealität am Fachbereich: Stärken und Potenziale

I. Einstieg
Sie stehen nun in der Mitte Ihres Studiums. Wenn Sie Ihre ersten Studienjahre bis jetzt noch einmal Revue passieren lassen würden, wie haben Sie Tritt gefasst, was waren für Sie die schwierigen Hürden oder kritischen Phasen in Ihrem Grundstudium? Oder haben Sie nur noch positive Erinnerungen?

Anhang

Wo haben Sie einen guten Überblick über das Studium erhalten?
Was war für die Wahl des Studienortes für Sie ausschlaggebend (Stadt, fachliches Profil, Nähe zum Heimatwohnort o.a.?)
War Ihr Grundstudium bislang eine gute Vorbereitung für Ihr Hauptstudium?
Wo sehen Sie die Hauptschwächen des Grundstudiums? Welche Verbesserungsvorschläge haben Sie?

II. Schwerpunktbildung Ende des Grundstudiums
Wenn Sie nach dem Grundstudium einen Studienschwerpunkt wählen mussten, fiel es Ihnen schwer, diese Entscheidung zu fällen?
Hatten Sie genügend Zeit zur Entscheidungsfindung?
Besteht tatsächlich Wahlfreiheit bzgl. der Schwerpunkte oder führen Engpässe dazu, dass die Wahl des Schwerpunktes korrigiert werden muss? Wenn ja, welche Engpässe sind das?

III. Lehren und Lernen/Lehrangebot
Wie beurteilen Sie die Qualität des Lehrangebots – insbesondere im Grundstudium? Wie beurteilen Sie die Lehrinhalte und das Lehrangebot? Was meinen Sie, wovon hängt das Gelingen einer Lehrveranstaltung am ehesten ab?
Didaktik, Präsentation, Veranstaltungsform und -klima, Beteiligungs- und Betreuungsmöglichkeiten
Wie bewerten Sie die Studierbarkeit am Fachbereich insgesamt?
Wie wird Ihr Praxiswissen in den Lehrveranstaltungen aufgenommen?
Wie lernen Sie für die Praxis?
Wo sollen stärkere Akzente gesetzt werden? Was war überflüssig?
Bestehen fachliche Defizite im Lehrangebot (z. B. fehlende Statistik- und/oder Sprachkenntnisse o.a.), die für das weitere Studium wichtig sind?
Haben Sie ausreichend gelernt, mit EDV umzugehen?
Haben Sie gelernt, wissenschaftliche Arbeiten anzufertigen?
Sind Sie in der Lage, EDV-gestützte Literaturrecherchen vorzunehmen?

IV. Studienziele, Beratung und Zweck der Ausbildung
Wird im Studium auf die Grenzen von Wissenschaft und Forschung (ethische Fragen) ausreichend eingegangen?
Wie haben Sie in Ihrem bisherigen Studium Beratung seitens Lehrender hinsichtlich Umfang, Themen und Bedarf erfahren?
Wird im Studium auf die zukünftige Arbeit genügend vorbereitet/wie finden Sie Praktikaplätze/wie sieht bei Ihnen das Praxisanteil aus?

Welche fachlichen, methodischen und organisatorischen Kompetenzen und persönlichen Eigenschaften soll nach Ihrer Meinung das Studium vermitteln?

V. Studiendauer
Ist das Lehrangebot in der vorgegebenen Studienzeit studierbar?
Falls nein, warum nicht?
Wenn es zu Verzögerungen in der Studienzeit kommt, liegt das eher an internen Gründen (Aufbau des Studiengangs) oder sind eher äußere Faktoren (Erwerbstätigkeit etc.) dafür verantwortlich?
Was müsste getan werden, um innerhalb der Regelstudienzeit das Studium abschließen zu können?

VI. Abschlussrunde
Was sind, auch noch mal im Blick auf die zurückliegende Diskussion, die Stärken, was sind die Schwächen des Studiengangs und was sollte unbedingt verbessert oder geändert werden?

VII. Abmoderation
Wir haben nun eine lange Zeit diskutiert: Gibt es wichtige Punkte, die noch nicht zur Sprache gekommen sind und die angesprochen werden müssen, die wir jetzt aber nicht mehr vertiefen können?

Leitfaden für Gruppendiskussionen mit Lehrenden
Thema: Ausbildung und Studienrealität am Fachbereich: Stärken und Schwächen

I. Einstieg
Sagen Sie doch bitte einmal, warum man eigentlich in XY studieren sollte? Was sind die Potenziale Ihres Fachbereichs, Departments oder Fachgebietes?
Wenn Sie anhand Ihrer persönlichen Erfahrungen am Fachbereich, Department oder Fachgebiet und dem, was Sie von Ihren Kolleginnen und Kollegen wissen, einmal die Situation der Lehre beschreiben müssten, was würde Ihnen da als wichtigstes Problem oder Stichwort einfallen?

II. Erfahrungen mit Lehre
Betreuung und Beratung

Was bereitet Ihres Erachtens den Studierenden die größte Schwierigkeit bei der Studienorganisation?
Über welche Erfahrungen verfügen Sie selbst in diesem Bereich? Wo sehen Sie wichtige Lösungsansätze?
Wie und wo kommen Sie als Lehrende miteinander ins Gespräch?
Gibt es an der Hochschule, am Department oder Fachgebiet gemeinsame Treffpunkte für Lehrende?

Ausbildungsziele
Was sollte Ihrer Meinung nach das Ausbildungsziel des Studiums an Ihrem Fachbereich, Department oder Fachgebiet sein?
Was halten Sie für berufsqualifizierend und was soll das Studium fachlich, methodisch, organisatorisch, persönlich vermitteln?

Lehrorganisation und Lehre
Wie beurteilen Sie die Koordination des Lehrangebots am Fachbereich, Department oder Fachgebiet in zeitlicher und inhaltlicher Hinsicht?
Wie beurteilen Sie die lehrbezogene Ausstattung des Fachbereichs, Departments oder Fachgebiets?
Wie beurteilen Sie die Vorbildung der Studierenden?
Reicht das aus, was sollten Studierende denn dann mitbringen?

Was macht für Sie den Erfolg einer Lehrveranstaltung in organisatorischer, fachlicher, methodischer, persönlicher Hinsicht aus?

Wie bringen Sie den Praxisbezug in Ihre Lehrveranstaltungen ein?
Bieten Sie Projektstudium an und wie und wo vermitteln Sie den Studierenden Schlüsselkompetenzen?
Welchen Stellenwert haben für Sie selbst Möglichkeiten der Weiterbildung von Lehrenden (Hochschuldidaktik)?
Haben Sie bereits Erfahrungen mit der Bewertung Ihrer eigenen Lehrveranstaltung, wenn nein, hätten Sie Interesse daran?

III. Lösungsansätze
Was sollte für eine bessere Lehrsituation unternommen werden?

IV. Abschlussrunde
Was sind, auch noch mal im Blick auf die zurückliegende Diskussion, die Entwicklungspotenziale, was sind die Schwächen des Studiengangs und was sollte unbedingt verbessert oder geändert werden?

V. Abmoderation
Wir haben nun eine lange Zeit diskutiert: Gibt es wichtige Punkte, die noch nicht zur Sprache gekommen sind und die angesprochen werden müssen, die wir jetzt aber nicht mehr vertiefen können?

9. Literatur

Acker, Joan (1990): Hierarchies, Jobs, Bodies. A Theory of Gendered Organizations. In: Lorber, Judith; Farrell, Susan A. (Hrsg.): The Social Construction of Gender. A Gender & Society Reader, published in corporation with Sociologists for Women in Society. Newbury Park, London, New Dehli, S. 162–179.
Adorno, Theodor W (1950): The Authoritarian Personality, Studies in Prejudice Series, Volume 1. New York: Harper & Row.
Allmendinger, Jutta; Hinz, Thomas (Hrsg.) (2002): Organisationssoziologie: Sonderheft 42, Kölner Zeitschrift für Soziologie und Sozialpsychologie.
Anderson, Tom 1990: Das reflektierende Team. Dialoge und Dialoge über Dialoge. Dortmund: Verlag Modernes Leben.
Arnold, Katrin; Matuschek, Ingo; Voß, Günter G. (2005): Subjektivierte Taylorisierung: Organisation und Praxis informatisierter Kommunikationsarbeit. In: Schütz, Astrid; Habscheid, Stephan; Holly, Werner; Krems, Jürgen; Voß, G. Günter (Hrsg.): Neue Medien im Alltag. Befunde aus den Bereichen, Arbeit, Lernen und Freizeit. Lengerich: Papst.
Aulenbacher, Brigitte (1991): Arbeit- Technik- Geschlecht. Industriesoziologische Frauenforschung am Beispiel der Bekleidungsindustrie. Frankfurt a. M., New York: Campus.
Bachmann, Götz (2009): Teilnehmende Beobachtung. In: Kühl, Stefan; Strodtholz, Petra; Taffertshofer, Andreas (Hrsg.): Handbuch Methoden der Organisationsforschung. Quantitative und Qualitative Methoden. Wiesbaden: VS Verlag, S. 248–271.
Baethge, Martin; Oberbeck, Herbert (1986): Zukunft der Angestellten. Neue Technologie und berufliche Perspektiven in Büro und Verwaltung. Frankfurt a. M., New York: Campus.
Bahrdt, Hans Paul (1957): Das Gesellschaftsbild des Arbeiters (zusammen mit Heinrich Popitz, Ernst August Jüres, Hanno Kesting). Tübingen: Mohr.
Bamberg, Simone; Johann, David (2009): Kunst kostet und macht Arbeit. Veränderungen des Kultursektors und die Auswirkungen auf den Arbeitsmarkt. In: SuB, 31.Jg., Heft 1, S. 67–75.
Bartholomeyczik, Sabine (1997): Der Forschungsprozess. In: dies.; Müller, Elke (Hrsg.): Pflegeforschung verstehen. München, Wien, Baltimore: Urban und Schwarzenberg, S. 56–69.
Bathke, Sigrid (2004): Beschäftigte im Arbeitsfeld ambulante Pflege auf dem Weg zum personenbezogenen Arbeitskraftunternehmer? Arbeitsbedingungen, Berufsbilder und Motivation eines Berufsfeldes im Wandel. Freiburg i. Breisgau: Lambertus.
Baur, Nina (2009): Von der Quali-/Quanti-Debatte zum Methodenmix. Reichweite und Ertrag methodischer Zugriffe am Beispiel der Vorstellungen von familiärer Arbeits-

teilung. In: Aulenbacher, Brigitte; Riegraf, Birgit (Hrsg.): Erkenntnis und Methode. Geschlechterordnung in Zeiten des Umbruchs. Wiesbaden: VS Verlag, S. 119–144.

Baur, Nina; Ernst, Stefanie (2010): Towards a Process-Oriented Methodology. Modern Social Science Research Methods and Nobert Elias' Concepts on Figurational Sociology. In: Sociological Review. (im Erscheinen)

Beck, Ulrich (1999): Schöne neue Arbeitswelt. Frankfurt a. M.: Campus

Beck-Gernsheim, Elisabeth (1976): Der geschlechtsspezifische Arbeitsmarkt. Zur Ideologie und Realität von Frauenberufen. Frankfurt a. M.: Aspekte Verlag und Campus.

Becker-Schmidt, Regina (1980): Widersprüchliche Realität und Ambivalenz. Arbeiterfahrungen von Frauen in Fabrik und Familie. In: Kölner Zeitschrift für Soziologie und Sozialpsychologie, 32. Heft 4, S. 705–725.

Becker-Schmidt, Regina (1987): Die doppelte Vergesellschaftung – die doppelte Unterdrückung: Besonderheiten der Frauenforschung in den Sozialwissenschaften. In: Unterkirchner, Lilo; Wagner, Ina (Hrsg.): Die andere Hälfte der Gesellschaft. Österreichischer Soziologentag 1985. Soziologische Befunde zu geschlechtsspezifischen Formen der Lebensbewältigung. Wien: Verlag des Österreichischen Gewerkschaftsbundes, S. 10–28.

Becker-Schmidt, Regina (2004): Doppelte Vergesellschaftung von Frauen: Divergenzen und Brückenschläge zwischen Privat- und Erwerbsleben. In: Becker, Ruth; Kortendiek, Beate (Hrsg.) Handbuch Frauen- und Geschlechterforschung. Theorie, Methoden, Empirie. Wiesbaden: VS Verlag, S. 62–71.

Behnke, Cornelia (1997): „Frauen sind wie andere Planeten". Das Geschlechterverhältnis aus männlicher Sicht. Frankfurt a. M., New York: Campus.

Behnke, Cornelia; Meuser, Michael (1999): Geschlechterforschung und qualitative Methoden. Opladen: Leske und Budrich.

Berger, Peter; Luckmann, Thomas (1970): Die gesellschaftliche Konstruktion der Wirklichkeit. Eine Theorie der Wissenssoziologie. Frankfurt a. M.: Fischer

Bergmann, Jörg (2000): Ethnomethodologie. In: Flick, Uwe; Ernst von; Steinke, Ines (Hrsg.): Qualitative Forschung. Ein Handbuch. Reinbek: rororo, S. 118–135.

Bernays, Marie (1910): Auslese und Anpassung der Arbeiterschaft der geschlossnen Großindustrie. Dargestellt an den Verhältnissen der Gladbacher Spinnerei und Weberei A.G. zu München-Gladbach im Rheinland. Leipzig: Schriften des Vereins für Socialpolitik, 133. Band.

Betzelt, Sigrid; Gottschall, Karin (2007): Jenseits von Profession und Geschlecht? Erwerbsmuster in Kulturberufen. In: Gildemeister, Regine; Wetterer, Angelika (Hrsg.): Erosion oder Reproduktion geschlechtlicher Differenzierungen? Widersprüchliche Entwicklungen in professionalisierten Berufsfeldern und Organisationen. Münster: Westfälisches Dampfboot, S. 122–144.

Birenheide, Almut (2008): Herr und Knecht – die Ambivalenzen der Selbstunternehmung. In: Leviathan: Berliner Zeitschrift für Sozialwissenschaft, 36. Jg., Heft 2, S. 274–291.

Blättel-Mink, Birgit (2006): Kompendium der Innovationsforschung. Wiesbaden: VS Verlag.

Blättel-Mink, Birgit; Briken, Kendra; Drinkuth, Andreas; Wassermann, Petra (Hrsg.) (2008): Beratung als Reflexion. Perspektiven einer kritischen Berufspraxis für Soziolog/inn/en. Berlin: Edition Sigma.

Blau, Peter M.; Scott, W. Richard (1962): Formal organization: a comparative approach. San Francisco: Chandler.
Blumer, Herbert (1972): Symbolic Interaction. In: Spradley, James P. (Hrsg.): Culture and Cognition: Rules, Maps and Plans. San Francisco, S. 65–83.
Bock-Rosenthal, Erika; Haase, Christa; Streeck, Sylvia (1978): Wenn Frauen Karriere machen. Frankfurt a. M., New York: Campus.
Bock-Rosenthal, Erika (1999): Von der Krankenschwester zur Managerin – Akademisierung und Professionalisierung. In: dies.: (Hg): Professionalisierung zwischen Praxis und Politik. Der Modellstudiengang Pflegemanagement an der Fachhochschule Münster. Bern: Hans Huber, S. 17–41.
Böhle, Fritz (1994): Negation und Nutzung subjektivierten Arbeitshandelns bei neuen Formen qualifizierter Produktionsarbeit. In: Beckenbach, Niels; Treek, Werner van (Hrsg.): Umbrüche gesellschaftlicher Arbeit (Soziale Welt: Sonderband 9), S. 183–206.
Böhle, Fritz (2002): Vom Objekt zum gespaltenen Subjekt. In: Moldaschl, Manfred; Voß, G. Günter (Hrsg.): Subjektivierung von Arbeit. München, Mering, S. 115–143.
Bohnsack, Ralf (2000): Rekonstruktive Sozialforschung: Einführung in Methodologie und Praxis qualitativer Forschung, 4. Aufl.. Opladen: Leske und Budrich.
Bohnsack, Ralf; Marotzki, Winfried; Meuser, Michael (2003) (Hrsg.): Hauptbegriffe Qualitativer Sozialforschung. Ein Wörterbuch. Opladen: Leske und Budrich.
Boltanski, Luc; Chiapello, Eve (2003): Der neue Geist des Kapitalismus. Konstanz: UVK.
Bommes, Michael; Tacke, Veronika (2001): Arbeit als Inklusionsmedium moderner Organisationen. Eine differenzierungstheoretische Perspektive. In: Tacke, Veronika (Hrsg.): Organisation und gesellschaftliche Differenzierung. Wiesbaden: WDV, S. 61–83.
Bosch, Gerhard (2000): Entgrenzung der Erwerbsarbeit. Lösen sich die Grenzen zwischen Erwerbs- und Nichterwerbsarbeit auf? In: Minssen, Heiner (Hrsg.): Begrenzte Entgrenzungen. Wandlungen von Organisation und Arbeit. Berlin: Sigma, S. 249- 267.
Braczyk, Hans Joachim (2000): Organisation in industriesoziologischer Perspektive. In: Ortmann, Günter; Sydow, Jörg; Türk, Klaus (Hrsg.): Theorien der Organisation. Die Rückkehr der Gesellschaft. Wiesbaden: WDV (2. Aufl.), S. 530–575.
Braudel, Fernand (1996): The Mediterranean and the Mediterranean World in the Age of Philip II. Volume 1. Berkeley et al.: University of California Press.
Bonazzi, Guiseppe (2008): Geschichte des organisatorischen Denkens. Wiesbaden: VS Verlag.
Bude, Heinz (2000): Die Kunst der Interpretation. In: Flick, Uwe; Ernst von; Steinke, Ines (Hrsg.): Qualitative Forschung. Ein Handbuch. Reinbek: rororo, S. 569–578.
Burns, Tom; Stalker, George M. (1968): The management of innovation. London: Tavistock.
Campe, Johann Heinrich (1796): Väterlicher Rath für meine Tochter. Ein Gegenstück zum Theopron. Der erwachsenen weiblichen Jugend gewidmet, (Neudruck der Ausgabe von 1796. Frankfurt und Leipzig 1988, Hüttemann, Quellen und Schriften zur Geschichte der Frauenbildung, Bd. 3); 1789, 1791 (Verlag Schulbuchhandlung). Braunschweig.
Castel, Robert (2000): Die Metamorphosen der sozialen Frage. Eine Chronik der Lohnarbeit. Konstanz: UVK.

Crozier, Michel; Friedberg, Erhard (1993): Die Zwänge kollektiven Handelns. Über Macht und Organisation. Frankfurt a. M.: Hain (1977).
Daheim, Hansjürgen; Schönbauer, Günter 1993: Soziologie der Arbeitsgesellschaft. Weinheim, München: Juventa
Dahrendorf, Ralf (1965): Industrie- und Betriebssoziologie. Berlin: Walter de Gruyter (3. Aufl.).
Deppermann, Arnulf (2008): Gespräche analysieren. Eine Einführung Wiesbaden: VS Verlag (4. Aufl.).
De Shazer, Steve (1997): Muster familientherapeutischer Kurzzeit-Therapie. Paderborn: Junfermann, 2. Auflage
Deutschmann, Christoph (2002): Postindustrielle Industriesoziologie. Theoretische Grundlagen, Arbeitsverhältnisse und soziale Identitäten. Weinheim, München: Juventa.
Diekmann, Andreas (2009): Empirische Sozialforschung. Grundlagen, Methoden, Anwendungen. Reinbek: rororo.
DiMaggio, Paul J.; Powell, Walter W. (1983): The Iron Cage Revisited: Institutional Isomorphism and Collective Rationality in Organizational Fields. In: American Sociological Review, 48. Jg., S. 147–160.
Döcker, Ulrike (1994): Die Ordnung der bürgerlichen Welt. Verhaltensideale und soziale Praktiken im 19. Jahrhundert. Frankfurt a. M., New York: Campus.
Doerling, Peter (2006): Ahnenforschung und Geschichte im Kreis Stormann, ca. 1550–1900. www.peter-doerling.de/Geneal/Geschichte/Arbeitsordnung.htm (Stand: 22.8.2009).
Dörre, Klaus (2007): Prekarisierung und Geschlecht. Ein Versuch über unsichere Beschäftigung und männliche Herrschaft in nachfordistischen Arbeitsgesellschaften. In: Arbeit und Geschlecht im Umbruch der modernen Gesellschaft. Forschung im Dialog, hg. von Aulenbacher, Brigitte; Funder, Maria; Jacobsen, Heike; Völker, Susanne. Wiesbaden: VS Verlag, S. 285–301.
Dörre, Klaus (2005): Prekäre Beschäftigung – ein unterschätztes Phänomen in der Debatte um die Marktsteuerung und Subjektivierung von Arbeit. In: Lohr, Karin; Nickel, Hildegard Maria; (Hrsg.): Subjektivierung von Arbeit. Riskante Chancen. Münster: Westfälisches Dampfboot, S. 180–206.
Duby, Georges (1981): The Age of Cathedrals. Chicago: University of Chicago Press.
Duerr, Hans Peter (1988): Nacktheit und Scham. Der Mythos vom Zivilisationsprozeß, Bd.1. Frankfurt a.M: Suhrkamp.
Duerr, Hans Peter (1990): Intimität. Der Mythos vom Zivilisationsprozeß, Bd.2. Frankfurt a. M.: Suhrkamp.
Duerr, Hans Peter (1993): Obszönität und Gewalt. Der Mythos vom Zivilisationsprozeß, Bd.3. Frankfurt a. M.: Suhrkamp.
Dumeier, Klaus (2001): Pflegeversicherung – Wirkung und Herausforderung. In: Kollak, Ingrid (Hrsg.): Internationale Modelle häuslicher Pflege. Eine Herausforderung und verschiedene Antworten. Frankfurt a. M.: Mabuse Verlag, S. 315–328.
Dunkel, Wolfgang; Voß, G. Günter (Hrsg.) (2004): Dienstleistung als Interaktion. Ein Forschungsprojekt. München, Mering: Hampp.
Dunning, Eric (1999): Sport Matters: Sociological Studies of Sport, Violence and Civilization'. London: Routledge.

Durkheim, Émile (1988): Über soziale Arbeitsteilung. Studie über die Organisation höherer Gesellschaften. Frankfurt a. M.: Suhrkamp (Überarb. Nachdruck von 1930).
Egbringhoff, Julia (2003): Wenn die Grenzen fließen. Zur individuellen Rekonstruktion von „Arbeit" und „Leben" von Ein-Personen-Selbständigen. In: Gottschall, Karin; Günter G. Voß (Hrsg.): Entgrenzung von Arbeit und Leben. München: R. Hampp, S. 149–184.
Elias, Norbert (1977): Zur Grundlegung einer Theorie sozialer Prozesse, in: Zeitschrift für Soziologie, Jg. 6, Heft 2, S. 127–149.
Elias, Norbert (1978): Zum Begriff des Alltags. In: Kurt Hammerich; Michael Klein (Hrsg.): Materialien zur Soziologie des Alltags. Opladen: Westdeutscher Verlag, S. 22–29.
Elias, Norbert (1987): Engagement und Distanzierung Arbeiten zur Wissenssoziologie I, hg. v. Michael Schröter. Frankfurt a. M.: Suhrkamp.
Elias, Norbert (1990a): Die höfische Gesellschaft. Untersuchungen zur Soziologie des Königtums und der höfischen Aristokratie. Frankfurt a. M.: Suhrkamp.
Elias, Norbert (1990b): Studien über die Deutschen. Machtkämpfe und Habitusentwicklung im 19. und 20. Jahrhundert, hg. v. Michael Schröter. Frankfurt a. M.: Suhrkamp.
Elias, Norbert (1991): Was ist Soziologie? Grundfragen der Soziologie, hg. v. Claessens, Dieter. Weinheim, München: Juventa, 6. Aufl. (1970).
Elias, Norbert (1997b): Über den Prozess der Zivilisation, Sozio- und psychogenetische Untersuchungen, Bd.2. Wandlungen der Gesellschaft. Entwurf zu einer Theorie der Zivilisation. Frankfurt a. M.: Suhrkamp (21. Aufl.).
Elias, Norbert (2005): Autobiografisches und Interviews. Gesammelte Schriften Bd. 17, hg. im Auftrag der Norbert Elias Stiftung Amsterdam. Frankfurt a. M.: Suhrkamp.
Elias, Norbert (2006a): Zur Diagnose der gegenwärtigen Soziologie. Vortrag auf dem 2. Kongress für Angewandte Soziologie in Bochum. In: ders.: Aufsätze und andere Schriften II. Gesammelte Schriften Bd. 15 hg. im Auftrag der Norbert Elias Stiftung Amsterdam von Blomert, Reinhard; Hammer, Heike; Heilbronn, Johan; Treibel, Annette; Wilterdink, Nico. Frankfurt a. M.: Suhrkamp, S. 375–388 [1983].
Elias, Norbert (2006b): Über den Rückzug der Soziologen auf die Gegenwart (I). In: ders.: Aufsätze und andere Schriften II. Gesammelte Schriften Bd. 15., hg. im Auftrag der Norbert Elias Stiftung von Blomert, Reinhard; Hammer, Heike; Heilbronn, Johan; Treibel, Annette; Wilterdink, Nico. Frankfurt a. M.: Suhrkamp, S. 389–407. [1983].
Elias, Norbert (2006c): Aufsätze und andere Schriften III, Gesammelte Schriften Bd. 16, hg. im Auftrag der Norbert Elias Stiftung Amsterdam von Blomert, Reinhard; Hammer, Heike; Heilbronn, Johan; Treibel, Annette; Wilterdink, Nico. Frankfurt a. M.: Suhrkamp.
Elias, Norbert; Scotson, John L. (1994): The Established and the Outsiders. A Sociological Enquiry into Community problems. London: Sage (2. Auflage)[1965].
Ellwein, Thomas (1992): Die deutsche Universität. Vom Mittelalter bis zur Gegenwart. Königstein/Ts.
Endruweit, Günter (2004): Organisationssoziologie. Stuttgart: Lucius und Lucius.
Engels, Friedrich (1845): Die Lage der arbeitenden Klassen in England. Nach eigener Anschauung und authentischen Quellen. Berlin: Dietz Verlag (Nachdruck 1952).

Engler, Steffani; Hasenjürgen, Brigitte (1997) (Hrsg.): "Ich habe die Welt nicht verändert". Lebenserinnerungen einer Pionierin der Sozialforschung. Frankfurt a.M., New York: Campus.
Ernst, Stefanie (1996): Machtbeziehungen zwischen den Geschlechtern. Wandlungen der Ehe im ‚Prozess der Zivilisation'. Opladen: WDV.
Ernst, Stefanie (1999): Geschlechterverhältnisse und Führungspositionen. Eine figurationssoziologische Analyse der Stereotypenkonstruktion. Opladen: WDV.
Ernst, Stefanie (2003): Externe Schulevaluation in Kooperation: Konflikte im Spannungsfeld von Praxisforschung und angewandter Organisationsberatung. In: Sozialwissenschaften und Berufspraxis, 26. Jg., Heft 3: Praxissoziologie, S. 269–284.
Ernst, Stefanie (2008): Manual Lehrevaluation. Wiesbaden: VS Verlag.
Ernst, Stefanie (2009): Zwischen Qualität, Dumping und Profilierungsdruck. Eine explorative Studie über das Arbeits- und Selbstverständnis von Kulturarbeitern. In: Sozialwissenschaften und Berufspraxis, hg. v. Berufsverband deutscher Soziologinnen und Soziologen, 31. Jg., Heft 1, S. 76–87.
Ernst, Stefanie; Treber, Monika (1994): Evaluierung Christlicher Dritte Welt-Gruppen. Ein Forschungsbericht. In: Diakonia. Internationale Zeitschrift für die Praxis der Kirche, Heft 4, 1994, Mainz/Wien, S.253–259.
Ernst, Stefanie; Hartwig, Uwe; Pokora, Felizitas (2008): Social Scoring: Evaluation qualifizierender Beschäftigung. In: WSI Mitteilungen, Heft 5/2008, S. 267–273.
Ernst, Stefanie; Pokora, Felizitas (2009): Between ‚Constructive Pressure and Exploitation'? Interpretation Models for the Concept of ‚Qualifactory Employment' for Long term Unemployed. In: Henning, Cecilia; Renblad, Karin (Hrsg.): Perspectives on Empowerment, Social Cohesion and Democracy. An International Anthology. School of Health Sciences: Jönköping University, S. 27–52.
Fleck, Christian (1998): Marie Jahoda. Lebensnähe der Forschung und Anwendung in der wirklichen Welt, in: Honegger, Claudia; Wobbe, Theresa (Hrsg): Frauen in der Soziologie. 9 Porträts, München: CH Beck, S. 258–286.
Flick, Uwe; Kardoff, Ernst von; Steinke, Ines (Hrsg.) (2000): Qualitative Forschung. Ein Handbuch. Reinbek: rororo.
Flick, Uwe (Hrsg.) (2006): Qualitative Evaluationsforschung. Konzepte, Methoden, Umsetzungen. Reinbek: rororo.
Flick, Uwe (2007): Qualitative Sozialforschung. Eine Einführung. Reinbek: rororo.
Flick, Uwe (2008): Triangualtion. Eine Einführung. Wiesbaden: VS Verlag (2. Aufl.).
Foulkes, Siegfried H. (1983): Introduction to Group-Analytic Psychotherapy: Studies in the Social Integration of Individuals and Groups. London: Maresfield Reprints.
Friedrichs, Jürgen (1985): Methoden empirischer Sozialforschung. Opladen: WV.
Friese, Marianne; Thiessen, Barbara (2003): Kompetenzentwicklung im personenbezogenen Dienstleistungsbereich- Aufwertung und Engendering-Prozesse. In: Kuhlmann, Ellen; Betzelt, Sigrid (Hrsg.): Geschlechterverhältnisse im Dienstleistungssektor. Dynamiken, Differenzierungen und neue Horizonte. Baden-Baden: Nomos, S. 79–90.
Froschauer, Ulrike; Lueger, Manfred (2006): Qualitative Prozessevaluierung in Unternehmen. In: Flick, Uwe (Hrsg.): Qualitative Evaluationsforschung. Reinbek: rororo, S. 319–338.

Literatur

Früh, Werner (1991): Inhaltsanalyse. Theorie und Praxis. München: UVK.
Funder, Maria (2008): Emotionen erwünscht? Emontionalität, Informalität und Geschlecht in wissensintensiven Unternehmen, in: Funken, Christiane; Schulz-Schaeffer, Ingo (Hrsg.): Digitalisierung der Arbeitswelt. Zur Neuordnung formaler und informeller Prozesse in Unternehmen. Wisbaden, VS Verlag, S. 165–190.
Fürstenberg, Friedrich 1958: Probleme der Lohnstruktur. Tübingen: Mohr.
Garfinkel, Harold (1967): Studies in Ethnomethodology. Englewood Cliffs, NJ: Prentice Hall.
Garfinkel, Harold (Hrsg.) (1986): Ethnomethodological Studies at Work. London: Routledge & Kegan Paul.
Girtler, Roland (1988): Methoden der qualitativen Sozialforschung. Anleitung zur Feldarbeit. Wien-Köln-Graz: Böhlau.
Glaser, Barney G.; Strauss, Anselm L. (1976): The Discovery of Grounded Theory. New York: Aldine de Gruyter.
Gläser, Jochen; Laudel, Grit (2006): Experteninterviews und qualitative Inhaltsanalyse als Instrumente rekonstruierender Untersuchungen. Wiesbaden: VS Verlag.
Gleichmann, Peter; Korte, Hermann (1979): Materialien zu Norbert Elias' Zivilisationstheorie. Frankfurt a.m: Suhrkamp.
Goodwin, John; O'Connor, Henrietta (2006): Norbert Elias and the Lost Young Worker's Project. In: Journal of Youth Studies, Vol. 9, 2, S. 161–176.
Goudsblom, Johan; Mennell, Stephen (Hrsg.) (1997): The Norbert Elias Reader. Blackwell: Oxford.
Gouldner, Alvin W. (1950) (Hrsg.): Studies in Leadership. Leadership and Democratic Action. New York: Harper & Brothers.
Gorz, André (2000): Arbeit zwischen Misere und Utopie. Frankfurt a. M.: Suhrkamp.
Gottschall, Karin (1989): Frauen auf dem bundesrepublikanischen Arbeitsmarkt: Integrationsprozesse mit Widersprüchen und Grenzen. In: Müller, Ursula; Schmidt-Waldherr, Hiltraud (Hrsg.): FrauenSozialKunde. Wandel und Differenzierung von Lebensformen und Bewußtsein (Forum Frauenforschung Bd. 3). Bielefeld: AJZ Verlag, S. 11–41.
Gottschall, Karin (1990): Frauenarbeit und Bürorationalisierung. Zur Entstehung geschlechtsspezifischer Trennungslinien in großbetrieblichen Verwaltungen. Frankfurt a. M., New York: Campus.
Gottschall, Karin (1995): Geschlechterverhältnisse und Arbeitsmarktsegregation. In: Becker-Schmidt, Regina; Knapp, Gudrun-Axeli (Hrsg.) Das Geschlechterverhältnis als Gegenstand der Sozialwissenschaften. Frankfurt a.M., New York: Campus, S. 125–162.
Gottschall, Karin (2003): Von Picht zu PISA – Zur Dynamik von Bildungsstaatlichkeit, Individualisierung und Vermarktlichung in der Bundesrepublik. In: Jutta Allmendinger (Hrsg.): Entstaatlichung und soziale Sicherheit. Verhandlungen des 31. Kongresses der Deutschen Gesellschaft für Soziologie in Leipzig 2002, 2 Bd. + CD-ROM. Opladen: Leske und Budrich, S. 888–901.
Gottschall, Karin; Betzelt, Sigrid (2003): Zur Regulation neuer Arbeits- und Lebensformen. Eine erwerbssoziologische Analyse am Beispiel von Alleindienstleistern in Kultur-Berufen. In: dies., Voß, G. Günter (Hrsg.): Entgrenzung von Arbeit und Le-

ben. Zum Wandel der Beziehung von Erwerbstätigkeit und Privatsphäre im Alltag. München, Mering: R. Hampp, S. 203–230.

Habermas, Jürgen (1975): Erkenntnis und Interesse. Frankfurt a. M.: Suhrkamp.

Helfferich, Cornelia (2005): Die Qualität qualitativer Daten. Manual für die Durchführung von Interviews. Wiesbaden: VS Verlag.

Henes-Karnahl, Beate (1989): Kurs auf den Erfolg: Karrierestrategien für die Frau im Beruf. München: Planegg.

Hermanns, Harry (2000): Interviewen als Tätigkeit. In: Flick, Uwe, Ernst von; Steinke, Ines (Hrsg.): Qualitative Forschung. Ein Handbuch. Reinbek: rororo, S. 360–369.

Hildebrandt, Eckart (2000): Reflexive Lebensführung: zu den sozialökologischen Folgen flexibler Arbeit. Berlin: Ed. Sigma.

Höhn, Elfriede (1964): Das berufliche Fortkommen von Frauen. Bad Harzburg: Verlag für Wissenschaft, Wirtschaft und Technik.

Hoffmann-Riem, Christa (1980): Die Sozialforschung einer interpretativen Soziologie – Der Datengewinn. In: Zeitschrift für Soziologie und Sozialpsychologie, 32. Jg., Heft 2, S. 339–372.

Hollstein, Betina; Straus, Florian (2006): Qualitative Netzwerkanalyse. Konzepte, Methoden, Anwendungen. Wiesbaden: VS Verlag.

Holtgrewe, Ursula (2009): Narrative Interviews. In: Kühl, Stefan; Strodtholz, Petra; Taffertshofer, Andreas (Hrsg.): Handbuch Methoden der Organisationsforschung. Quantitative und Qualitative Methoden. Wiesbaden: VS Verlag, S. 57–77.

Holtgrewe, Ursula; Kerst, Christian (2002): Zwischen Kundenorientierung und organisatorischer Effizienz – Callcenter als Grenzstellen. In: Soziale Welt Jg. 53, Nr. 2, S. 179 -198.

Honegger, Claudia (1994): Die bittersüße Freiheit der Halbdistanz. Die ersten Soziologinnen im deutschen Sprachraum. In: Wobbe, Theresa; Lindemann, Gesa (Hrsg.): Denkachsen. Zur theoretischen und institutionellen Rede vom Geschlecht (gender Studies). Frankfurt a. M.: Suhrkamp, S. 69–85.

Hopf, Christel (1978): Pseudo-Exploration – Überlegungen zur Technik qualitativer Interviews in der Sozialforschung. In: Zeitschrift für Soziologie, 7. Jg., Heft 2, S. 97–115.

Howaldt, Jürgen; Kopp, Ralf; Peter, Gerd (Hrsg.) (1998): Sozialwissenschaftliche Organisationsberatung. Auf der Suche nach einem spezifischen Beratungsverständnis. Berlin: Edition Sigma.

Hughes, Jason (2005): Bringing emotion to work: emotional intelligence, employee resistance and the reinvention of character. In: Work, Employment and Society 19, 3, S. 603–623.

Iterson, Ad van; Mastenbroek, Willem; Soeters, Joseph (2001): Civilizing and Informalizing: Organizations in an Eliasian Context. In: Organization 8, Heft 3, S. 497–514.

Iterson, Ad van; Mastenbroek, Willem; Smith, Dennis; Newton, Tim (2002): The Civilized Organization. Norbert Elias and the future of Organization Studies. Amsterdam: John Benjamin.

Jahoda, Marie; Lazarsfeld, Paul F.; Zeisel, Hans (1975): Die Arbeitslosen von Marienthal. Ein soziographischer Versuch über die Wirkungen lang andauernder Arbeitslosigkeit. Mit einem Anhang zur Geschichte der Soziographie. Franfurt a. M.: Suhrkamp (1933).

Jahoda, Marie (1983): Wie viel Arbeit braucht der Mensch? Weinheim, Basel: Beltz.
Jansen, Dorothee (2002): Netzwerkansätze in der Organisationsforschung. In: KZfSS: Organisationssoziologie, 42, S. 88–118.
Kanter, Rosabeth Moss (1977): Men and Women of the Corporation. New York: Basic Books.
Kelle, Udo (2008): Die Integration qualitativer und quantitativer Methoden in der empirischen Sozialforschung. Theoretische Grunddlagen und methodologische Konzepte. Wiesbaden: VS Verlag (2. Aufl.).
Kern, Horst; Schumann, Michael (1970): Industriearbeit und Arbeiterbewußtsein. Eine empirische Untersuchung über den Einfluß der aktuellen technischen Entwicklung auf die industrielle Arbeit und das Arbeiterbewußtsein, 2 Bde. Frankfurt a. M.: Europäische Verlagsanstalt.
Kern, Horst; Schumann, Michael (1984): Das Ende der Arbeitsteilung? Rationalisierung in der industriellen Produktion: Bestandsaufnahme, Trendbestimmung. München: Beck.
Kiesel, Helmut; Münch, Paul (1977): Gesellschaft und Literatur im 18. Jahrhundert: Voraussetzungen und Entstehung des literarischen Marktes in Deutschland. München: Beck.
Kieser, Alfred; Ebers, Mark (2006): Organisationstheorien, 6. Aufl.. Stuttgart: Kohlhammer.
Klein, Gabriele; Liebsch, Katharina (1997): Zivilisierung des weiblichen Ich, Frankfurt a. M.: Suhrkamp.
Klinger, Cornelia; Knapp, Gudrun-Axeli; Sauer, Birgit (Hrsg.) (2007): Achsen der Ungleichheit. Zum Verhältnis von Klasse, Geschlecht und Ethnizität. Frankfurt a. M., New York: Campus.
Knigge, Adolph Freiherr von (1788): Über den Umgang mit Menschen (Reprographischer Nachdruck). Hannover (Darmstadt 1967).
Knigge, Adolph Freiherr von (1822): Über den Umgang mit Menschen, 10. durchges. u. verm. Ausgabe von F.P. Wilmsen. Stuttgart.
Knigge, Adolph Freiherr von (1844): Über den Umgang mit Menschen, 12. Originalausgabe, durchges. u. eingel. v. Karl Gödeke. Hannover (13. Aufl. 1853, 18. Aufl. Leipzig 1908, 19. Aufl. Hannover 1919, 20. Aufl. Hannover, Leipzip 1922).
Koall, Iris; Bruchhagen, Verena; Höher, Friederike (Hrsg.) (2007): Diversity Outlooks. Managing Diversity zwischen Ethik, Profit und Antidiskriminierung. Münster: LIT-Verlag.
Koch, Susanne; Kupka, Peter 2007: Geförderte Beschäftigung für leistungsgeminderte Langzeitarbeitslose? Expertise im Auftrag der Friedrich-Ebert-Stiftung. Bonn. http://www.fes.de/wiso/sets/s_publ.htm. Oktober 2007 (Stand: 10. Oktober 2009).
Kocyba, Hermann (2000): Der Preis der Anerkennung. Von der tayloristischen Missachtung zur strategischen Instrumentalisierung der Subjektivität der Arbeitenden. In: Ursula Holtgrewe, (Hrsg.): Anerkennung und Arbeit. Konstanz: UVK, S. 127–140.
Kotthoff, Hermann (1998): Führungskräfte im Wandel der Unternehmenskultur. Berlin: Edition Sigma.
Kotthoff, Hermann; Wagner, Alexandra (2008): Die Leistungsträger. Führungskräfte im Wandel der Firmenkultur – eine Follow-up-Studie. Berlin: Edition Sigma.

Kowal, Sabine; O'Connell, Daniel C. (2000), Zur Transkription von Gesprächen. In: Flick, Uwe; Ernst von; Steinke, Ines (Hrsg.): Qualitative Forschung. Ein Handbuch. Reinbek: rororo, S. 437–447.

Kromrey, Helmut (2006): Empirische Sozialforschung. Modelle und Methoden der standardisierten Datenerhebung und Datenauswertung, 11. Aufl. Stuttgart: Lucius und Lucius.

Kronauer, Martin (2001): Einleitung. In: Häußermann, Hartmut; Kronauer, Martin; Siebel, Walter (Hrsg.): Stadt am Rand. Frankfurt a. M.: Suhrkamp, S. 7–12.

Krumrey, Horst-Volker (1984): Entwicklungsstrukturen von Verhaltensstandarden. Eine soziologische Prozessanalyse auf der Grundlage deutscher Anstands- und Manierenbücher von 1870–1970. Frankfurt a. M.: Suhrkamp.

Kuckartz, Udo; Dresing, Thorsten; Rädker, Stefan; Stefer, Claus (2007): Qualitative Evaluation. Der Einstieg in die Praxis. Wiesbaden: VS Verlag.

Kühl, Stefan; Strodtholz, Petra; Taffertshofer, Andreas (2009): Qualitative und quantitative Methoden der Organisationsforschung – ein Überblick. In: dies. (Hrsg.): Handbuch Methoden der Organisationsforschung. Quantitative und Qualitative Methoden. Wiesbaden: VS Verlag, S. 13–27.

Lamnek, Siegfried (1995a): Qualitative Sozialforschung, Bd. 1: Methodologie, 3. Aufl.. Weinheim: Beltz.

Lamnek, Siegfried (1995b): Qualitative Sozialforschung, Bd. 2: Konzepte und Methoden, 3. Aufl.. Weinheim: Beltz.

Lamnek, Siegfried (2005), Gruppendiskussion. Theorie und Praxis, 3. Aufl.. Weinheim: Beltz.

Langfeldt, Bettina (2009): Subjektorientierung in der Arbeits- und Industriesoziologie. Theorien, Methoden und Instrumente zur Erfassung von Arbeit und Subjektivität. Wiesbaden: VS Verlag.

Lederle, Sabine (2008): Die Ökonomisierung des Anderen. Diskursanalyse der Deutungsmuster und Institutionalisierungspraxis zum Diversity Management. Wiesbaden: VS Verlag.

Lehr, Ursula (1969): Die Frau im Beruf. Eine psychologische Analyse der weiblichen Berufsrolle. Frankfurt a. M., Bonn: Athenäum.

Leicht, Robert; Robert Philipp (2005): Die wachsende Bedeutung von Ein-Personen-Unternehmen in Deutschland. In: Welter, Friederike (Hrsg.): Dynamik im Unternehmenssektor. Berlin: Duncker & Humblot, S.131–154.

Lewin, Kurt (1948): Resolving social conflicts: selected papers on group dynamics. New York: Harper.

Liebig, Brigitte; Nentwig-Gesemann, Iris (2009): Gruppendiskussion. In: Kühl, Stefan; Strodtholz, Petra; Taffertshofer, Andreas (Hrsg.): Handbuch Methoden der Organisationsforschung. Quantitative und Qualitative Methoden. Wiesbaden: VS Verlag, S. 102–123.

Lohr, Karin (2003): Subjektivierung von Arbeit. Ausgangspunkt einer Neuorientierung der Industrie- und Arbeitssoziologie? In: Berliner Journal für Soziologie, Heft 4, 13. Jg., S. 511–529.

Ludwig-Mayerhofer, Wolfgang; Behrend, Olaf; Sondermann, Ariadne (2009): Auf der Suche nach der verlorenen Arbeit. Arbeitslose und Arbeitsvermittler im neuen Arbeitsmarktregime. Konstanz: UVK.

Luedtke, Jens (1998): Lebensführung in der Arbeitslosigkeit. Differentielle Problemlagen und Bewältigungsmuster. Pfaffenweiler: Centaurus.

Mangold, Werner (1960): Gegenstand und Methode des Gruppendiskussionsverfahrens. Frankfurt a. M.: Europäische Verlagsanstalt.

Mannheim, Karl (1964): Wissenssoziologie. Neuwied: Luchterhand.

Manske, Alexandra (2007): Prekarisierung auf hohem Niveau. Eine Feldstudie über Alleinunternehmer in der IT-Branche. Mering: Hampp.

Mastenbroek, Willem (1993): Conflict Management and Organization Culture. An Expanded Edition. New York: Cichester: John Wiley & Sons.

Mastenbroek, Willem (2002): Norbert Elias as organizational sociologist. In: Iterson et al. (Hrsg.): The Civilized Organization. Norbert Elias and the future of Organization Studies. Amsterdam: John Benjamin, S. 173–188.

Mastenbroek, Willem (2007): Innovationen in Organisationen historisch betrachtet. In: Sozialwissenschaften und Berufspraxis, 30. Jg., Heft 1, S. 39–51.

Matuschek, Ingo; Arnold, Katrin; Voß, Günter G. (2007): Subjektivierte Taylorisierung. Organisation und Praxis medienvermittelter Dienstleistungsarbeit. München, Mering: R. Hampp.

Mayer-Ahuja, Nicole; Harald Wolf (2004): Jenseits des Hype: Arbeit bei Internetdienstleistern. In: SOFI-Mitteilungen, Nr. 32, S. 79–96.

Mayo, Elton (1949): Probleme industrieller Arbeitsbedingungen. Frankfurt: Frankfurter Hefte (1945).

Mayring, Philipp (1995): Qualitative Inhaltsanalyse. Grundlagen und Techniken. Weinheim: Beltz (5. Aufl.).

Mayring, Philipp (2008): Qualitative Inhaltsanalyse. Grundlagen und Techniken. Weinheim: Beltz (10. Aufl.).

Mead, Georg Herbert (1973): Geist, Identität und Gesellschaft aus der Sicht des Sozialbehaviorismus (mit e. Einl. hrsg. von Charles W. Morris). Frankfurt a.M.: Suhrkamp.

Mehlich, Michael (2005): Langzeitarbeitslosigkeit, individuelle Bewältigung im gesellschaftlichen Kontext. Dissertation. Baden-Baden: Nomos Universitätsschriften, Band 6.

Merchel, Joachim (2001): Qualitätsmanagement in der sozialen Arbeit. Ein Lehr- und Arbeitsbuch. Münster: Votum.

Mikl-Horke, Gertraude (2000): Industrie- und Arbeitssoziologie. München, Wien: R. Oldenburg Verlag.

Minssen, Heiner (1993): Lean production – Herausforderung für die Industriesoziologie. In: Arbeit, Heft 2, S. 36–52.

Mitralexi, Katherina (1984): Über den Umgang mit Knigge: zu Knigges „Umgang mit Menschen" und dessen Rezeption und Veränderung im 19. und 20. Jahrhundert. Freiburg: Hochschulverlag.

Moreno, Jakob L. (1974): Die Grundlagen der Soziometrie. Wege zur Neuordnung der Gesellschaft. Opladen: Leske und Budrich (Nachdruck).

Münsterberg, Hugo (1914): Grundzüge der Psychotechnik. Leipzig: Barth.
Nickel, Hildegard Maria; Lohr, Karin (2005): Subjektivierung von Arbeit. Riskante Chancen. Münster: Westfälisches Dampfboot.
Ofner, Franz (2000): Macht in Arbeitsbeziehungen. Auswirkungen der Internationalisierung wirtschaftlicher Aktivitäten. In: Minssen, Heiner (Hrsg.): Begrenzte Entgrenzungen: Wandlungen von Organisation und Arbeit. Berlin: Edition Sigma, S. 83–104.
Oheim, Gertrud (1955): Einmaleins des guten Tons. Gütersloh: Bertelsmann (30.Aufl. 1960).
Ortmann, Günter; Sydow, Jörg; Türk, Klaus (2000) (Hrsg.): Theorien der Reorganisation. Die Rückkehr der Gesellschaft, 2. Aufl. Wiesbaden: WDV.
Ostner, Illona (1990): Das Konzept des weiblichen Arbeitsvermögens. In: Arbeitspapiere aus dem Arbeitskreis Sozialwissenschaftliche Arbeitsmarktforschung, Nr.1: Erklärungsansätze zur geschlechtsspezifischen Strukturierung des Arbeitsmarktes. Paderborn, S. 22–39.
Pirker, Theo (1995): Der Plan als Befehl und Fiktion. Opladen: WDV.
Pittrof, Thomas (1989): Knigges Aufklärung über den Umgang mit Menschen. München: Fink.
Pohlmann, Markus; Sauer, Dieter; Trautwein-Kalms, Gudrun; Wagner, Alexandra (Hrsg.) (2003): Dienstleistungsarbeit. Auf dem Boden der Tatsachen. Befunde aus Handel. Industrie, Medien und IT-Branche. Berlin: Edition Sigma.
Popitz, Heinrich (1957): Technik und Industriearbeit. Soziologische Untersuchungen in der Hüttenindustrie (mit H. P. Barth, E. A. Jüres), Tübingen: Mohr.
Popper, Karl (1973): Logik der Forschung, Tübingen: Mohr.
Preisendörfer, Peter (2008): Organisationssoziologie. Wiesbaden: VS Verlag.
Prott, Jürgen 2001: Betriebsorganisation und Arbeitszufriedenheit. Einführung in die Soziologie der Arbeitswelt. Opladen: Leske und Budrich.
Rastetter, Daniela (2008): Zum Lächeln verpflichtet. Frankfurt a.M., New York: Campus.
Rifkin, Jeremy (2004): Das Ende der Arbeit und ihre Zukunft. Frankfurt a.M.: Fischer.
Roethlisberger, Fritz Jules; Dickson, William J. (1966): Management and the Worker. Cambridge Mass.: Harvard University Press (1939).
Sackmann, Sonja (1983): Organisationskultur: Die unsichtbare Einflussgröße. In: Gruppendynamik 14, S. 393–406.
Sanders, James R. (1999): Handbuch der Evaluationsstandards: die Standards des „Joint Committee on Standards for Educational Evaluation. Opladen: WDV.
Sauer, Dieter; Kratzer, Nick (2005): Reorganisation des Unternehmens. In: Berichterstattung zur sozioökonomischen Entwicklung in Deutschland. Arbeit und Lebensweisen, hg. v. SOFI et al. Wiesbaden: VS Verlag, S. 323–350.
Schein, Edgar H. (1998): Organisationsentwicklung und die Organisation der Zukunft. In: Zeitschrift für Organisationsentwicklung. Zeitschrift für Unternehmensentwicklung und Change Management, Heft 3, S. 40–49.
Schelsky, Helmut (1957): Die sozialen Folgen der Automatisierung, Düsseldorf: Diederichs.
Schröter, Michael (1997): Erfahrungen mit Norbert Elias. Gesammelte Aufsätze. Frankfurt a.M.: Suhrkamp.

Literatur

Schütz, Alfred (1971): Das Problem der sozialen Wirklichkeit (mit einer Einführung von Aron Gurwitsch). Gesammelte Aufsätze, Bd. 1. Den Haag: Nijhoff.

Schütze, Fritz (1976): Zur Hervorlockung und Analyse von Erzählungen thematisch relevanter Geschichten im Rahmen soziologischer Feldforschung – dargestellt an einem Projekt zur Erforschung von kommunalen Machtstrukturen. In: Arbeitsgruppe Bielefelder Soziologen: Kommunikative Sozialforschung. München: Fink, S. 159–260.

Seifert, Hartmut; Trinczek, Rainer (2000): Tarifkonzept und Betriebswirklichkeit des VW-Modelltarifvertrags. In: Eckart Hildebrandt (Hrsg.): Reflexive Lebensführung. Zu den sozialökologischen Folgen flexibler Arbeit. Berlin: Edition Sigma, S. 99–128.

Senghaas-Knobloch, Eva (2008): Wohin driftet die Arbeitswelt? Wiesbaden: VS Verlag.

Simon, Herbert (1955): Das Verwaltungshandeln. Eine Untersuchung der Entscheidungsvorgänge in Behörden und privaten Unternehmen. Stuttgart: Kohlhammer (Administrative behaviour, 1947).

Spiegel Spezial (1998): Student '98, Jg. 6. Hamburg.

Statistisches Bundesamt (2007): Pflegestatistik 2005. Wiesbaden.

Sutterlüty, Ferdinand; Imbusch, Peter (Hrsg.) 2008: Abenteuer Feldforschung: Soziologen erzählen. Frankfurt a. M., New York: Campus.

Stangl, Werner (2009): http://arbeitsblaetter.stangl-taller.at/FORSCHUNGSMETHODEN/Soziometrie.shtml (Stand: 6.08.2009).

Szydlik, Mark (2008) (Hrsg.): Flexibilisierung. Folgen für Arbeit und Familie. Wiesbaden: VS Verlag.

Taylor, Frederich Winslow (1913): Die Grundsätze der wissenschaftlichen Betriebsführung. München. Berlin: R. Oldenbourg.

Treibel, Annette (2008): Die Soziologie von Norbert Elias. Eine Einführung in ihre Geschichte, Systematik und Perspektiven. Wiesbaden: VS Verlag.

Türk, Klaus (2000): Einblicke in die Soziologie der Organisation. Kurseinheit 1: Organisation in der modernen Gesellschaft. FernUniversität Hagen, S. 9–62.

Vedder, Günter (2003): Vielfältige Personalstrukturen und Diversity Management. In: ders.; Wächter, Hans; Führing, Mike (Hrsg.): Personelle Vielfalt in Organisationen. München: R. Hampp, S. 13–28.

Vogel, Berthold (2008): Der Nachmittag des Wohlfahrtsstaats. In: Bude, Heinz; Willisch, Andreas (Hrsg.): Die Debatte über die Überflüssigen. Frankfurt a. M.: Suhrkamp, S. 285–308.

Voss, Jenna; Warsewa, Günter (2006): Reflexive Arbeitsgestaltung – neue Grundlagen der Regulierung von Arbeit in der postindustriellen Gesellschaft. In: Soziale Welt 2, 57. Jg., 131–155.

Voß, Günter G.; Pongratz, Hans J. (1998): Der Arbeitskraftunternehmer. Eine neue Grundform der Ware Arbeitskraft? In: Kölner Zeitschrift für Soziologie und Sozialpsychologie, Heft 1, S. 131–158.

Weber, Annemarie (1955): Hausbuch des guten Tons. Ein Knigge von Heute. Berlin: Falken-Verlag.

Weber, Marianne (1906): Die Beteiligung der Frau an der Wissenschaft. In: Jahrbuch der Hilfe. Wochenschrift für Politik, Literatur und Kunst. Berlin Schöneberg, S. 19–26.

Weber, Max (1998): Zur Psychophysik der industriellen Arbeit. Schriften und Reden 1908–1912. Studienausgabe Max-Weber-Gesamtausgabe, hg. v. Wolfgang Schluchter. Tübingen: Mohr (1908).

Wetterer, Angelika (1992): Profession und Geschlecht. Über die Marginalität von Frauen in hochqualifizierten Berufen. Frankfurt a. M., New York: Campus.

Wilz, Sylvia Marlene (2004): Relevanz, Kontext und Kontingenz: Zur neuen Unübersichtlichkeit in der Gendered Organization. In: Pasero, Ursula; Priddat, Birger P. (Hrsg.): Organisationen und Netzwerke. Der Fall Gender. Wiesbaden: VS Verlag, S. 227–255.

Wilz, Sylvia Marlene; Peppmeier, Ilka (2009): Organisation als Untersuchungsfeld – Oder: How to enter a gendered organization. In: Aulenbacher, Brigitte; Riegraf, Birgit (Hrsg.): Erkenntnis und Methode. Geschlechterordnung in Zeiten des Umbruchs. Wiesbaden: VS Verlag, S. 181–200.

Witz, Anne; Savage, Mike (1992) (Hrsg.): Gender and Bureaucracy. Oxford: Blackwell.

Wixforth, Jürgen (2004): Neue Medien – alte Muster? Diskriminierungen nach Alter und Geschlecht in der Hamburger Multimedia-Branche. In: Zeitschrift für Frauenforschung und Geschlechterstudien, 22. Jg., Heft 4, S. 110–126.

Wobbe, Theresa (1997): Wahlverwandtschaften. Die Soziologie und die Frauen auf dem Weg zur Wissenschaft. Frankfurt a. M., New York: Campus.

Wolff, Stephan; Puchta, Claudia (2007): Die Gruppendiskussion als soziale Handlungsform. Studien zur kommunikativen Infrastruktur eines Forschungsinstruments. Stuttgart.

Wouters, Cas (1999): Informalisierung. Norbert Elias' Zivilisationstheorie und Zivilisationsprozesses im 20. Jahrhundert. Opladen, Wiesbaden: WDV.

Grundlagenbuch zur Globalisierung der Arbeit

> Arbeit und Produktion im 21. Jahrhundert

Ludger Pries
Erwerbsregulierung in einer globalisierten Welt

2010. 301 S. Br.
EUR 29,90
ISBN 978-3-531-16035-1

Erhältlich im Buchhandel oder beim Verlag.
Änderungen vorbehalten.
Stand: Januar 2010.

Der Inhalt: Das Konzept der Erwerbsregulierung - Typen der Internationalisierung - Akteure internationaler Erwerbsregulierung - Internationale Regulierungsarenen - Perspektiven

Arbeit und Produktion sind im 21. Jahrhundert immer stärker grenzüberschreitend vernetzt. Dies galt aber bisher nicht in gleichem Maße für die Regulierung der Arbeits-, Beschäftigungs- und Partizipationsbedingungen der erwerbstätigen Menschen. Nationale Mechanismen und Institutionen dominieren immer noch die Festlegung etwa von Bezahlung, Arbeitszeit, Arbeitsschutz und Beteiligung der Beschäftigten.

Bei genauerer Betrachtung zeigt sich eine Vielfalt von grenzüberschreitenden Formen der Festlegung z.B. von Mindeststandards für Arbeit und von Verhaltensregeln für internationale Konzerne. Es entsteht eine transnationale Netzwerktextur der Erwerbsregulierung, die internationale Organisationen, staatliche Akteure, Nicht-Regierungsorganisationen, globale Konzerne, Gewerkschaften und Arbeitnehmervertretungen einbezieht. Der ‚globalisierte Kapitalismus' agiert zwar grenzüberschreitend, aber nicht ungebändigt.

www.vs-verlag.de

Abraham-Lincoln-Straße 46
65189 Wiesbaden
Tel. 0611.7878-722
Fax 0611.7878-400

Der internationale Bestseller zu Wirtschaft und Gesellschaft

> Wertvolle Einsichten in eine Soziologie der Wirtschaft

Richard Swedberg
Grundlagen der Wirtschaftssoziologie
2009. 384 S. (Wirtschaft und Gesellschaft) Geb.
EUR 24,90
ISBN 978-3-531-15870-9

Erhältlich im Buchhandel oder beim Verlag.
Änderungen vorbehalten.
Stand: Januar 2010.

In ‚Principles of Economic Sociology' skizziert Richard Swedberg, einer der Wegbereiter der neuen Wirtschaftssoziologie, die Konturen dieser vielversprechenden, in den 1980er Jahren (wieder) entdeckten Forschungstradition und eröffnet so wertvolle Einsichten in eine Soziologie der Wirtschaft.

Das in den USA 2004 erschienene Werk, das nun auch in deutscher Sprache vorliegt, ist der ambitionierte Versuch, die noch junge, soziologische Analyseform auf Augenhöhe mit der neoklassischen Ökonomik, der Spieltheorie und auch der ökonomischen Verhaltensforschung zu positionieren und neue, soziologische Einsichten in das Wirtschaftsgeschehen zu eröffnen.

Mit großer Leidenschaft und dem notwendigen Augenmaß führt Richard Swedberg, der exklusive Kenner der soziologischen wie der ökonomischen Tradition, in die Grundlagen des Faches ein (Marx, Weber, Toqueville) und vermittelt einen konzisen Überblick über die aktuellen Ansätze wie das Einbettungskonzept von Mark Granovetter, die Netzwerktheorie von Harrison White, das Rationalprogramm von James S. Coleman und die Feldtheorie von Pierre Bourdieu.

Insbesondere aber vermitteln die ‚Grundlagen der Wirtschaftssoziologie' ein lebendiges Bild von den Anwendungsgebieten: Unternehmen, Märkten, Recht, Kultur, Vertrauen, Konsum, Geschlecht u.a.

www.vs-verlag.de

Abraham-Lincoln-Straße 46
65189 Wiesbaden
Tel. 0611.7878-722
Fax 0611.7878-400